아이의 미래
초등교육이 전부다

※ 이 도서의 국립중앙도서관 출판시도서목록(CIP)은 서지정보유통지원시스템 홈페이지
(http://seoji.nl.go.kr)와 국가자료공동목록시스템(http://www.nl.go.kr/kolisnet)에서
이용하실 수 있습니다. (CIP제어번호: CIP2013028588)

아이의 미래 **초등교육이 전부다**

Copyright ⓒ 2014 by Yong-Jae Park

이 책은 저작권법에 따라 보호받는 저작물이므로 무단전재와 무단복제를 금지하며,
이 책 내용의 전부 또는 일부를 이용하려면 반드시 베가북스의 서면동의를 받아야 합니다.

15년차 현직 교사의 아동교육 로드맵

아이의 미래
초등교육이
전부다

| 박용재 지음 |

베가북스
VegaBooks

추천사 1

자녀 교육서 「아이의 미래 초등교육이 전부다」는 우리 아이들과 부모가 함께 만들어가는 행복한 교육을 목적으로 하고 있다. 미래 사회를 살아갈 우리 아이들을 위해 부모가 고민하고 노력해야 할 내용도 사실적이고 구체적으로 담고 있다.

우리가 생을 살아간다고 했을 때 어떻게 살아갈지 그 방법적인 측면에서의 고민에 앞서 우리의 삶에서 어떤 가치와 의미를 두고 어떤 목표를 향해 살아가야 할지 깊은 성찰이 먼저 이루어져야 한다. 이러한 관점에서 이 책은 아이와 부모가 조화롭고 행복할 수 있도록 부모관, 인생관, 교육관을 담담히 풀어내고 있다.

우리 사회에는 교육의 견지에서 가정과 학교 그리고 사회가 담당해야 할 역할과 가치가 분명히 있을 것이다. 이러한 가치의 출발점이기도 한 가정에서의 역할에 초점을 두어 보다 지혜롭게 건강한 발달을 이룩할 수 있다.

인간은 태어남과 동시에 발달을 이루어간다. 부모와 함께 만들어가는 지적, 정서적, 사회적, 도덕적 발달 등은 한 개인을 이루고, 이후 건강한 민주 시민으로서 살아가는 밑바탕을 형성해 간다. 개인의 건강한 발달에는 앞서 말한 다양한 발달적 측면이 조화를 이루었을 때 보다 더 행복한 삶이 우리 아이들 곁에 자리하고 있으리라 믿는다.

「아이의 미래 초등교육이 전부다」는 다양한 관점에서 아이들의 교육과 발달의 과정을 설명하고 건강한 성장과 발달을 위한 구체적인 계획과 실천을 제시함으로써, 행복한 아이를 키우는 부모들의 지혜와 용기를 북돋워줄 것이다.

이 책이 교육의 가장 큰 주체이자 조력자인 엄마아빠에게 아이들을 보다 건강하고 행복한 삶으로 안내할 수 있는 좋은 계기가 되었으면 한다. 부모라면 곁에 두고 함께해야 할 좋은 책이라 믿는다.

한 성 열

고려대학교 심리학과 교수

추천사 2

　오랜 기간 학교 현장에 머무르면서 교사로서, 학교 경영자로서 수많은 학생들과 부모들을 접할 수 있었습니다. 아이들이 적응이나 발달 측면의 어려움을 겪는 대부분의 경우는 가정에서부터 출발합니다. 더욱 더 우리가 간과해서는 안 되는 일은, 그렇게 어려움을 겪는 아이의 부모들이 자신의 역할을 모르고 노력과 실천을 하지 않는다는 점입니다. 학습 문제는 물론 학교라는 공동체에서 다른 학생들과 어울려 생활하고 정서적으로 교감하는 능력에서 많은 어려움이 나타납니다. 부모-자녀 관계의 질에서 출발해 과거 우리가 지녔던 자녀 교육에 대한 자연적 성장에만 초점을 둔다면 제대로 된 교육적 접근이 많이 부족함을 알 수 있습니다.

　미래 사회의 주역인 우리 아이들이 보다 건강하고 밝게 성장할 수 있도록 어떤 가치와 마음을 담을 수 있을까, 깊은 고민과 생각을 가져야 합니다. 교육이란 수요자이자 고객인 아이들을 위해 학교, 가정, 우리 사회가 최선의 노력으로 최고의 서비스를 제공하는 노력이어야 합니다. 이를 위해 분명 학교와 가정에서의 역할과 노력이 뒤따라야 합니다.

　오랜 시간 우리 아이들의 건강한 성장과 발달을 위해 노력한 저자의 열정으로 「아이의 미래 초등교육이 전부다」라는 탁월한 교육서가 탄생했습니다. 그 속에 담긴 지식과 지혜 그리고 구체적인 실천 전략을 활용한다면 지금보다 더 행복한 삶을 이끌어갈 수 있을 것이라고 생각합니다.

　이 책을 읽어나가면서 여러분 모두가 좀 더 지혜롭게, 슬기롭게 우리 아이들의 꿈을 크게 키우고, 실천을 바르게 할 수 있는 좋은 가이드가 될 것으로 믿습니다.

임 채 강
수문초등학교 교장

추천사 3

　30여 년 동안 수많은 교육학 서적과 교육에 관련된 자료들을 보아왔지만, 「아이의 미래 초등교육이 전부다」는 실로 오랜만에 교육의 본질을 꿰뚫고 체계적으로 속 시원히 훑어낸 교육 지침서다운 책입니다.

　'不托外傅(불탁외부: 자녀의 교육을 외부의 스승에게 맡기지 아니함)'라는 말이 있듯이 전문적인 지식은 외부의 스승에게 배우도록 해야겠지만, 바른 예절과 인성교육은 가정에서 부모가 감당해야할 몫입니다. 특히 학생들의 교육은 가정의 부모와 사회, 학교를 중심으로 한 외부의 스승들이 상호 보완해가며 협력해야 할 중차대한 사안입니다. 따라서 부모는 자녀가 꿈과 끼를 키워 자아를 실현시켜 건강하고 행복한 삶을 영위해 나갈 수 있도록 힘과 용기를 북돋워주는 것이 중요합니다.

　제1장에서는 학교란 우리 아이들이 함께 행복하기 위한 공간이지만 보다 행복한 삶을 이끌어 가는 공간은 가정이 되어야 한다고 말합니다. 또 의도적이고 계획적인 행동의 변화를 이끌어 내는 교육의 주체가 부모임을 강조합니다. 이는 누구나

공감할 것입니다.

　제2장과 제3장은 유아 및 초등교육의 실제 편으로 필자의 세밀함과 통찰력이 돋보이는 부분입니다. 유아기에는 언어 발달을 위한 사랑의 대화 등 언어사용능력의 기초, 아이들의 발달 특성을 고려한 놀이와 경험을 통한 수학적 탐구 그리고 아이들의 수준과 능력을 고려하여 즐겁고 흥미 있는 방법으로 영어사용능력의 기초를 부모와 함께 만들어갈 것을 강조하고 있습니다.

　제4장에서는 예비 초등학생부터 입학 후 적응을 위한 친절한 안내가 돋보이며, 제5장에서는 성공적인 아이를 위한 특별한 학습방법과 도덕성 및 사회성 발달 그리고 자존감을 높이는 부모의 역할 및 진로교육을 상세히 안내하고 있습니다.

　이 책을 유아에서 초등학생을 둔 부모님들은 물론, 교육 현장에 교사들, 교감, 교장, 교육행정가에 이르기까지 '교육가족' 모두에게 권합니다. 또 이 책이 고민을 나누고 지식과 지혜를 넓히는 계기가 되어 우리 아이들이 참되고 행복한 삶을 영위해 나가는 데 큰 주춧돌 역할을 하리라 믿어 의심치 않습니다.

김 미 환
봉산초등학교 교장

추천사 4

　사랑하는 자녀가 꿈을 이루고 행복하게 잘 살기를 바라는 게 부모의 마음입니다. 「아이의 미래 초등교육이 전부다」는 이런 좋은 부모가 되기 위해 함께 공감하고 고민해보았으면 하는 부분들로 구성된 학부모를 향한 현장 교사의 열정 있는 가르침을 담은 책입니다. 가볍게 읽을 수 있지만 실천하는 데는 절대 가볍지 않은, 기본이지만 정말 중요한 포인트를 살펴볼 수 있는, 소중한 기회가 될 듯합니다. 그 누구도 따라올 수 없는 나만의 특별한 자녀 교육으로 사랑하는 자녀에게 감동을 주는 부모가 되고 싶은 분들께 도움이 될 것입니다. 행복해지기 위해 고민하시는 부모님들이 이 책을 읽으시는 내내 만족하시리라 확신합니다. 그리고 이 책과 함께하는 실천이 자녀교육의 달인이 되는 첫발걸음이라고 믿습니다.

손 희 정

희성초등학교 교사

추천사 5

　우리의 미래인 아이들이 위기에 처해 있음을 실감하게 하는 뉴스를 듣는 것은 그리 어려운 일이 아닙니다. 굳이 9시뉴스가 아니더라도 컴퓨터만 켜면 대문을 장식하는 뉴스들을 만나게 되지요. 그럴 때마다 많은 사람들이 가정교육과 환경을 탓하고는 합니다. 그만큼 가정에서 이루어지는 교육이 전인교육의 측면을 상당 부분 감당한다고 할 수 있겠지요. 안타깝게도 지금은 가정에서 교육을 할 여력이 많이 부족해진 것이 현실입니다. 정보화 시대 속에서 스마트 기기나 맞벌이 등의 문제로 인성교육은 물론이며 학습적 역량을 키우는 데에도 학원의 힘을 빌리지 않고는 어렵게 되었습니다.

　우리에게 참된 교육의 이정표가 필요한 이때에 선생님의 책은 좋은 길라잡이로서 그 효용 가치가 충분하리라고 생각됩니다. 현장의 소리에 누구보다 귀 기울이며 '우리 아이들을 위해 어떻게 교육할 것인가?'라는 문제 제기가 이 한 권의 책으로 묶였기 때문입니다. 무엇보다 아이들을 이해할 수 있도록 발달단계에 따른 설명과 교육방식에 대한 안내, 세부적인 학습지도 방법은 올바른 자녀 교육을 걱정하는 학부모들에게 두려움의 안개를 걷어주는 아침 햇살과 같이 여겨질 것입니다. 또한 자녀를 키우시면서 직접 적용한 교육적 경험들은 이 책이 허언에 그치지 않는 교육적 시도의 열매로 확신할 수 있으리라 생각됩니다.

　스승이라는 단어가 사라져 가는 이 시대에 올바른 교육을 고민하고 학부모들과 함께 아이들의 밝은 미래를 꿈꾸며 펴낸 「아이의 미래 초등교육이 전부다」. 이 책이 선생님의 애정 어린 안내를 따라 미래를 꿈꾸는 아이들에게 삶의 긴 여정에 믿을 만한 안내서가 될 것이라 믿습니다.

조현숙
2학년·6학년 학부모

추천사
6

　　초등 2학년, 초등 1학년 두 딸아이를 키우고 있는 학부모입니다. 셋째가 아직 어리다는 핑계로 두 아이가 초등학교에 입학해 적응하는 동안 "학교가 알아서 잘 해 주겠지."라며 무관심으로 초등적응기를 보냈는데요. 유아기부터 초등기까지에 이르러 완성되는 아이들의 발달, 그 중요한 시기를 아이들에게만 맡겼던 게 미안해졌어요.

　　이 책은 아이의 행복한 학교생활과 발달을 위해 부모가 옆에서 도울 부분들, 학습·도덕·생활습관 등 일상생활에서 활용할 방법들까지 세세하게 잘 알려주고 있습니다. 그래서 「아이의 미래 초등교육이 전부다」는 제게 일침을 주는 교육활용서였습니다. 부모들의 지혜로 아이와 함께 행복하게 보낼 수 있는 알찬 안내서인 「아이의 미래 초등교육이 전부다」, 이 책을 추천합니다.

고 재 은
〈놀이터에서 자라는 아이들〉 파워블로거 ID_알이즈웰

Contents

추천사 4
프롤로그 20

교육 화제 제1장 아이 교육 스케치 준비

어떤 부모를 지향하는가?
Sketch 01 아이 교육, 왜 중요한가? 27
Sketch 02 좋은 부모, 어떤 유형이 있을까? 30
Sketch 03 최적의 교육 환경 만들기 33

특별한 교육을 그리는 부모
Sketch 01 똑똑한 부모는 원칙과 철학부터 39
Sketch 02 어떤 아이가 행복할까? 42
Sketch 03 '내 자신'의 삶 VS '부모'로서의 삶 44

교육과 성장의 밑그림 그리기
Sketch 01 놀라운 인간의 발달 48
Sketch 02 무한한 성장 가능성의 유아기 51
Sketch 03 학교는 어떤 곳일까? 53
Sketch 04 초등교육 전체 로드맵 54

Q&A 60

교육 화제 제2장 국어 · 수학 · 영어 기초 그리기

국어 사용능력 기초 다지기

Sketch 01 언어가 중요한 이유	67
Sketch 02 언어는 어떻게 발달할까?	69
Sketch 03 대화, 언어 발달의 촉매제	71
Sketch 04 언어 습관의 중요성	72
Sketch 05 언어 발달을 위한 최적 환경	73
Sketch 06 글과 언어 발달의 관계	77
Sketch 07 책 읽어주기의 중요성	78
Sketch 08 언어 발달을 결정하는 부모	81

놀이와 경험으로 체험하는 수학

Sketch 01 수학, 어떻게 접근해야 하나?	87
Sketch 02 유아 수학 로드맵	88
Sketch 03 유아 수학, 어떻게 가르칠까?	90
Sketch 04 인지 발달을 돕는 수학	93
Sketch 05 수학 능력을 키우는 3가지 조언	94
Sketch 06 경험과 놀이를 통한 수학 탐구	96
Sketch 07 수학적 탐구 능력 기르기	98
Sketch 08 분야별 추천 교구&놀이	102

기초를 키우는 영어 사용능력

Sketch 01 영어 교육 목표와 방법	108
Sketch 02 영어 교육, 시기에 대한 고민	110
Sketch 03 영어는 같으면서도 다른 언어	113
Sketch 04 영어 사용능력 향상을 방해하는 부모	117

Sketch 05 최적의 영어 환경 8계명	119
Sketch 06 영어 듣기 능력, 이렇게 키우자!	124
Sketch 07 효과적 듣기 방법과 전략	129
Sketch 08 영어 말하기를 위한 4가지 조언	132

Q&A 136

교육 화제 제3장 국어·수학·영어 능력 완성하기

창의적 국어 사용능력 키우기

Sketch 01 국어 교육과정 이해	143
Sketch 02 국어 교육 로드맵	145
Sketch 03 읽기·쓰기·문학 능력 키우기	148
Sketch 04 국어 사용능력을 키우는 4가지 조언	151
Sketch 05 자발적 읽기의 습관화	153
Sketch 06 글쓰기 능력 신장을 위한 3가지 조언	154

수학적 사고력과 문제 해결 능력 기르기

Sketch 01 수학 교육과정 이해하기	161
Sketch 02 수학에 실패하는 원인	165
Sketch 03 수학 특성, 바로 알기	168
Sketch 04 수학을 잘하려면?	170
Sketch 05 수학 교육 로드맵	173
Sketch 06 영역별 학습 가이드	177
Sketch 07 맞춤별 수학 학습	191

| Sketch 08 | 스토리텔링 수학 적응하기 | 197 |
| Sketch 09 | 교구와 놀이로 즐기는 수학 | 201 |

영어 사용능력, 이렇게 키우자!

Sketch 01	영어 교육과정 살펴보기	206
Sketch 02	영어 교육 로드맵	209
Sketch 03	부모가 만드는 영어 환경	213
Sketch 04	영어 읽기 능력, 이렇게 키운다!	215
Sketch 05	영어 쓰기 능력, 이렇게 키운다!	222
Sketch 06	파닉스 학습의 허와 실	227
Sketch 07	미래의 영어 교육	230

Q&A 234

교육 화제 제4장 성공하는 학교생활 그리기

학교생활 적응 노하우

Sketch 01	성격에 따른 교육법	243
Sketch 02	부적응에 따른 해결 방법	246
Sketch 03	입학 전 학습 기초 점검	250
Sketch 04	평생 가는 아이 습관 길들이기	255
Sketch 05	내 아이 학교 준비 – 등교	257
Sketch 06	내 아이 학교 준비 – 학교생활	262
Sketch 07	부모와 교사, 원활한 관계 맺기	266
Sketch 08	'대화 듣기', 학교 적응의 핵심	270

학교에서 성공하는 아이
Sketch 01 성공하는 아이로 키우려면?　　　272
Sketch 02 자기주도형 아이로 키우기　　　277
Sketch 03 창의서술형 평가에 대한 대처　　　280

Q&A　　　284

교육 화제 제5장 아이의 가치를 높이는 교육

앞서가는 아이의 특별한 학습법
Sketch 01 성공 학습으로 이끄는 학습 동기　　　291
Sketch 02 가장 효과적인 반복학습!　　　295
Sketch 03 성실함이 곧 학습의 성공　　　298
Sketch 04 진정한 앎을 위한 메타인지　　　299
Sketch 05 자기주도의 기본, 시간 관리법　　　303

행복을 위한 투자, 아이 마음 키우기
Sketch 01 행복을 여는 문, 도덕성　　　309
Sketch 02 관계 형성의 바탕, 사회성　　　314
Sketch 03 부모와 아이의 관계 쌓기　　　318
Sketch 04 아이를 키우는 자존감　　　323
Sketch 05 자아통제력 키우기　　　326

미래를 위한 투자, 아이 꿈 키우기

Sketch 01 내 아이, 꿈은 어디에? 330
Sketch 02 올바른 진로의 가치 333
Sketch 03 내 인생의 롤 모델 334
Sketch 04 '최고'를 꿈꾸도록 336

Q&A 338

에필로그 342
부록 – 쉽게 가르치는 한글 지도법 아빠표 한글 읽기 프로그램 348
　　　 부모가 알아두면 좋은 '학교생활' 364

프롤로그

아이 키우기는 사랑의 바탕 위에 특별한 기술을 필요로 한다.

　아이들이나 부모들을 상담해보면 가정에서 의사소통이 되지 못하거나 어떻게 공부시키고 학습 지도를 할지 몰라 당황하는 경우가 대부분입니다. 또한 아이의 적응과 발달을 알지 못해 어려움을 겪는 경우가 많습니다. 지난해 서울 청소년상담복지센터에서 발표한 청소년의 고민은 학업·진로(20%), 대인관계(17.6%), 정신 건강(11.4%), 가족 관계(9.5%), 성격(7%) 등의 순이었습니다. 이 문제를 해결하려면 누가 나서야 할까요? 바로 부모입니다. 필자는 10여 년 전부터 '학부모와 함께하는 교육'이란 프로그램을 만들어, 학습 지도 방법·정서·사회성·도덕성·습관 등 함께 자녀 성장의 지식을 쌓고 지혜를 넓히는 시간을 갖고 있습니다. 제가 이 같은 프로그램을 만들어 학부모와 지식 및 지혜를 나누게 된 이유는 크게 세 가지입니다.

★ 우리 아이들의 성공적인 학교생활을 위해!

저학년 때는 자녀에게 관심을 갖지만 고학년이 되면 상황은 달라집니다. 으레 첫 학부모 총회에만 참석하고, 학교나 담임이 연락하지 않으면 자녀에 대해 상담이나 고민하지 않는 부모들이 많습니다. 더욱 안타까운 것은 이런 부모들일수록 올바른 양육과 환경, 정보 등을 잘 모른다는 것입니다. 하지만 더 큰 문제는 따로 있습니다. 많은 부모들이 학교에서 아이들 스스로 학습하고, 바르게 성장할 것이라는 막연한 기대를 갖고 있다는 것입니다.

★ 바람직한 부모-자녀 관계를 위해!

아이 대부분이 겪는 학교 적응이나 학습, 정서나 사회적 문제 등의 원인은 부모에게서 출발합니다. 즉 바람직하고, 긍정적인 부모-자녀 관계를 형성하지 못해 아이들이 성장과 발달에서 어려움을 겪는다는 것입니다. 아이를 보면 부모를 알 수 있고, 부모를 보면 아이의 모습을 알 수 있습니다. 좋은 부모에게서 행복한 아이가 자라나는 것은 자연스럽고 당연한 세상의 이치와도 같습니다. 따라서 지금까지 전 올바른 부모-자녀 관계를 세우기 위한 노력을 하고 있습니다.

★ 자녀의 성장 발달에 대한 지식과 지혜를 위해!

실제로 부모들은 자녀의 성장과 발달에 대한 정보와 지식이 부족합니다. 아이들이 어떻게 성장하고 발달하는지 알지 못하면, 알맞은 환경과 자극 및 경험을 줄 수 없습니다. 우리 아이들의 건강한 성장과 발달을 돕기 위해 지식을 찾고 지혜를 키우려는 노력과 실천이 반드시 요구됩니다.

부모는 아이들의 건강한 성장과 발달을 위해 자신과 아이에 대한 이해와 관심을 가져야 합니다. 양육과 교육에 대한 지식과 가치관을 가지고 이를 실천해나간다면 바람직한 변화와 성장을 이끌어낼 수 있습니다. 부모들이 놓치기 쉬운 아이들의 성장에 대한 전반적인 지식을 함께 나누고, 아이의 수준과 환경을 고려한 자신만의 교육법을 만들기 위한 노력이 필요합니다.

현재 온·오프라인에는 부모 역할이나 학습법, 성격 발달, 도덕성 발달, 뇌 발달 등과 관련한 책들이 너무나 많습니다. 그 가운데 이 책은 아이들의 성장에서 가장 중요한 시기인 유년기부터 초등학교 시기까지의 전반적 성장과 부모 역할, 그리고 지적·정서적·사회적 발달의 여러 세부적인 측면 발전의 균형을 다룹니다. 그리고 이를 통해 부모의 지식을 넓혀주는 구체적 실천에 초점을 두어 기술하였습니다.

이런 옛말이 있습니다. "자식은 잘 봉양하고자 하나 부모는 기다려주지 않는다." 오늘의 엄마아빠들은 이걸 기억해야 합니다. "부모는 잘 양육하고자 하나 아이는 기다려주지 않는다." 시간은 절대 좋은 부모가 되기를 기다려주지 않습니다. 부모가 함께 만들어가는 유아기와 아동기 10여 년 동안의 양육과 환경 그리고 교육이 우리 아이의 이후 생에서 가장 큰 선물이자 축복이 되었으면 합니다. 이 책이 유아에서 초등학생을 둔 부모님들께 지식을 넓히고 지혜를 모으는 작은 기회가 되길 바랍니다. 작은 노력과 실천들이 모여 아이들이 모두 좀 더 행복한 삶을 누렸으면 합니다.

부모와 교사가 아이들의 건강과 성장을 함께 고민하고 격려하는 기회를 더 만들고 싶습니다. 좀 더 좋은 선생님이 되어주지 못한 미안함과 아쉬움을 제자들에게 마음으로 전합니다. 마지막으로 많은 조언과 도움을 주신 모든 분들에게 깊은 감사와 애정을 드리고, 이 책이 세상에 빛을 볼 수 있는 기회를 주신 베가북스 권기대 대표와 배혜진 이사에게 감사의 말씀을 드립니다. 저의 희망이자 전부인 가족에게 끝없는 고마움을 전하고, 내겐 너무 소중한 예쁜 딸 교은이에게도 세상 어디에도 없을 것 같은 사랑을 전합니다.

2013년 12월

박 용 재

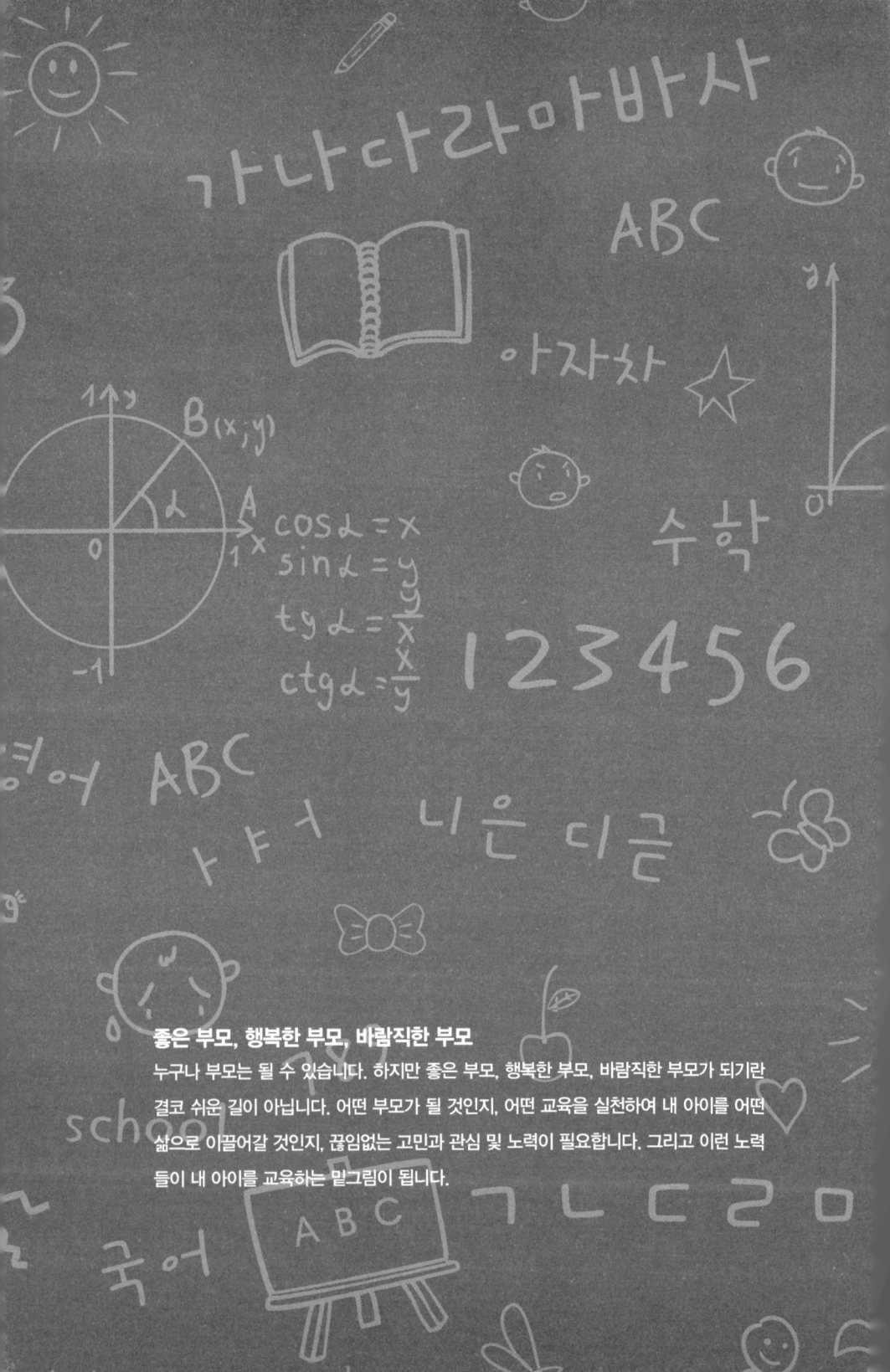

좋은 부모, 행복한 부모, 바람직한 부모
누구나 부모는 될 수 있습니다. 하지만 좋은 부모, 행복한 부모, 바람직한 부모가 되기란 결코 쉬운 길이 아닙니다. 어떤 부모가 될 것인지, 어떤 교육을 실천하여 내 아이를 어떤 삶으로 이끌어갈 것인지, 끊임없는 고민과 관심 및 노력이 필요합니다. 그리고 이런 노력들이 내 아이를 교육하는 밑그림이 됩니다.

교육 화제
제1장

아이 교육 스케치 준비

어떤 부모를 지향하는가?

부모의 역할은 어린이를 가르치는 것이 아니라
스스로 자기 발달을 할 수 있도록 어린이들의 마음을 돕는 것이다.

마리아 몬테소리 Maria Montessori

초등학교 2학년과 6학년 자녀를 둔 현숙 씨는 요즘 아이들과의 만남이 더없이 행복하고 기쁩니다. 지금 아이와 함께 할 일을 생각하며 미소를 짓고, 내일 함께 할 일을 준비하며 작은 일상을 보내고 있습니다. 아침이면 아이들의 손을 잡고 아파트 단지 앞까지 내려가 사랑의 마음으로 안아주면서 배웅합니다. 낮에는 아이들의 악기 연주를 도우려고 스스로 문화 센터를 방문해 플루트를 배우거나 서점에 가서 새로운 자녀 교육 정보를 얻고자 노력합니다. 아이들이 학교에서 돌아올 때면 미리 마중 나가 미소로 반겨줍니다. 그리고 저녁에 있을 가족 독서 토론을 함께 준비합니다.

다른 아이들에 비해 체구가 작은 5학년 권우는 아빠 앞에서 한마디 말도 제대로 할 수 없습니다. 아빠는 친구 관계를 두려워해 학교에 가기 싫다는 여덟 살 권우를 심하게 야단치고 저녁에 집 밖으로 쫓아내곤 했습니다. 그뿐일까요? 권우가 수학 문제를 풀 때 아빠가 뒤에서 지켜보며 틀린 문제가 있으면 혼내는 경우도 많았습니다. 권우는 요즘도 학교에서 문제가 잘 풀리지 않을 때면 아빠가 쳐다보는 것만 같습니다.

때때로 의사 표현이 서툴거나 우물쭈물하면 아빠는 사내가 할 말도 못한다며 자신 있게 이야기하라고 다그칩니다. 그럴 때면 권우는 하고 싶은 말조차 제대로 못합니다. 자신을 향해 소리 지르는 아빠 때문에 집에서 제대로 밥을 먹기도 힘듭니다. 결국 이런 일이 생기면 언제나 피하거나 숨어 버리고 싶다는 생각을 자주하는 권우입니다.

THINK TOGETHER

권우의 앞에는 과연 어떤 삶, 어떤 미래가 기다리고 있을까요? 부모님의 다그침이 두려워 자신감을 잃는 소심한 아이로 자랄 가능성이 큽니다. 아이들에게 결과와 변화를 원하며 다그치는 것은 오히려 성장에 부작용을 줄 수 있습니다. 반면, 현숙 씨와 같이 스스로 변하려고 노력하는 부모에게서 자란 아이들의 미래는 어떠할까요? '어떤 부모가 될 것인가?'에 대한 깊은 고민과 성찰의 토대 위에 노력의 실천이 절실히 요구됩니다.

Sketch 01. 아이 교육, 왜 중요한가?

살아 있는 생명이라면 으레 성장하고 발달

합니다. 이 과정에서 생명은 자연스러운 성숙을 이루기도 하지만 무언가의 뜻에 따라 계획된 성장을 하기도 합니다. 그중에서 오직 인간만이 '스스로' 성장하지 못해서 그 한계가 더욱 뚜렷합니다. 따라서 인간 교육, 특히 아이 교육에는 알맞은 양육 환경이 반드시 필요하고 중요합니다. 그렇다면 인간 발달 과정에 따른 교육이 왜 중요한지 살펴볼까요?

첫째, 알맞은 시기의 가능성과 잠재력 계발에 중요합니다.

우리 삶에서 경험이나 환경에 따른 변화 가능성과 잠재력이 가장 큰 시기는 유아기와 아동기입니다. 이는 가능성과 잠재력을 바탕으로 행한 초기 학습이 이후 탄탄한 학습 기초가 된다는 의미입니다. 다르게 말하면 후기 학습은 초기 학습의 바탕 위에 쌓이며 생의 초기에 그 기초가 형성됩니다. 또 발달에는 최적의 시기가 있기 때문에 인간은 모두 알맞은 시기에 발달을 이뤄야 합니다. 예를 들어 유아기와 아동 초기는 평생 영향을 줄 언어의 질을 결정하는 대단히 중요한 시기입니다. 이 시기에 왜곡된 언어 교육이 이뤄진다면 성인이 된 후에도 아이는 언어와 관련된 문제를 겪을 것입니다.

둘째, 정서와 사회성 발달 형성에 중요합니다.

유아기에 급격하게 이룬 정서 발달은 아동기에 거의 완성을 이룹니다. 이렇게 형성된 아동 초기의 정서와 부모를 비롯한 양육자 및 타인과의 관계 형성은 이후 성인기까지 꾸준히 영향을 미칩니다.

셋째, 두뇌 발달 측면에도 중요합니다.

가능성이나 잠재력은 모든 아이 교육에 적용될 수 있으나 뇌 발달 측면에서는 더욱 두드러집니다. 우리가 느끼고 생각하며 학습하는 모든 활동은 신경 전달 물질인 시냅스의 분출을 통해 이루어집니다. 일생에서 가장 많은 시냅스가 형성되는 것은 출생 후 3세 무렵의 영유아 시기이며 이후 시냅스가 만들어지고 없어지는 속도가 균형을 이룹니다. 따라서 교육을 통해 발달 초기에 이뤄지는 새롭고 바람직한 경험과 학습 기회는 우리 아이의 두뇌 발달을 촉진합니다.

앞에서 살펴본 것처럼 유아기와 아동기의 발달은 인간 발달의 기초를 형성하고 이후 아이의 삶에 폭넓은 영향을 미칩니다. 이처럼 교육은 자신의 생각이나 의지에 따라 행동하는 적극성, 상호작용 관계와 질뿐만 아니라 발달 관점에서 아무리 강조해도 지나치지 않습니다. 우리가 주목해야 할 점은 발달의 중요성과 위대함을 알고 알맞은 부모 역할을 실천해야 한다는 것입니다.

Sketch 02. 좋은 부모, 어떤 유형이 있을까?

아이와 함께 산책해보세요. 아이가 주변 자연과 현상에 대해 많이 궁금해 하는 것을 느끼실 겁니다. 처음 꽃을 보는 아이의 '이건 뭐예요?'라는 물음에 '아이가 모르는 부분을 잘 설명해 주었더라면' 하고 아쉬워하지는 않으셨나요? 이처럼 부모가 세상의 일반 지식을 얼마나 갖고 있는지도 아이에게 영향을 주는데, 하물며 교육에 대한 인식과 철학은 오죽할까요?

아이에게 부모라는 존재는 삶에 빛을 비추고 길을 열어주는 소중한 등대입니다. 아이에게 '좋은 엄마', '좋은 아빠'가 되려면 자녀의 성장을 알고 부모 역할에 충실하려는 노력이 필수입니다. 그렇다면 '좋은 부모'에는 어떤 유형이 있고, 기본적인 노력은 어떤 것이 있을까요?

★ 01. '다정다감형' 부모

미소와 행복은 주변 사람들까지도 기쁘게 합니다. 행복한 부모 밑에서는 아이도 자연스럽게 다정다감한 아이로 성장합니다. 아이에게 행복을 전하고 가르칠 수 있도록 부모가 먼저 행복한 사람이 돼야 합니다. 이런 부모의 모습을 보는 아이들에겐 행복한 미래가 저절로 각인될 뿐 아니라, 그렇게 자란 아이는 부모와 건강한 애착 관계를 형성하고 타인을 신뢰하며 이러한 신뢰는 세상에 대한 믿음으로 이어지기 때문이지요.

★ 02. '동참형' 부모

얼마 전에 있었던 일입니다. 아이에게 가족을 동물로 표현해보라고 했더니, 엄마는 나비, 자신은 새, 언니는 토끼로 그렸습니다. 마지막으로 아빠는 '개'로 표현하면서 '내 부탁을 잘 들어주고 잘 놀아줘서 개 같다.'는 이유를 써놓았습니다. '너무한 것 아니냐?'는 반응이 나올 수도 있지만, 순수한 아이의 모습에 웃음이 터지면서 최선을 다한 아빠에게 박수를 보내고 싶었습니다.

함께하는 부모의 모습을 통해 아이는 행복한 삶을 그려나갑니다. 아이에게 부모는 또래의 대리인이자 사회성 발달의 기초입니다. 부모와 함께하는 대화 및 놀이는 인격 형성과 사회성, 인지적 능력 발달에 영향을 미칩니다.

2012년 12월, 통계청이 발표한 맞벌이 가구 비율은 43.5%였습니다. 현재 부모의 절반가량은 제대로 된 양육이나 교육을 할 수 없는 안타까운 현실에 있습니다. 이러한 문제를 해결하기 위해 부모는 서로의 일을 공유하고 많은 경험들을 나누어야 합니다. 이를 통해 가정에서 받는 스트레스를 줄이고 가족 간 유대와 대화 기술을 키울 수 있습니다. 부모가 함께하는 양육이야말로 아이의 현재와 미래를 풍부하게 합니다.

★ 03. '스마트형' 부모

"아는 것이 힘"이라고 했던가요. 핵심은 스마트한 부모입니다. 여기서 말하는 스마트란 성장과 발달에 대한 지식이 넉넉하다는 뜻입니다. 실제로 아이의 발달을 모른다면 바람직한 변화를 이끌어낼 수 없지요. 의욕만 넘쳐서 강요하고 부담을 주거나 무관심하게 유치원, 학교, 학원 등에 맡기는 부모가 진정한 변화를 끌어낼 리 없습니다. 부모 모두 자녀의 발달 지식을 얻고자 노력해야 합니다. 정보가 넘쳐나는 시대입니다. 조금만 관심과 노력을 기울이면 다양한 교육 지식을 얻을 수 있습니다. 이를 통해 자신만의 방법과 가치관을 세우고 실천할 것을 권합니다. 스마트한 부모와 아이의 행복은 비례한다는 것을 꼭 기억하세요.

★ 04. '원칙과 철학'을 가진 부모

양육의 가장 중요한 요소 하나가 바로 '철학'입니다. 즉 '교육을 어떻게 볼 것인가? 어떤 마음으로 교육에 임하고, 학습 능력을 어떻게 신장시킬 것인가?' 등 부모와 아이에 대한 가치를 세우는 것이 중요합니다. "알아서 잘 크겠지." "나중에 가르치면 되겠지." 이처럼 무책임하고 철학이 없는 부모는 아이들의 올바른 성장을 이룩할 수 없습니다.

　자녀 양육과 교육에서 철학과 원칙을 세우려면 부모의 인식과 관심이 먼저입니다. 아이의 수준과 능력을 생각하지 않은 철학은 결코 실천되지 못합니다. 이는 서로 신뢰를 형성하지 못하는 원인이 되지요. 따라서 부모는 아이의 인성과 학습에서 무엇을 중요시하고, 어떤 마음으로 어떻게 소질과 재능을 키워 양육할 것인지 구체적인 계획과 목표를 세워야 합니다.

　부모에게 철학이 있다면 이제는 '일관성'을 갖췄는지 고민해보세요. 철학만큼 중요한 것이 바로 '일관성'입니다. 일상생활에서 같은 일을 두고 부모의 감정이나 대상에 따라 다르게 반응한다면 아이는 혼란스러워집니다. 또 이런 일이 반복되면 아이는 자신감과 신뢰를 상실하기 마련입니다.

Sketch 03. 최적의 교육 환경 만들기

아이의 신체·정서·인지·언어·사회·도덕 발달 등은 차례로 발달하는 것이 아니라 함께 종합적으로 발달합니다. 이러한 발달 영역은 자아개념과 자존감의 구성 요소가 되며, 나아가 한 개인의 삶의 전부가 됩니다. 그렇다면 아이의 발달 영역에 따른 최적의 교육 환경은 어떤 것일까요?

★ 01. 신체 발달을 돕는 환경

먼저 아이와 안정된 관계를 유지하고, 다양한 신체 표현을 해주세요. 함께 미소 짓고 손을 잡거나 안아주는 부모와의 교감은 아이에게 안정감을 주고 신체 발달을 촉진합니다. 더불어 바람직한 식습관도 뇌세포에 에너지를 공급하고 신경전달물질 형성에 도움을 주어 아이의 신체 발달을 촉진합니다. 이를 통해 뇌 발달이 촉진되고, 이후 학습에 결정적 영향을 주며 건강한 신체와 마음을 만듭니다.

이밖에 근육 발달과 스스로 하는 일상생활 능력 키우기도 잊지 마세요. 아이의 생활은 놀이로 가득 차 있습니다. 색칠하기, 종이접기, 산책하기 등 부모와 함께하는 다양한 놀이는 아이의 신체 발달에 도움이 됩니다. 따라서 아이들의 오감을 자극하는 놀이와 다양한 도구를 곳곳에 두는 것이 좋습니다. 부모와 외부 환경을 느낄 기회도 충분해야 합니다. 굳이 유명한 관광지나 좋은 놀이 시설이 아니어도 됩니다. 주변에 있는 공원이나 아파트 단지 내의 놀이 시설도 좋습니다. 가능하다면 주말을 활용하여 가까운 미술관이나 도서관, 박물관 등을 찾는 활동은 어떨까요?

★ 02. 정서 발달을 돕는 환경

정서란 자신과 타인의 감정을 인식하고, 타인과 관계를 이루는 것입니다. 모든 인간은 태어남과 동시에 정서가 발달하고 유아기에 정서 세분화와 조절이 일어납니다. 아동기에는 타인의 정서를 잘 이해하고 상황에 따라 정서 조절을 학습합니다. 따라서 아이를 하나의 인격체로 인정하며, 애정을 주고 아이의 기질을 알아 민감하게 반응해주어야 합니다. 또한 아이의 감정과 결정을 존중하는 노력이 필요합니다.

★ 03. 인지 발달을 돕는 환경

인간의 뇌는 태어나기 전부터 성장하기 시작합니다. 태어난 이후에는 가히 폭발적으로 발달합니다. 유아기의 아이는 특히 인지 능력이 빠르게 자라 어떤 사건이나 행동을 상징적으로 나타낼 수 있습니다. 이는 인지, 지능, 언어, 학습 능력이 발달하고 있다는 뜻이지요. 아동기에는 능숙하게 상징을 사용하고 여러 면에서 논리적으로 사고하며 타인의 관점을 이해합니다. 따라서 우리 아이들이 풍부하게 보고, 듣고, 만지고 체험하도록 할 필요가 있습니다. 이에 맞춰 다양한 놀이 탐색과 스스로 활동하는 환경이 필요합니다. 뿐만 아니라 언어·수학 경험을 풍부하게 할 다양한 조작 활동 역시 인지적 발달을 돕습니다.

★ 04. 언어 발달을 돕는 환경

인간이 동물과 다른 점은 말을 사용하고 사고를 한다는 것입니다. 아이와 이야기를 주고받는 기회가 충분해야 합니다. 형식적이고 피상적인 이야기보다 눈을 맞추고 집중해서 서로의 마음과 생각을 전해야 합니다. 물론 아이의 표현에 적절한 반응을 하는 것도 중요하지요. 패밀리 레스토랑에서 종업원이 무릎을 꿇고 고객과 눈을 맞추며 주문을 받는 것을 생각하면 쉽게 이해가 될 것입니다.

언어 발달을 위해 충분한 읽을거리의 제공도 빼놓을 수 없습니다. 일상생활에서 부모가 규칙적으로 책을 읽어주는 것 역시 많은 도움이 됩니다. 충분한 언어발달을 돕고 어휘력과 표현력도 키워주니까요.

★ **05. 사회 발달을 돕는 환경**

인간은 타인과의 관계를 맺지 않고는 살 수 없습니다. 특히 부모는 아이의 대리인이면서 사회성을 키우는 데 결정적인 역할을 합니다. 아이와의 대화, 다양한 놀이나 체험 등을 통해 어떻게 서로 감정과 표현을 나누는가가 중요합니다. 이는 또래와의 관계로 확대되어 어른이 되어서도 적절한 관계를 이룰 수 있게 도와줍니다. 아울러 또래들과 사회성을 발달시키는 놀이에 참여할 기회도 충분히 제공해야 합니다. 내 아이의 사회성을 키우기 위해 꾸준히 주변 친척이나 친구 또는 선·후배와 가족 모임을 통해 아이들의 관계 형성에 도움을 주는 것이 좋습니다.

★ 06. 도덕 발달을 돕는 환경

　세상에 절대적인 도덕이란 존재하지 않습니다. 시공간에 따라 도덕은 다르게 적용되지요. 그렇지만 도덕은 우리가 살아가는 모든 곳에 존재합니다. 따라서 도덕 발달을 위해서는 무엇보다 먼저 부모가 바르게 살려는 노력을 실천해야 합니다. 부모는 전혀 도덕적이지 못한 삶을 살면서 아이에게만 바른 삶을 강요하면 전혀 도움 되지 않습니다.

　아이의 도덕을 키우기 위해서 일상생활을 잘 이용하세요. 그리고 매 순간 부딪치는 수많은 상황을 어떻게 판단하고 받아들일지 아이와 대화하고, 이를 아이가 내면화하도록 배려해야 합니다.

특별한 교육을 그리는 부모

자신을 아끼고 사랑하는 사람은 다른 사람도 아끼고 귀하게 여긴다.
이처럼 자신에게 헌신할 수 있는 어머니가 자식에게도 희생할 수 있다.

초등학교 2학년 아이의 엄마인 은지 씨는 7세 아동 교육을 궁금해 하는 후배에게 다음과 같은 이야기를 전합니다.
"나도 큰 아이가 여섯, 일곱 살 때 정말 고민 많이 했지. 그런데 학습지나 문제집은 안 시켰어. 유치원에 음악이나 미술 같은 특기수업이 있고 요즘은 영어도 대부분 하고 있잖아. 또 유치원에 다녀오면 3시가 넘는데 그 나이에 6시간씩 교육기관에 있기도 힘들지 않을까? 괜히 이것저것 시키면 아이도 스트레스 받을 것 같고, 나도 힘들 것 같았지. 난 다른 엄마들이 아무것도 안 시키느냐며 학습지나 초등 수학이 어떻다고 말할 때도 그냥 듣기만 했어. 영어 학원을 왜 안 보내느냐고 할 때도 내 교육관은 확실했지. 아이들 학교 들어가는 순간까지 아무것도 안 시키겠다고 말이야. 입학하는 순간부터 앞으로 20년은 공부해야 하는데 왠지 안타까웠어. 난 유치원에 즐겁게 다니는 것만으로도 아이가 정말 기특해."

THINK TOGETHER

은지 씨의 철학, 대단하죠? 아이와 교육에 대해 확실한 원칙과 철학을 만드는 부모도 있고, 다양한 방법으로 실험해보는 부모도 있을 겁니다. 어쨌거나 중요한 것은 나와 아이의 행복입니다. 무엇보다 아이와 내가 함께 행복한 길을 찾아야 합니다. 지금부터는 특별한 교육을 그리는 부모들과 아이에 대한 고민을 이야기해보려 합니다.

Sketch 01. 똑똑한 부모는 원칙과 철학부터

삶의 굵직굵직한 주제마다 우리는 원칙과 철학을 찾기 마련이고, 그런 것이 없이는 지리멸렬하고 어수선한 인생이 되기 십상입니다. "인간은 왜 존재하는가?" 혹은 "우리는 어디서 와서 어디로 가는가?" 같은 근원적인 이슈가 아니더라도, 하루하루를 살아가는 원칙과 철학은 반드시 필요합니다. 자녀 교육도 마찬가지로 원칙과 철학부터 굳건히 세워야 할 문제입니다. 부모라면 아이를 어떻게 키울 것인지, 어떻게 교육할 것인지에 대한 원칙과 철학을 확립하자는 뜻이지요. 이처럼 뼈대 있고 훌륭한 부모가 되려면 어떤 노력들이 필요할까요?

★ 01. 교육 원칙 세우기

아이들의 고민거리 1위는 학업 성적이며, 부모들의 가장 큰 걱정거리는 어떻게 자녀를 교육시킬까 입니다. 우선 엄마 아빠에게 아이를 제대로 키울 '교육 원칙'이 있는가를 살펴보십시오. "아이들에게 어떤 삶을 살게 할 것인가?" 그리고 "보다 바람직한 삶을 위해 무엇을 가꿀 것인가?" 등을 고민해 원칙을 세워야 합니다.

교육 철학과 원칙을 세웠다면 부모 스스로 바람직한 교육법을 찾으려는 노력이 필요합니다. 반드시 아이의 수준과 능력, 환경을 헤아려야 실패하거나 후회하지 않습니다. 이렇게 세워진 교육 원칙과 철학이 아이의 학습능력과 정서, 감성 등에 직결됩니다.

★ 02. 부모는 아이의 거울

어떤 부모든 아이가 공부도 잘하고 말도 잘 듣기를 바랍니다. 하지만 현실은 그렇지 못하지요. 부모의 욕심이 아이보다 앞서기 때문에 그렇습니다. 그러므로 먼저 부모는 자녀를 바라보는 시각과 교육 방법부터 바꿔야 합니다. 부모는 '자녀설계사'이며 안내자입니다. 엄마아빠는 매일 TV를 보면서 아이에게는 공부만 강요한다면 아이가 이를 어떻게 받아들일 수 있을까요? 많은 부모들의 착각 가운데 하나가 아이들을 향한 일방적인 말과 행동이 전부 통할 것이란 믿음입니다. 자아가 형성되는 유아기에도 말로 아이를 가르친다는 것은 거의 착각이라고 할 수 있습니다. 부모는 스스로 본보기가 되어 아이가 자연스럽게 따라오도록 안내해야 합니다. 내 아이가 건강하고 행복하기를 원하세요? 그렇다면 먼저 부모가 그러한 삶을 살도록 노력해야 합니다.

★ **03. 아이는 도구가 아니다.**

　미국과 유럽의 선진국 사회는 자녀의 실수와 도전을 우리 사회보다 너그럽게 받아들입니다. 그들이 아이를 독립적인 존재로 인식하고 받아들이는 반면, 우리나라 부모는 이러한 이해가 많이 부족하기 때문이죠. 아이가 다 자라 어른이 돼도, 몸만 독립할 뿐 정작 정서적, 경제적, 독립은 잘 이루어지지 않는 경우가 흔합니다. 부모 역시 삶과 자아실현의 부조화로 갈등을 겪기도 합니다. 특히 부모의 자존심과 자랑거리를 위해서 자녀에게 온갖 바람과 희망을 실현하려는 욕심이 강합니다. 아이들을 인격체로 받아들이고 사회의 바람직한 구성원으로 성장하도록 배려해주세요. 또 부모의 기대대로 교육시키기보다 아이의 꿈과 적성, 능력을 키우도록 해야 합니다. 아이는 부모의 도구가 아니라 하나의 독립된 삶을 사는 다른 개체입니다. 이제 아이가 스스로 삶을 살아가도록 도와주세요.

Sketch 02. 어떤 아이가 행복할까?

부모는 세상의 수많은 가치와 의미를 아이에게 전하려고 합니다. 그 가치와 의미 중에 으뜸은 행복입니다. 그렇다면 시험 점수를 잘 받거나, 하고 싶은 대로 하도록 내버려두는 것이 행복에 이르는 길일까요? 과연 어떤 아이들이 더욱 행복한 삶을 사는 것일까요?

★ 01. 감정에 솔직한 아이

요즘은 부모와 자녀가 서로의 마음과 생각을 표현할 기회가 부족합니다. 안타깝게도 바쁜 일과 맞벌이로 부모의 자리가 아슬아슬한 것이 현실이죠. 초등학교 이후에는 대화 자체가 어색한 것도 우리의 현실이고요. 서로의 마음을 알지도, 표현하지도 못해 자녀들과 교감하지 못할 때가 많습니다. 이로 인해 다양한 정서적 갈등이 일어나고 결국 학교 적응이나 관계 형성에 문제를 일으킵니다. 자신의 마음과 감정을 적절히 표현하지 못하는 아이는 마음속에 부정적 감정을 쌓아갑니다. 또래와의 관계 형성은 물론 학습에서의 집중력과 기억력도 기대하기 어렵지요. 이제 아이가 모든 감정을 자연스럽게 나타내도록 도와줍시다. 그들의 감정을 받아들이고 함께 공감하는 노력하는 것이 필요할 때입니다.

★ 02. 밝고 명랑한 아이

캘리포니아 버클리 대학의 하커Lee Anne Harker와 켈트너Dacher Keltner라는 두 교수는 30여 년 전, 졸업 앨범에 실린 한 장의 단체사진에 나타난 미소가 현재 그들의 삶에 어떤 영향을 미치는가를 연구한 적이 있습니다. 그 결과, 사진에서 활짝 웃는 여성들은 행복한 결혼 생활을 유지하고 있었고, 이혼한 경우도 적었으며, 사회에서 활발하게 활약하고 있음이 밝혀졌습니다. 이는 잘 웃는 사람, 명랑한 사람이 행복하다는 경향을 간접적으로 증명한 사례입니다.

유년 시절에 밝고 명랑함을 유지한 사람이 보다 더 즐거운 삶을 누릴 확률이 높습니다. 어른은 어른답고, 아이는 아이다울 때 가장 아름답지요. 뿐만 아니라 밝고 명랑한 감정은 아이의 학습과 기억력까지 향상시킵니다. 우리 아이들이 좀 더 마음껏 밝게 웃는 기회를 언제나 넉넉히 만들어주세요.

★ 03. 스스로 노력하는 아이

동기가 생기면 감정도 영향을 받아 즐거워집니다. 동기의 효과는 그뿐만이 아닙니다. 지성을 담당하는 뇌를 자극하고 집중력을 키워 공부 효율도 오릅니다. 공부 효율이 오르면 실력 향상은 아주 당연한 결과일 것입니다. 스스로 목표를 정하고, 시간과 공부 계획을 세워 노력하는 아이는 미래를 적극적으로 가꿉니다.

★ 04. 적극적으로 탐구하는 아이

인간은 태어나면서 몸을 움직이고 탐색해 많은 것을 배웁니다. 이러한 움직임은 자기표현과 욕구 충족 및 발달의 요소가 되지요. 아이의 궁금증과 관심은 부모의 애정에서 시작합니다. 애정을 바탕으로 자란 아이들의 관심은 세상으로 향합니다. 그리고 아이의 호기심에 기초한 다양한 탐색활동은 주변을 만지고 경험하며 체험하는 기회를 통해 성장합니다. 이를 통해 긍정적인 자아개념은 물론, 성취감, 만족감, 창의적 문제해결 능력까지 키울 수 있습니다.

Sketch 03. '내 자신'의 삶 vs '부모'로서의 삶

한 인간으로서 자신의 삶과 가치에 초점을 두는 부모가 있는가 하면, 자식을 위해 헌신하고 희생하는 데 더욱 초점을 두는 부모가 있습니다. 어느 하나를 포기하거나 가벼이 여긴다면 나와 아이의 삶 모두를 위해 결코 바람직하지 않습니다. 한 개인인 '나 자신'의 역할과 비중, 그리고 '부모'로서의 역할과 비중, 이 둘 사이의 균형을 아이의 발달시기에 따라 지혜롭게 찾기 바랍니다. 인간의 발달에서 유아기와 아동기는 적절한 부모의 양육과 교육이 특히 절실한 시점입니다. 가장 힘들고 바쁜 시기를 보내며 나 자신을 위한 삶과 부모로서의 삶이 조화를 이루도록 하는 노력이 필요합니다.

구분	부모 역할(100%)
유아기	
아동 초기	
아동 중기	
아동 후기	

▲ 각 발달 시기별 부모 역할 비중

★ 01. 유아 시기의 딜레마

　이 시기에 인간은 스스로 성장할 수 없습니다. 따라서 '나 자신'의 삶보다 부모로서의 역할에 초점을 두어 아이 교육에 온 힘을 쏟아야 합니다. 특히 이때는 모든 영역 발달이 이뤄지므로 가장 중요한 시기이죠. 게다가 이 시기의 양육은 엄마나 아빠 혼자 감당하기 어렵습니다. 지금 이 순간에도 자라는 우리 아이들이 생의 중요한 시기를 보내고 있음을 기억하며 부모가 서로 함께하는 모습을 보여주세요.

★ 02. 초등 시기의 딜레마

초등학교 시기까지는 아이 스스로 선택하고 결정하는 능력이 부족합니다. 부모가 만들어주는 환경에 따라 아이의 발달이 촉진되고 조장됩니다. 특히 이때는 자식을 부모의 품에서 떠나보내는 준비 기간이라고 생각하세요. 아이 스스로 독립적인 생활을 하도록 배려해야 합니다. 동시에 부모는 아이가 학습 집중력을 높이도록 돕고, 바람직한 인성과 습관이 자리 잡도록 해야 합니다. 고학년 시기에 아이가 잘 성장하고 있다면 조금씩 부모로서의 삶에서 개인의 삶으로 전환해도 좋습니다.

★ 03. 초등 시기 이후의 딜레마

여러분이 '부모' 역할에 충실하고 싶어도 맘대로 되지 않는 시기입니다. 아이들의 관심 대상이 학업, 친구, 학원으로 이미 바뀌었기 때문이죠. 지금까지의 10여 년을 '부모'로서의 삶에 매진했다면, 이제는 '나 자신'의 삶에 초점을 두어야 합니다. 이 시기에도 부모로서의 역할에 집중하려 한다면 훗날 자신의 삶을 볼 때 아쉬움과 미련만 남을 것입니다. 또 아이에게 자신의 삶을 보상받으려 한다면 아이와 부모 모두 불행의 길로 접어들 것입니다.

교육과 성장의 밑그림 그리기

아이들이 보낸 생의 초기가 나머지 삶을 결정합니다.
생의 초기 10년. 아이들에게 무한한 가능성과 능력을 펼칠 수 있는
꿈의 그라운드를 만들어 주세요.

5학년 혜원이는 학원 스케줄 때문에 고민입니다. 평일은 수요일을 제외하고 3시에 학교가 끝나지만 거의 다람쥐 쳇바퀴 돌듯 힘든 생활이 7개월째 이어지고 있습니다. 월요일과 목요일은 학교가 끝나자마자 수학과 영어 학원이 2시간씩, 학습지 선생님 수업까지 마치면 거의 11시가 됩니다. 학습지의 경우 국어, 사회, 과학, 한자 선생님이 요일별로 옵니다. 화요일과 금요일은 수학과 영어 학원이 끝난 후 숙제를 하면 거의 10시. 수요일은 수업이 끝나는 오후 1시에 피아노 연습을 하고 수학과 영어 학원을 갔다 오면 숙제를 끝내고 바로 잠이 듭니다. 토요일에는 Tosel에서 좋은 등급을 받기 위해 2시간 정도 영어 학원에 갑니다.

학원을 몇 개 끊고 싶지만 혜원이는 망설입니다. 반복되는 학교와 학원 생활은 힘들지만 부모님이 다니기를 원하고 실력이 뒤처질 것 같은 불안 때문이죠. 많은 학원을 다니지만 혜원이의 실력은 그리 좋지 못합니다. 그런데 혜원이의 걱

> 정은 따로 있습니다. 학교가 끝나고 친한 친구들과 함께 어울리지 못해 혼자 멀어지는 것 같은 기분이 그것입니다. 특히 요즘은 친구도 말을 잘 걸지 않고, 자신도 특별히 할 말이 없어 더욱 마음이 무겁습니다.

▷ THINK TOGETHER

혜원이의 이야기, 내 아이의 일상과 비슷한가요? 우리 주변 어린이들의 일상생활을 보면 안타까울 때가 많습니다. 강요된 학습만 있고 스스로 배움을 확인하는 것은 물론, 점검할 시간조차 없으며 공부 외 다른 것들을 나눌 기회와 시간도 부족합니다. '맑고 푸른 동심'은 동요 가사에 불과한가요? 공부라는 굴레에 지친 아이들에게 힘을 주기 위해서라도 부모의 올바른 교육관이 꼭 필요합니다.

Sketch 01. 놀라운 인간의 발달

부모가 인간의 발달 과정에 익숙하면 올바른 교육관을 세우는 데 커다란 도움이 됩니다. 인간 발달의 과학을 풀어본 아래 이야기가, 지금 내 아이에게 유익한 교육관을 찾아내는 계기가 되기 바랍니다. 더불어 내 아이의 발달을 돕기 위해 부모가 해야 할 역할이 무엇인지도 가늠해보세요.

★ 01. 일반적 발달 과정

　개인의 발달은 일반적으로 성숙과 학습이라는 과정으로 이루어집니다. 또 발달에는 개인차가 있으며 여러 측면이 서로 관련되어 있습니다. 발달에 있어 무엇보다 중요한 것은 학습과 환경입니다. 학습과 환경은 시간이 지날수록 되돌릴 수 없을 만큼 커다란 차이를 만듭니다. 학자마다 차이는 있지만 인간은 출생 직후 폭발적으로 성장하여 이미 유아 단계에 다양한 발달 영역(언어, 사고, 정서, 사회성 등)의 60%~70%를 완성한다고 보고 있습니다. 그리고 초등 시기까지 80%~90%의 발달을 마칩니다. 이는 뛰어난 조각가가 섬세하게 작품을 완성하는 것처럼 중등 시기에 마친 발달이 성인기까지 이어지게 됩니다. 따라서 부모가 만드는 10년이란 시간은 아이의 미래를 바꿀 수 있습니다. 유아기와 아동기에 겪는 삶의 내용과 과정이 아이를 행복하게 또는 불행하게 만든다는 뜻이죠.

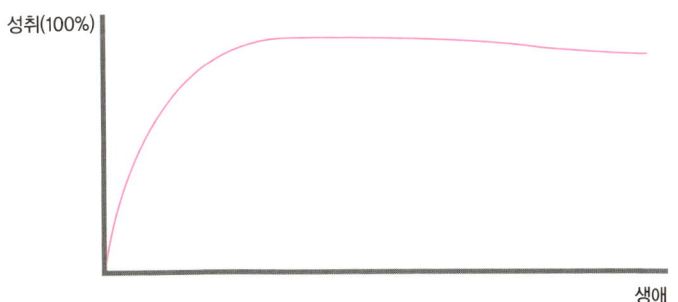

▲ 일반적인 인간 발달 과정

★ 02. 언어 · 사고 · 사회성 · 정서 능력의 놀라운 발달

　아이들은 일반적 과정의 발달과 함께 놀라운 성장을 이뤄 갑니다. 지적 능력에서 가장 두드러지는 점은 언어 능력의 발달입니다. 언어 능력은 만 3~4세에 더욱 향상되어 의사 전달과 대화를 통해 가족이나 친구와 긴밀한 언어 상호 작용을 할 수 있습니다. 뿐만 아니라 사물이나 현상을 보고 생각하며 자신은 물론 다른 사람의 감정을 이해하게 됩니다. 만 4~5세 정도면 의사소통에 필요한 기본 토대가 완성됩니다. 이후 초등 시기를 거쳐 문자 사용능력이 발달하면서 언어 사용능력이 거의 완성되고 기억력도 현저하게 발달합니다. 기계적인 기억 발달은 만 8~10세쯤 절정에 달합니다. 여기에서 만 8세 이하는 청각 기억, 만 9세 이후는 시각 기억이 더욱 중요합니다.

　사고 발달에도 두드러진 전환이 이루어집니다. 자기중심성을 보이던 아이는 만 8~9세에야 주위 세계를 객관적으로 이해하게 되지요. 만 9~10세에 이르면 몇 개의 사물에서 공통 특징을 뽑는 추상 능력이 발달합니다. 만 10세쯤에는 상당한 수준의 추리 작용도 가능해 이를 기초로 비판이나 창조적 사고 등이 뚜렷하게 발달합니다.

　유아 시기에는 주로 부모를 모델로 하여 사회성이 발달합니다. 주로 부모와의 대화나 다른 사람의 반응에 의존하게 되지요. 이후 유치원과 같은 집단생활이 시작되면서 같은 또래와 어울려 여러 가지 상호 작용의 기회를 갖습니다. 만 4~5세에는 친구와의 놀이가 가능하고 일정한 규칙이 있는 놀이에 재미있게 참여합니다. 유아기의 연속인 아동 초기에는 자기중심성이 남아 있지만, 초등학교 3~4학년 시기에 우정이란 개념이 발달하고 5~6학년 시기에는 밀착된 또래관계를 형성합니다.

정서 발달은 어떨까요? 3~4세가 되면 사회성 발달에 따라 경쟁과 협동 또는 다른 사람과 다투는 일이 많아지며 이에 따라 다양한 정서를 표출합니다. 정서 발달은 만 5세쯤까지 분화가 이루어져 만 10~11세면 일단 발달이 거의 완성됩니다. 유아기에는 자신의 정서를 표출하는 데서 출발하여 이후 감수성 발달과 더불어 정서 억제와 공포, 분노, 웃음, 유머 등 성인들의 정서 표현에까지 이릅니다.

Sketch 02. 무한한 성장 가능성의 유아기

미국 캘리포니아 대학교 프랜시스 라우셔 Francis Rauscher 교수팀이 발표한 '모차르트 효과'는 큰 반향을 불러일으켰습니다. 바로 모차르트 음악을 듣는 것만으로 아이의 뇌를 자극해 지능이 향상된다는 이론입니다. 창의력, 사고, 도덕성, 감성 등의 발달에 결정적인 유아 시기는 두뇌를 자극하고 정서 발달을 돕는 음악뿐 아니라 교육의 다양한 영역에서 중요성이 높아지고 있습니다. 예전의 유아교육이 아이를 보호하고 정상 발달을 돕는 측면에서의 접근이었다면 지금은 체계적인 계획 아래 적극적인 변화를 유도하는 활동으로 변하고 있습니다. 발달과 교육에 있어 유아교육은 앞으로 가장 중요한 영역이 될 것입니다.

★ 01. 유아기에 고려할 점

가정과 유아교육 기관에서 받는 교육은 인성, 도덕성, 학습 능력, 창의성의 기초를 닦아줍니다. 신체 발달 측면에서 유아기는 신장과 체중의 급격한 증가와 골격과 치아의 발달 등 신체적 성장, 대근육과 소근육의 운동과 자조기술의 향상 등 모든 면에서 놀라운 성장을 합니다. 인성이나 도덕성 발달 측면을 보면 나와 다른 사람의 감정을 이해하고 받아들이면서 타인과의 교제 능력이 발달해갑니다. 또한 예절·질서·절제 등과 관련된 기본 생활 습관을 형성하고, 다른 사람 말에 집중하기, 스스로 학습하기 등 학습 태도의 중요한 기초가 이루어집니다.

그럼에도 유아기에 발달이 이루어지지 않거나 잘못 되면 이후 충분한 자극과 경험을 주어도 정상으로 되돌리기란 어렵습니다. 일정 부분의 발달이 이뤄진 개인의 습관화된 특성이란 많은 시간과 노력 및 비용을 들여도 쉽게 달라지지 않기 때문입니다.

★ 02. 유아기에 틀을 잡는 초등교육

유아교육은 기초 교육으로 초등교육에 많은 영향을 미칩니다. 예를 들어 학습 준비물을 챙기고 정리하는 것 또한 초기 경험이 매우 중요합니다. 이러한 초기 경험은 이후 초등 시기에 학교 적응이나 학습 능력 향상에 영향을 줍니다. 게다가 유아기에 잘못 형성된 습관은 반복되고 누적되어 초등 시기의 학교 학습과 생활에 부정적 영향을 미칩니다. 따라서 유아 시기의 교육에 더욱 관심과 노력을 기울여야 합니다.

Sketch 03. 학교는 어떤 곳일까?

아이들은 만 6세 전후로 초등학교에 입학하고 이후 중학교와 고등학교를 다니게 됩니다. 하지만 어렸을 때의 나 자신이나 지금의 내 아이가 왜 학교를 다니는지 생각하거나 고민해본 경험이 있습니까? 도대체 무엇 때문에 학교를 다닐까요?

학교를 다니는 이유는 '행복'하기 위해서 입니다. 학교라는 작은 사회에서 함께 행복한 세상을 만드는 것이 학교에 다니는 진짜 목적입니다. 이렇듯 학교 교육을 통해 함께 행복하려면 무엇보다도 먼저 아이가 행복해야겠지요. 아이가 행복하려면 즐겁고 재미있게 교사와 친구들을 만나고, 실력을 키워나가야 합니다. 다음으로 타인의 행복을 배려하는 교육과 생활을 하려는 노력이 있어야 합니다. 또 내 아이도 서로의 차이를 존중하고 남을 배려하는 생활 태도를 지니도록 해야 합니다.

현재 초등학교 교육 목표는 학습과 일상생활에 필요한 기초 능력 배양과 기본 생활 습관 형성에 있습니다. 따라서 행복을 추구하기 위해 초등교육이 담당할 목표를 설정하고 그 실천 계획을 수립하는 것이 보다 아름다운 우리 아이들의 미래를 위한 길입니다.

Sketch 04. 초등교육 전체 로드맵

교육은 어렵고 힘든 길입니다. 제아무리 좋은 교재와 방법으로도 그 효과를 즉시 확인할 수 없기 때문입니다. 교육은 최소 몇 달 또는 몇 년, 아니, 십수 년의 시간이 필요하기도 합니다. 특히 유아 시기와 초등 시기의 아이들을 대상으로 한다면 더 많은 시간이 필요할 것입니다. 그럼에도 최선을 다해 부모로서 아이를 이끈다면 성공적인 초등시기를 경험하게 될 것입니다. 그렇다면 초등 시기에 갖추어야 할 발달과 능력은 어떤 것들이 있을까요?

★ 01. 초등 시기에 고려해야 할 점

● **학교 적응과 교과 학습 기초 다지기**

학교는 가정 또는 유아교육 기관에서 기초를 닦은 아이의 능력을 확인하고 펼치기에 좋은 공간입니다. 실제로 가정에서 잘 자란 아이는 학교 교육을 통해 칭찬과 지지를 받습니다. 아이 역시 이를 통해 더욱 부지런하게 실력과 마음을 성장시킬 것입니다. 초등교육은 유아교육과 중등교육을 이어줍니다. 또한 본격적인 학교 교육으로 아이의 학교 적응을 돕고, 각종 교과 학습의 기초를 닦는 중요한 역할을 수행합니다. 초등 시기의 학습 내용과 방법은 전 생애에 걸쳐 가장 결정적인 역할을 합니다.

● **바람직한 습관과 학습 실천화 형성하기**

유아기에 형성된 생활 습관은 초등 시기에 거의 굳어집니다. 학습 준비물 챙기고 정리하기, 교과 학습장 정리 등의 생활 습관이 잘못 굳어지면 어마어마한 시간과 노력으로도 고치기가 쉽지 않습니다. 따라서 이른 시기의 바람직한 습관 형성이 중요합니다. 다음으로 중요한 것이 '학습의 실천화'입니다. 학교에서 익힌 것을 가정에서 실천해 몸에 배도록 하는 것이지요. 아이가 학교에서 생활하는 시간은 저학년 3시간, 고학년 6시간 정도입니다. 실제 교사가 다른 일을 모두 제쳐놓고 아이들과 대화만 해도 한 아이에게 불과 5분 내외의 시간밖에 낼 수 없습니다. 그만큼 아이들에게 관심과 배려를 쏟을 시간이 부족합니다. 학교 교육이 공부하는 방법에 초점을 둔다면, 가정은 실천에 집중해 교육 이상을 실현하는 곳이어야 합니다. 이는 학교와 가정 모두 관심을 갖고 함께해야 하는 이유가 되며 학교와 가정이 함께했을 때 교육 효과는 극대화됩니다.

● 긍정적 자아개념 만들기

자아개념이란 개인이 가지고 있는 스스로에 대한 견해입니다. 나는 어떤 사람인가?, 나의 능력은 어느 정도인가?, 나는 지금 어떤 처지에 있는가? 등의 질문에 스스로 답을 제시하는 것이 자아개념입니다. 자아개념은 신체, 사회, 정서, 학업 등의 요소로 구성됩니다. 유아기에 형성되기 시작하는 자아개념은 초등학교를 거쳐 거의 완성됩니다. 긍정적인 자아개념이 형성될수록 아이의 미래는 성공과 행복으로 빛날 것입니다.

● 다양한 경험 쌓기

아이에게 마음껏 놀고 경험할 수 있는 시간과 장소를 제공해줍시다. 다른 아이와 놀 기회도 만들고 가능하다면 실외에서 많이 놀도록 하면 더욱 좋습니다. 스스로 하고 싶은 것들을 즐겁게 충분히 할 수 있도록 배려해주세요. 자연과 가깝게, 새로운 것을 발견하는 경험은 아이들의 관찰력과 사고력, 탐구 능력을 키우는 학습 바탕이 됩니다. 이밖에 직업에 대한 기초 경험을 직·간접적으로 느끼도록 하세요. 초등 저학년은 직접체험, 고학년은 간접체험을 할 수 있는 기회를 주는 것이 좋습니다. 또 자신의 목표를 세우고 실천할 일을 학교와 연계하여 행하도록 합니다.

★ 02. 초등교육 시기별 로드맵

● 초등 1~2학년 시기

이 시기에 아이는 언어 학습 능력이 왕성하게 확장됩니다. 이때까지의 언어 자극이나 환경은 언어 발달에 중대한 영향을 미칩니다. 따라서 우리말 읽기 능력을 꾸준히 향상시키고, 영어 듣기를 통한 음성언어의 사용 노력이 필요합니다. 학교에서 적응은 물론 기본 생활 습관 형성을 위한 애정과 관심도 요구됩니다. 아이에게 사회 기술을 습득하게 하려는 부모의 노력도 빼놓을 수 없습니다.

- **초등 3~4학년 시기**

  이 시기에는 도덕성과 타인 관계 형성 및 우정과 자아개념이 형성되고, 학습 능력 발달과 학력 차이가 확대됩니다. 점차 논리적 사고 능력은 물론 자기중심 사고에서 벗어나 자유로운 사고로 문제를 해결하는 능력을 키워야 합니다. 이 시기엔 특히 우리말과 영어 등 언어에 꾸준한 시간 투자와 집중이 필요합니다. 아이가 언어 공부를 지루해하지 않도록 부모는 끊임없는 관심을 보여주십시오.

- **초등 5~6학년시기**

  다양한 인간 발달 영역은 상당 부분 이 시기에 완성됩니다. 우리말과 영어에 대한 의사소통능력은 물론 수학적 사고력과 문제 해결력이 왕성하게 발달합니다. 상징적 사고가 가능하고 체계적 실험 등을 통해 문제를 해결하며 과학 탐구 능력도 향상됩니다. 이 시기에는 특별히 수학 교육에 관심과 노력을 기울여야 합니다. 또한 사회성과 도덕성 발달이 진행되어 타인과의 관계 형성 능력이 활발하게 자랍니다. 기본 생활 습관이 완성되고, 학습 능력, 학습 습관이 완전히 정착하도록 함께하는 지혜가 필요합니다.

1~2학년 시기	3~4학년 시기	5~6학년 시기
▶ 국어 읽기 능력 신장 ▶ 영어 음성언어 신장 　(듣기와 말하기) ▶ 자기중심 사고 ▶ 기본 생활 습관 형성 ▶ 타율적 도덕성 발달 ▶ 관계 맺기 연습 ▶ 타율 학습 연습 ▶ 학습 능력 기르기	▶ 국어 읽기 능력 신장 ▶ 영어 읽기 능력 신장 ▶ 가역적 사고 ▶ 기본 생활 습관 정착 ▶ 자율적 도덕성 발달 ▶ 우정 개념 발달 ▶ 자율 학습 연습 ▶ 학습 능력 갖추기	▶ 국어 쓰기 능력 신장 ▶ 영어 쓰기 능력 신장 ▶ 상징적 사고 ▶ 기본 생활 습관 완성 ▶ 도덕적 실천 ▶ 밀착된 사회적 관계 맺기 ▶ 자율 학습 형성 ▶ 학습 능력 완성

▲ 초등 시기별 로드맵

Parents 언제부터 훈육과 교육을 시작해야 할까요?

Park's advice 훈육과 교육의 시기 또한 부모가 보이는 관심과 철학에서 출발합니다. 따라서 '언제' 시작하는 것이 좋을지는 딱히 정해져 있지 않습니다. 일반적으로 0~2세에는 부모의 무조건적인 사랑이 필요하고, 3~7세 유아기에는 적절한 훈육과 교육이 필요하며, 8~13세에는 공감을 통한 교육이 요구되는 시기입니다. 그렇지만 이런 시기보다 중요한 것이 바른 교육법입니다. 이때 분명한 규칙으로 한결같은 교육법을 지키는 것이 중요합니다. 더불어 부모가 말하는 교육 규칙을 아이들이 이해하도록 자세히 설명해야 합니다. 이를테면 '정리'라는 말을 모르는 아이에겐 "책을 책꽂이에 꽂아봐." 혹은 "장난감은 상자에 넣을까?" 식으로 친절히 설명해주어야 합니다. 나아가 정리를 시키기보다 부모가 먼저 시범을 보인다면 더욱 좋겠지요. 특히 유년기에는 말과 행동의 연결을 통해 아이가 자연스럽게 규칙을 이해하고 바른 태도를 형성하도록 돕는 것이 중요합니다.

Parents 아이가 분리불안을 느끼는 것 같은데, 어떡하죠?

Park's advice 분리불안이란 아이가 엄마아빠 등 중요한 애착 대상으로부터 분리되었을 때 느끼는 불안입니다. 부모의 지나친 보호나 억압, 명령, 애정 결핍 등의 양육태도가 원인이 됩니다. 이런 양육 탓에 아이는 의지하려는 성향이 강해지고 과도하게 집착합니다. 이러한 문제를 해결하려면 자율적 태도를 통해 아이가 부모에게서 천천히 떨어지도록 교육하는 것이 중요합니다. 부모와 떨어져 다른 사람과 얼마나 잘 지내는지, 분리 연습을 하면서 점차 그 시간을 늘리는 방법이 좋겠지요. 또 유치원이나 학교에 갈 때 부모와 떨어지기 싫어하는 아이에겐 부모가 언제나 함께한다는 마음을 갖게 합니다. 예컨대 엄마의 스카프나 작은 목걸이 등을 주어 편안한 마음을 꾀하는 지혜도 필요하겠지요.

Parents 대한민국 사교육 열풍, 따라가야 하나요?

Park's advice 모든 부모는 영유아 시기의 학습 교구나 가정 학습에서 출발해 초등 시기의 학원으로 이어지는 사교육을 경험합니다. 영아기에 몇 십만 원, 몇 백만 원어치의 다양한 교구 구입은 물론, 한글과 영어 학습지 그리고 온갖 학원에 기대는 현실입니다. 이미 공교육을 접하기 전부터 부모의 불안 심리가 수많은 사교육에 발을 들이도록 하고 있지요. 이제 우리 부모에게 사교육은 필수가 된 모습입니다. 어디까지 사교육의 힘을 빌리고 부모가 어디까지 개입해야 할까요? 심각하게 고민해야 합니다. 가능하면 초등학교까지는 부모가 최고의 스승으로서 아이에게 알맞은 교육을 하는 것이 필요합니다. 다만 꼭 필요할 때만 사교육을 선택하고 활용하는 지혜를 발휘해야겠습니다.

Parents 또래보다 빠른 내 아이, 혹시 영재교육을?

Park's advice 아이들의 99.9%는 별도의 영재 프로그램이 필요하지 않습니다. 좀 특출하게 보이는 아이도 단지 읽기나 이해나 셈이 약간 빠른 것뿐이죠. 자신의 기준에 따라 아이를 평가하고 교육시키려는 부모가 많은데, 실제로 아이들에게 필요한 것은 영재교육보다 고른 영역 발달을 돕는 교육입니다. 오히려 영재교육에 신경 쓰다보면 다른 아이와 관계를 맺지 못하고 표현의 기회를 잃어 정서와 건강한 신체 발달을 촉진하지 못하는 경우가 많습니다. 어떤 아이에게 영재교육은 행복할 수 있지만 다른 아이들에게는 불행할 수 있습니다. 그보다는 이제 다양한 영역 발달에서 아이에게 부족한 부분을 채우려는 노력이 있어야 하지 않을까요?

Parents 조기교육 vs 적기교육, 어느 쪽이 좋을까요?

Park's advice 영유아 교육의 '핫 이슈'는 조기교육과 적기교육입니다. 뜨거운 관심만큼 많은 매체나 업체에서 조기교육과 적기교육의 강점 및 중요성에 대한 뉴스나 정보를 쏟아냅니다. 이미 조기교육은 우리 사회 전반에 걸쳐 일반화되고 있습니다. 하지만 생각해볼 점이 있습니다. 유아교육에는 구체적 경험에 바탕을 둬야 한다는 원칙입니다. 이와 함께 염두에 둬야 할 몇 가지 사실 중 하나는, 유아가 학습을 놀이로 받아들여 흥미와 재미를 느껴야 한다는 것이지요. 놀면서 배우는 유아교육이라고 말하는 이유가 바로 여기에 있습니다. 경험이나 흥미와 동떨어진 학습지 위주의 조기교육은 학습 능력과 사회·정서 능력 발달에 좋지 않습니다. 우리말과 영어, 수학 교육의 적기를 알고 아이의 수준과 경험, 흥미에 맞는 조기교육을 부모와 함께한다면 그 교육 효과는 빛을 발하지 않을까요?

아이들이 교육의 중심입니다.
교육이란 아이들에게 '지식'이라는 씨앗을 심는 데서 그치는 게 아니라 그 씨앗이 잘 자라도록 하는 것입니다. 진정한 교육은 아이들 스스로 창의적으로 생각하고 행동하도록 돕는 것입니다.

교육 화제
제2장

국어 · 수학 · 영어 기초 그리기

국어 사용능력 기초 다지기

여섯 살 예은이는 또래보다 평범한 단어를 사용하지 못하지만 소통이 가능한 밝은 아이입니다. 예은이 부모는 아이가 친구들에 비해 많이 뒤떨어질까봐 나이를 생각해 작년부터 유치원에 보냈습니다. 예은이는 어릴 적부터 특별한 이상은 없었지만 16개월이 돼서야 조금씩 발을 뗐고 20개월에야 제대로 걷기 시작했습니다. 이런 예은이의 신체 발달이 또래보다 늦어 걱정이었지만 부모님의 더 큰 고민은 '언어'입니다. 아이를 유치원에 보내고 1년이 되도록 거의 말이 없었기 때문입니다. 친구나 유치원 이야기도 잘 하지 않습니다. 최근에는 조금씩 문장으로 말합니다. "엄마, 사탕 주세요. 엄마도 과자 좋아해?" 예전보다 자주 언어 표현을 하는 것 같아 마음이 놓이지만 걱정은 여전합니다. 엄마는 이게 전부 자기 때문인 것 같아 미안한 마음도 듭니다. 엄마 때문에 언어 표현을 못하는 것 같아 눈물이 나지만 좋아지는 아이를 보면 희망도 생깁니다.

🚩 **THINK TOGETHER**

언어 발달 문제는 발달 과정에서 흔히 보이는 현상이며, 이후 정상 발달을 이루지만 간혹 언어 발달 지체나 발달 장애를 보이기도 합니다. 따라서 섣불리 절망하거나 조급해 하지 마세요. 이러한 언어발달 문제 원인 중 하나는 환경적 요인입니다. 우리 아이들의 언어 발달과 언어 사용능력 신장을 위해 어떤 노력이 필요할까요?

Sketch 01. 언어가 중요한 이유

언어는 인간이 살아가는 데 꼭 필요합니다. 인간이 있는 곳 어디에나 언어가 있습니다. 그럼에도 막상 언어의 중요성을 느끼지 못하는 부모들이 많습니다. 살아가면서 자연스럽게 이뤄지는 것으로 생각해 그 중요성을 간과하기 쉽기 때문이죠. 이제부터 언어가 왜 중요한지 여러 면에서 그 이유를 살펴보겠습니다.

★ **01. 정확한 의사소통과 정보 확장의 도구**

일상생활에서 가장 필요한 것이 듣기와 말하기 능력입니다. 다른 사람과의 관계를 형성하고 삶을 살아가기 위해서 음성언어는 필수입니다. 읽기와 쓰기 능력이 없다 해도 생활에

치명적인 문제는 없습니다. 하지만 정보 이해에서 듣기와 말하기 능력만으로는 한계가 있습니다. 이를테면 세탁기 사용법이나 새로 산 스마트폰 기능을 익힐 때 가장 먼저 사용법을 읽고 해석해야 합니다. 이를 적용해 사용하는 것은 그 다음 일입니다. 읽기는 스스로 정보를 풀어 이해하는 과정입니다. 이처럼 언어는 타인과 의사소통을 위한 도구이자 정보를 확장해 가는 도구입니다.

★ 02. 사람들과의 관계 형성

언어는 다양한 대화와 글로 수많은 사람과 안부를 교환하고 서로의 마음을 전달합니다. 이를 통해 가정과 학교, 이웃, 직장을 이어주며 사람 사이에 사회적 관계를 형성합니다. 또한 사회 구성원의 독특한 심리적, 문화적 발달을 이루기도 합니다.

★ 03. 생각이나 생활양식의 완성

언어를 통해 한 개인의 성격이나 인격이 형성됩니다. 사람들은 살아가는 사회의 문화와 도덕을 배우고 인격체로서 독특한 성격을 완성한다는 뜻이죠. 이렇듯 언어는 세상을 이해하고 마음과 정서를 따뜻하게 하며, 인간을 인간답게 만드는 도구입니다.

언어는 다양한 상황에서 적응과 관계 형성을 돕고 정보를 교환하는 도구입니다. 따라서 언어를 이용해 정서를 키우고 교감하는 기회를 풍부하게 가져야 합니다. 그것이 내 아이를 보다 알차게 키우는 첫걸음이 될 겁니다. 언어, 이제는 내 아이 교육에서 가장 우선적인 과제가 되어야 합니다.

Sketch 02. 언어는 어떻게 발달할까?

유아시기의 아이들은 사건이나 행동을 상징화할 수 있으며 이를 통해 언어와 학습 영역이 비약적으로 발달합니다. 자신의 감정과 물체 관념, 특징을 대상물로 나타내는 상징화는 언어 습득과 깊은 관련이 있습니다. 또한 어휘 구사 범위도 늘어나 문장 길이가 길어지면서 정확한 문장을 말하게 됩니다. 그럼 좀 더 구체적으로 어떻게 인간의 언어가 발달되는지 한번 살펴볼까요?

★ 01. 선천적으로 타고난 언어 능력

언어 발달에 있어서는 환경보다 '생물학적 요인'을 더욱 중요하게 봅니다. 바로 '언어를 이해하고 표현하는 능력은 인간에게 타고난 특성'이라는 관점이지요. 먼저 주위의 누군가가 표현한 것을 듣고 이해합니다. 그리고 그것을 응용해 자신의 표현으로 바꾸는 능력은 인간 본능이자 언어 발달의 출발점입니다.

★ 02. 반복학습과 주위 반응으로 발달

언어는 자극과 반응의 연합에 의해 발달해갑니다. 언어 획득의 강화와 모방에 의해 일어난다고 보는 것이지요. 즉, 언어 표현에 대한 칭찬이나 격려와 같은 직접적인 강화에 의해서도 언어의 성장이 이루어지지만, 아이가 타인의 언어를 듣고 읽으며 이를 모방함으로써 언어를 획득하고 발달하기도 합니다.

★ 03. 언어와 사고의 밀접한 관련

언어는 사고에 영향을 미치고, 사고(생각) 또한 언어의 발달에 영향을 미칩니다. 사고의 넓이와 깊이가 더해가면서 언어도 풍부해질 뿐만 아니라 높은 차원으로 성장하고, 성숙한 언어는 체계적이며 짜임새 있는 사고를 촉발하기 때문이지요. 이처럼 언어와 사고는 서로 보완하기도 하고 북돋우면서 발달하는 것입니다.

종합해서 요약하자면, 인간은 태어남과 동시에 언어를 이해하고 표출하는 능력을 가지며, 후천적으로 강화-모방-학습에 의해 발달하면서 사고와의 상호작용을 통해 계속 성장합니다. 이러한 언어 발달에 대한 이해에서 우리가 주목해야 할 점은 부모가 제공하는 바람직한 언어습관, 적절한 학습의 기회, 격려와 지지를 통해 아이들의 사고와 언어 발달을 함께 이끌어내야 한다는 것입니다.

Sketch 03. 대화, 언어 발달의 촉매제

인간의 언어 발달은 일정한 순서와 패턴을 지니고 있습니다. 태어나면서 엄마아빠, 가족의 목소리, 동화 이야기 등 수많은 말을 듣습니다. 그리고 자라면서 맘마, 엄마, 아빠 등의 말을 시작합니다. 이후 사물이나 대상의 이름, 그리고 자기 생각이나 의사도 표현합니다. 이렇게 듣기와 말하기의 음성언어가 발달하고 문자언어인 읽기 능력과 쓰기 능력이 순서대로 발달합니다. 이런 음성언어를 발달시키는 가장 쉬운 방법이 '대화하기'입니다.

TV를 켜놓고, 혹은 집안일을 하면서 나누는 대화는 듣기와 말하기를 키우는 데 한계가 있습니다. 따라서 아이와 대화할 때는 눈을 맞추고, 따뜻한 말로 엄마아빠의 감정을 전해주는 것이 중요합니다. 이를 통해 아이는 타인의 감정과 의견에 같은 느낌을 갖는 '공감 능력'을 키울 수 있습니다. 또 듣는 능력과 말하는 능력도 쑥쑥 자랍니다. 결국 생활에서 부모와 공감하는 대화야말로 아이들의 듣기·말하기 발달의 지름길입니다.

Sketch 04. 언어 습관의 중요성

아이의 말투 때문에 고민하거나 걱정하는 초등학생 부모들이 많습니다. 특히 학교에서의 모습을 보게 되면 자못 심각합니다. 아이들이 짜증 섞인 말투로 이야기하거나 무시하는 말투로 내뱉기 일쑤이니까요. 그러나 아이의 말투에 좌절하기 전에 먼저 부모 자신의 말투나 대화의 질을 살펴보아야 합니다. 아이에게 긍정적 표현보다 부정적 표현을 하는 부모들이 너무나 많습니다. 부모가 아이의 감정을 존중하기는커녕 무시하거나 비난하고, 모든 것을 결정하는 권위주의적인 태도를 많이 보이는 것이 현실 아닙니까. 부모와 아이의 대화습관은 곧바로 아이와 다른 사람과의 관계로 이어집니다. 다른 아이와 놀고 있는 내 아이의 대화를 잘 살펴보십시오. 그 안에 부모의 언어습관이 오롯이 담겨 있으니까요.

미국의 심리학자 폴 버넷Paul C. Burnett은 부모의 언어습관이 아이에게 그대로 전해진다는 사실과 아이의 자존감에도 상당한 영향을 미친다는 사실을 강조했습니다. 또한 부모의 언어 표현이 긍정적일 때 아이가 '긍정적 독백'의 습관을 가지게 된다고도 했습니다. 반면 부모로부터 주로 부정적인 언어를 듣고 자란 아이는 힘들거나 어려운 일이 있을 때 "난 안 돼, 내가 하는 일이 늘 그렇지 뭐." 식으로 자포하기 하는 경향을 보입니다.

많은 부모들이 자녀와의 대화법이나 언어 습관에 대해 무지하거나 관심이 없다는 것이 우리 현실입니다. 이를 개선하려는 노력이 이루어지고 있긴 하지만, 아직도 많은 아이들이 부모와의 대화에서 부정적인 언어습관을 배우고 있습니다. 그래서 아이는 정서적으로 상처를 입고, 자존감에 상처를 받는 것이지요. 엄마아빠의 언어습관이 곧 아이의 장래 언어습관이요, 아이의 미래 그 자체입니다.

Sketch 05. 언어 발달을 위한 최적 환경

★ 01. 다양한 생활공간 속 좋은 책!

돌아보세요, 주변에 책은 헤아릴 수 없이 많습니다. 어떤 책이든 읽는 사람에 따라 도움이 되겠지만, 반면 내 아이의 관심과 발달에 맞는 책과 그렇지 않은 책이 있을 것입니다. 책이라면 다 좋다고 할 수도 있지만, 읽고 듣는 사람에 따라 가치는 달라집니다. 혹 여러분들은 아이의 발달 수준을 전혀 헤아리지 않고 어려운 전집을 구입하여 한쪽에 놓지는 않았는지요? 아이의 수준과 흥미를 고려하지 않은 책은 언어발달을 위해 바람직한 환경이 아닙니다. 무엇보다 아이에게 좋은 책이란 발달 단계와 흥미, 관심이 고려되어 읽는 즐거움을 주는 것입니다. 한꺼번에 많은 책을 주기보다 발달 단계에 따라 적합한 책을 함께 고르고 사는 것이 중요합니다.

그렇다면 아이를 위한 책 환경은 어떻게 꾸미는 걸까요? 먼저 아이의 공간 곳곳에 쉽게 책을 접할 환경을 만들어줍니다. 아이들이 책 있는 곳을 알고 스스로 선택해 정리하는 습관을 가지도록 거실, 안방, 아이 방 등 여러 곳에 책장을 만들면 좋습니다. 수입의 10% 내외는 아이를 위한 책 구입에 사용할 것을 권합니다. 그러면 한 달에 10권 이상의 책을 꾸준히 제공하여 작은 도서관을 만들 수 있을 겁니다.

★ 02. 함께해요. 베드타임 리딩!

책을 읽을 수 있는 시간을 만들어주세요. 책읽기가 습관이 되도록 동화책은 정해진 시간에 읽는 것이 좋습니다. 가족 모두가 잠자리에 들기 전 8시 전후부터 9시 전후까지 시간을 정해 놓고 책을 읽는 것이 어떨까요? 책을 고를 때는 아이의 뜻을 존중하고, 부모도 함께 몇 권을 골라 지정된 곳에서 가족 모두가 보는 것이 좋습니다. 유아시기부터 꾸준히 1시간 내외의 책 읽는 시간을 만들어간다면 생활 습관이 되어 스스로 책을 고르는 모습을 볼 수 있습니다. 아이의 발달단계와 책 읽는 습관에 따라 다르지만, 잠자는 시간을 충분히 고려해서 책 읽는 시간을 조정하는 것이 좋습니다.

★ 03. 서점과 도서관 방문

2012년 6월, 국립 어린이 청소년 도서관에서 어린이의 독서 및 도서관 이용 현황 조사를 해봤더니, 아래와 같은 3가지 사실이 드러났습니다.

첫째, 부모의 독서 선호도와 관심도에 따라 어린이의 독서 활동이 좌우된다.
둘째, 어린이에게 책을 읽어주는 시기가 늦어질수록 독서 선호도 역시 낮다.
셋째, 도서관 접근성이 용이할수록 도서관 이용과 독서량에 영향을 준다.

주변에 접할 수 있는 서점이나 도서관이 있느냐의 여부는 독서 선호도 및 독서량 증대와 밀접한 연관성이 있습니다. 물론 도서관 규모와 도서 확충, 이동 시간도 중요하지만 부모의 관심과 노력이 훨씬 더 중요하겠지요. 아이들은 야외활동을 좋아하기 때문에 주말이면 고민하지 말고 관할 구나 동에 마련된 도서관을 찾거나 정기적으로 서점을 방문하세요. 아이와 부모가 함께 책을 골라, 아이 스스로도 읽고 부모가 읽어주기도 하는 겁니다.

★ 04. 아이의 독서는 부모의 의지!

여느 집 풍경과 사뭇 다른 가정을 소개합니다. 저녁 식사 후 반찬통만 냉장고에 넣고, 싱크대에 그릇은 그대로 둔 채, 온 가족이 거실에 하나 둘 모여듭니다. 그러고는 거실 한쪽 벽을 가득 채운 책장 앞에서 모두들 자유롭게 책을 읽습니다. 엄마와 아이는 뭐가 그리 재미있는지 즐겁게 웃습니다. 얼마나 시간이 흘렀을까. 아빠가 지루했던지 조용히 안방 문을 열고 들어가 TV를 켭니다. 그리고 소리가 날까 리모컨의 음소거 버튼을 누른 후 프로야구 경기를 봅니다.

이 이야기는 가까운 친구네 집의 모습입니다. 아이의 언어 발달과 사용능력을 키워주기 위해 언어의 가치와 중요성을 알고 실제 노력하는 모습이 담겨있습니다. 요즘은 아이를 위해 TV나 컴퓨터 등을 없앤 가정도 가끔 볼 수 있지요.

부모의 의지가 가장 중요한 언어발달 요소입니다. 언제 어디서나 책을 접하고 함께 읽을 수 있는 환경을 만들고 이를 실천하려는 태도가 중요합니다. 이처럼 아이의 언어 발달은 함께하려는 부모의 의지가 바탕이 되어야 합니다. 이제 비싼 교육 기관이 아니라도 부모의 마음가짐이 만든 평생 독서 습관으로 아이 언어 발달을 이룩하세요.

Sketch 06. 글과 언어 발달의 관계

"한글을 빨리 깨쳤는데 나중에는 딴 애들과 똑같더라고. 굳이 서둘 필요 없는 것 같아."

"우리 아이는 머리가 굉장히 좋아. 이제 30개월밖에 되지 않았는데 벌써 한글을 전부 읽고 쓸 수 있어."

언어 발달이란 단순히 단어를 많이 아는 게 아닙니다. 풍부한 단어 개념을 바탕으로 하는 언어의 활용을 말합니다. 그렇다면 글을 빨리 깨친다고 해서 언어나 지능 발달이 촉진될 수 있을까요?

일반적으로 독서능력을 갖추기 전의 언어 발달은 듣기와 말하기를 통해 이루어집니다. 하지만 이를 통한 언어의 습득은 극히 제한적입니다. 이해하는 어휘보다 사용하는 어휘가 훨씬 적은 것도 이 때문입니다. 또 듣기·말하기는 시·공간에서 제한을 받습니다. 듣고 말하는 언어(음성언어) 사용능력을 키우려면 동일한 시·공간에서 상대와 대화해야 하니까요. 게다가 이때 사용되는 어휘는 우리가 축적해놓은 것보다 훨씬 제한적입니다.

읽기 능력을 키우면 언어 발달과 동시에 지적 능력 발달을 가져옵니다. 바로 언제 어디서든 혼자 발달한다는 읽기능력의 특징 때문이지요. 글을 읽음으로써 여러 간접 경험을 통해 무한히 지식을 넓히고 빠르게 언어 사용능력도 키우는 것입니다.

결론은 글을 빨리 깨치는 것과 독서 능력을 키우는 것은 별개라는 겁니다. 듣기·말하기를 발달시켜 읽기를 완성했더라도 꾸준한 독서 능력을 키우지 못하면 언어와 지적 발달을 기대할 수 없습니다. 따라서 아이들이 글을 읽기 시작하면 자연스럽게 이를 독서 능력으로 발전시키고 언어 발달의 촉진 계기로 만들어야 합니다.

Sketch 07. 책 읽어주기의 중요성

평범한 가정에서 자란 민수는 유아 시기부터 부모가 꾸준히 책 읽어주는 경험을 제공해주었습니다. 실제로 1학년이던 민수는 책에 빠지면 밥도 먹지 않을 만큼 집중해 읽었습니다. 1학년이 끝날 무렵, 민수의 독서 습관과 자세는 고학년 아동에 뒤지지 않을 만큼 뛰어난 글 솜씨를 갖추는 바탕이 되었습니다.

★ 01. 왜 책을 읽어주어야 하나?

지금 이 순간에도 책 읽어주기와 독서의 중요성은 뉴스와 각종 연구 결과에서 끊임없이 나오고 있습니다. 읽기가 지식 습득을 넘어 지능과 학습 능력 향상에 영향을 미친다는 결과도 입증되고 있습니다. 그렇다면 책 읽어주기는 아이들의 어떤 능력을 키우는 것일까요?

첫째, 듣기 능력을 발달시킵니다.

책을 읽어주는 것은 아이 입장에서는 듣기에 해당합니다. 물론 대화를 통해서도 듣기 능력이 발달하지만, 책 읽어주기는 정서적 유대까지 확장시키면서 듣는 능력을 키우는 또 하나의 요소입니다. 여기서 책을 읽은 다음 그대로 책을 덮어버리지 말고, 읽은 내용에 대해서 이야기를 나누는 것이 좋다는 점을 명심합시다. 책의 주인공이 누구였는지, 등장인물의 말과 행동이 어떠했는지 등을 이야기하고, 이후에 어떤 일이 일어날까를 상상해보는 것이 좋습니다. 그렇다고 부모가 먼저 이야기를 억지로 나누려 하지 말고, 아이 스스로 표현하기를 기다려 적절히 반응하고 대화를 하는 것이 바람직합니다.

둘째, 어휘력을 향상시킵니다.

아이의 듣기와 읽기 습관은 어휘력 향상을 가져옵니다. 아이들은 만 5세가 되면 성인이 쓰는 어휘의 70% 내외를 익히고, 부모가 읽어주는 것만으로도 어휘가 10%~40% 이상 늘어난다고 합니다. 이렇게 향상된 어휘력은 학교 교육에서 수업 이해력은 물론 학업 능력 향상에도 도움을 줍니다.

셋째, 집중력과 기억력이 좋아집니다.

학습을 할 때 아이는 높은 집중력으로 정보를 받아들여 기억해야 합니다. 부모의 책 읽어주기는 집중력 향상에 영향을 미치며, 이는 기억력 향상에도 긍정적인 효과를 줍니다.

넷째, 창의력과 상상력이 발달합니다.

아이는 부모가 읽어주는 책 속의 내용을 상상하여 그려봅니다. 아이의 머릿속에서는 어떤 일이 벌어지고 있을까요? 어른은 상상조차 못할 무궁무진한 상상력과 창의력이 멋진 동화 세계를 그려냅니다. 이처럼 부모의 책 읽어주기는 아이가 동화 속 이야기를 현실처럼 받아들이고, 동화 속 주인공처럼 감정이입을 하도록 만듭니다. 책 읽어주기는 자유로운 창의력과 상상력의 멋진 촉진제입니다.

★ 02. 어떤 책을 읽어 주어야 하나?

동화의 세계는 즐거움이어야 하고 재미가 넘치는 아이의

또 다른 세계이어야 합니다. 좋은 책이란 아이들의 신체적, 지적, 사회적, 정서적 측면 등 여러 영역의 발달을 돕고 촉진하는 책이라고 할 수 있습니다. 그렇다면 좋은 동화책은 어떤 것일까요?

좋은 책의 조건	
흥미와 발달 단계에 맞는 책	이야기 연결과 구성에 억지가 없는 책
의성어와 의태어로 말의 재미를 주는 책	다양한 표현 기법을 접할 수 있는 책
원인과 결과가 있는 책	다양한 상상을 도와주는 책

Sketch 08. 언어 발달을 결정하는 부모

토론과 연설의 달인이자 가장 존경받는 미국 정치가 겸 대통령인 케네디의 어머니 로즈 여사는 아이들이 초등학교에 들어가기 전까지 잠자리에 들거나 아파서 침대에 누워 있을 때도 몇 시간씩 책을 읽어주었습니다. 항상 바빴던 아버지 조셉 역시 침대에 함께 누워 책을 읽거나 재밌는 이야기를 들려주면서 독서에 관심을 높였습니다. 특히 로즈 여사는 남에게 자신의 주장을 전할 수 있는 사람들이 세계의 운명을 결정한다고 생각했습니다. 그래서 아이들이 4~5세일 때부터 식사 시간 등을 활용해 책 내용으로 토론 훈련을 시켰습니다. 덧붙여 대화를 끊고 혼자 말하기보다 경청을 가르쳐 서로 존중하는 자세를 교육했다고 합니다.

★ 01. 언어 발달을 지연시키는 부모

우리 주변에는 아이들의 언어 발달을 지연시키는 부모가 많습니다. 부모가 일에 몰두해 아이를 혼자 두거나 TV와 인터넷 게임 같은 환경에 방치해 언어 발달이 늦어지는 경우입니다. 또한 대화와 관계 형성을 방해하는 무분별한 스마트폰 사용을 방치하는 부모 역시 마찬가지입니다. 이밖에 아이를 향한 지시와 지적을 당연하게 여기고 격려나 친절한 설명은 아랑곳하지 않는 주입식 교육을 지향하는 부모도 언어 발달을 늦춥니다.

★ 02. 언어 발달을 촉진하는 부모

- **정해진 시간에 함께 읽는 부모**

어떤 일이든 처음에는 시간과 노력이 필요하지요. 그러나 꾸준히 연습·반복한다면 이는 습관이 됩니다. 따라서 아이의 언어 발달을 위해 정해진 시간과 장소에서 함께 꾸준히 책 읽는 환경을 만들어주세요. 먼저 TV 시청, 스마트폰 사용, 꽉 짜인 스케줄 등으로 과연 아이가 책을 읽을 수 있는 환경인지 살펴보기 바랍니다.

시간과 환경이 갖춰졌다면 이제는 실천입니다. 읽기를 처음 시작하는 아이라면 10분이나 20분 읽어주면서 1~2주에 걸쳐 점차 5분씩 늘리는 것이 좋습니다. 부모 입장에서는 이 또한 많은 노력이 필요합니다. 비교적 늦게 시작했다면 책 읽는 환경을 만들고 가족 간의 회의나 약속을 통해 모두 참여하도록 하면 좋습니다.

● **드라마틱하게 끝까지 읽어주는 부모**

부모가 재미있고 다소 과장된 표정과 목소리로 읽어주면 아이는 무한한 상상력에 빠져들고, 이해력이 자라면서 정서적으로 풍요로워집니다. 또한 집중해서 듣는 능력도 발달합니다. 가끔 어떤 아이들은 읽었던 이야기를 자꾸 다시 읽어달라고 하는 경우가 있습니다. 이럴 땐 지루하겠지만 다시 읽어주세요. 읽었던 책을 다시 보거나 들으면서 아이들은 머릿속에 동화 속 주인공과 자신의 모습을 동일시하며 기쁨을 얻게 되고, 동화 속 이야기를 현실처럼 그려내어 상상의 날개를 펼치게 됩니다.

● **책 읽기의 모범이 되는 부모**

아이에게 나는 과연 어떤 부모로 비칠까요? 아이는 부모의 독서 습관을 그대로 학습합니다. 교사보다 부모의 모습과 태도가 더 좋은 모델이 되지요. 독서하는 부모 밑에서 독서하는 아이가 자라는 것은 너무나 당연합니다. 하지만 부모 역시 책 읽는 습관이 형성되지 않았다면 어떻게 해야 할까요? 부모 스스로 읽고 싶은 잡지나 신문 등에서 읽을거리를 선택하는 것도 나쁘지 않습니다. 그리고 굳이 어려운 전문 서적을 볼 필요는 없습니다.

참고로 아이가 글을 혼자 읽도록 강요하는 것은 바람직하지 않습니다. 스스로 읽도록 강요하면 동화책이 주는 여러 좋은 점은 놓치고 글자 자체만 집중하게 되거든요. 읽기 자체에 매달리느라 책 읽는 즐거움이 사라져버립니다. 하지만 아이들이 글 읽는 것에 거부감이 없고 스스로 읽는 것에 즐거움을 갖는다면, 스스로 읽는 것도 중요합니다. 능동적으로 지식을 추구하며 더욱 읽기를 강화시키니까요. 유아기에는 일주일에 두세 번 정도는 소리 내어 읽는 기회를 만들면 좋습니다. 이후 소리 내어 정확하게 읽는 정독의 기회를 만들고, 초등학교 이후에는 점차 속독으로 발달시켜 갈 수 있습니다.

매일 스스로 읽거나 엄마아빠가 읽어주면 아이의 독서 습관을 기르는 데 결정적 역할을 합니다. 습관의 힘이 얼마나 중요한지는 누구나 알지만 새로운 습관을 만든다는 것은 어려운 노릇입니다. 상당한 의지와 노력과 시간을 필요로 한다는 점에서 읽기 습관을 갖추는 데는 많은 노력이 요구됩니다. 따라서 초등 시기까지는 부모가 책을 읽어주는 것이 바람직하다는 것이 전문가들의 의견입니다.

놀이와 경험으로 체험하는 수학

**어떤 수학을 가르칠 것인가와
마찬가지로 어떻게 수학을 가르칠 것인가도 중요하다.**

루스 파커 Ruth. E. Parker

요즘 준서 엄마는 초등학교에 들어가서야 배웠던 연산을 일찌감치 시작해야 한다고 믿습니다. 학습지는 연산 연습을 되풀이함으로써 시간은 단축되지만, 원리를 몰라 쉽게 질리고 재미없다는 생각을 들게 합니다. 그래서 선택한 엄마표 수학. 먼저 1에서 10까지 수를 먼저 깨치고 반복학습을 합니다. 또 다양한 이미지와 스토리텔링 문제로 준서가 즐겁게 공부하니 마음이 놓입니다. 게다가 문제집이 원리를 자세히 설명해주어, 엄마도 충분히 가르칠 수 있다는 자신감이 생깁니다. 하루에 정해진 분량보다 더 많이 푸는 모습을 보니 뿌듯하기 그지없습니다. 처음에는 준서와 함께하다 나중에는 스스로 풀어보라고 합니다. 채점을 하면서 준서가 다 맞혔을 때 엄마는 아낌없이 칭찬합니다. 아이가 기뻐하는 모습을 볼 때면 엄마는 홈스쿨에 점점 자신감이 생깁니다.

THINK TOGETHER

요즘은 부모들이 아이 교육에 많은 관심을 가지고 노력합니다. 그래서 너도나도 홈스쿨을 내세워 직접 가정에서 지도하는 사례가 늘고 있습니다. 반대로 학습지나 문제집으로 원리를 깨우쳐 스스로 학습해야 한다고 생각하는 부모도 많습니다. 하지만 이 시기의 수학은 기초 능력과 창의적 탐구 및 사고하는 태도를 기르는 데 목표를 둬야 합니다.

Sketch 01. 수학, 어떻게 접근해야 하나?

수학하면 가장 먼저 어떤 생각이 떠오르나요? 아마도 수학은 어렵고 복잡하며 머리 아픈 과목으로 기억할 것입니다. 이렇게 어렵고 복잡한 수학을 가정에서 어떤 교재로 어떻게 가르칠지 걱정하고 고민하는 경우가 대부분일 것입니다. 수학, 어떻게 가르쳐야 할까요?

먼저 무엇 때문에 수학을 배우는지, 어른들이 고민해봐야 합니다. 실제로 수학을 실제 생활에 이용하는 경우는 매우 적다고 생각하기 쉬우니까요. 좋은 대학에 들어가려면 필요하지만, 이후 가장 먼저 멀리하는 학문이 되어 그 필요성을 공감하기란 쉽지 않습니다.

지금 모든 학문은 실생활과의 연계를 강조하고 있습니다.

일상생활에서 수학 역시 단순한 계산뿐만이 아니라 응용과학 측면을 포함합니다. 마트나 가게에서 내가 원하는 물건을 구입한다든지 놀이공원에서 입장료 할인을 받을 때. 은행에 예금을 하면 이자를 얼마나 받을지 계산할 때 등등……. 이처럼 수학은 생활 곳곳에서 필요합니다. 우리 생활에서 가장 많이 이용하는 컴퓨터나 스마트폰도 수학이 없으면 나올 수 없지요. 이렇듯 수학은 생활이자 우리 삶의 모든 부분이라고 할 수 있습니다. 하지만 그 필요성과 중요성을 아이들이 공감하기란 쉽지 않습니다. 따라서 부모는 아이들의 발달 단계나 수준에 따라 수학의 필요성과 중요성을 다르게 이야기해줄 수 있어야 합니다.

국어나 영어 실력은 우수한데 수학에서 많은 어려움을 겪는 아이들을 주변에서 자주 볼 수 있습니다. 수학은 사고력과 문제 해결력, 창의력이 요구되며 끈기와 노력이 더욱 필요한 과목입니다. 무턱대고 공부시키기보다 환경과 경험, 그리고 놀이를 통한 흥미 북돋우기가 수학 교육의 시작입니다.

Sketch 02. 유아 수학 로드맵

★ 01. 유아 수학 교육 목표

유아기의 수학 목표는 수학 능력의 획득, 창의적 탐구와 사고하는 태도를 기르는 데 있습니다. 또한 호기심과 관심을 가지고 탐구하는 데 필요한 기초 능력과 태도를 갖게 하고, 논리-수학적 사고의 기초 능력을 기르는 데 있습니다. 수학은 단순한 연산이나 반복 연습에 그치는 것이 아니라, 유아 스스로 자신이 알고 있고 경험한 지식을 전략으로 삼아 문제를 해결하는 수학적 사고 능력을 기르는 것을 의미하니까요. 아이들 삶의 다양한 부분에서 수학을 경험하고 이를 통해 스스로 문제를 해결하는 경험을 제공하여 수학적 기초 능력과 바람직한 태도의 형성을 도와야 합니다.

★ 02. 유아 수학 내용 구성

유치원 과정의 수학 영역은 수와 연산의 기초 개념 알아보기, 공간과 도형의 기초 개념 알아보기, 기초적인 측정하기, 규칙성 이해하기, 기초적인 자료 수집과 결과 나타내기의 5가지로 구성됩니다. 이는 초등학교 과정의 수학 영역과 밀접하게 관련되어 있습니다. 누리 과정의 수학적 탐구 내용은 초등 수학 영역인 수와 연산, 도형, 측정, 규칙성, 확률과 통계와 연계되어 있습니다.

구분	만 5세 누리 과정
수와 연산의 기초 개념 알아보기	• 생활 속에서 사용되는 수의 여러 가지 의미를 안다. • 구체물 수량의 부분과 전체 관계를 알아본다. • 스무 개가량의 사물을 세어보고 수량을 알아본다. • 구체물을 가지고 더하고 빼는 경험을 해본다.
공간과 도형의 기초 개념 알아보기	• 위치와 방향을 여러 가지 방법으로 나타내본다. • 여러 방향에서 물체를 보고 그 차이점을 비교해본다. • 기본 도형의 공통점과 차이점을 알아본다. • 기본 도형을 사용하여 여러 가지 모양을 구성해본다.
기초적인 측정하기	• 일상생활에서 길이, 크기, 무게, 들이 등의 속성을 비교하고, 순서를 지어본다. • 임의 측정 단위를 사용하여 길이, 면적, 들이, 무게 등을 재본다.
규칙성 이해하기	• 생활 주변에서 반복되는 규칙성을 알고 다음에 올 것을 예측해 본다. • 스스로 규칙성을 만들어본다.
기초적인 자료 수집과 결과 나타내기	• 필요한 정보나 자료를 수집한다. • 한 가지 기준으로 분류한 자료를 다른 기준으로 재분류해본다. • 그림, 사진, 기호나 숫자를 사용해 그래프로 나타내본다.

▲ 수학적 탐구하기 세부 내용

Sketch 03. 유아 수학, 어떻게 가르칠까?

★ 01. 스스로 탐색하고 추론하는 수학

유아기 수학은 초등 수학을 더 일찍 학습시키자는 게 아닙니다. 단순히 학습지나 문제집으로 연산만 하면 된다고 아는 부모들이 있습니다. 2+3=5, 4+3=7 등과 같이 수식으로 표현된 문제를 익히는 데 초점을 두어서도 안 됩니다. 오히려 예컨대 아이들이 좋아하는 사탕을 직접 모아 세어보도록 하는 등, 아이 스스로 탐색하고 예측하며 논리적으로 추론하는 기본 능력을 길러야 합니다. 또 식탁 위의 숟가락 젓가락으로 규칙성과 관계를 파악하고, 가을철 과일을 크기별로 분류하는 경험을 통해 자료 이해 능력의 기초를 형성할 수도 있지요.

★ 02. 생활에서 경험하는 수학

수학적으로 사고하고 의사소통하는 능력을 길러, 생활 주변의 문제를 합리적으로 해결하는 능력을 길러야 합니다. 일상생활은 수학적 경험과 분리되어 생각할 수 없으니까요. 아이가 시행착오를 거치면서 이런 문제들을 다양하게 해결해보는 과정에서 스스로 문제를 합리적으로 해결하는 능력이 자랍니다.

예를 들어 도형을 학습할 때 단순히 삼각형, 사각형, 원 등을 배우는 것이 아니라 컵, 동전, 삼각자, 탁상시계, 블록 등 생활 속 다양한 물건을 그려보고 도형별로 다른 색을 칠해보는 겁니다. 또한 여러 도형들이 사용된 물건을 찾아보고, 무엇 때문에 그런 모양으로 만들어졌는지 탐구해볼 수도 있지요. 바퀴, 시계, CD 등 원형으로 만들어진 물건은 쓰임새가 많다는 것을 깨달을 수도 있습니다. 이처럼 생활 속 다양한 실제 경험이 동반되어 수학적으로 이해하고 탐구할 수 있어야 합니다.

★ 03. 흥미와 즐거움으로 배우는 수학

수학에 대한 관심과 흥미가 있어야 그 가치를 이해하며 수학에 대한 긍정적인 태도도 길러집니다. 이 시기는 수학에 대한 흥미와 가치를 형성하는 중요한 때입니다. 따라서 재미있는 수학 활동을 통해 즐거움을 느끼고 수학에 자신감을 형성하도록 도와야 합니다. 지루하고 재미없는 학습은 수학을 어렵고 하기 싫은 것으로 인식하게 만듭니다. 어른도 그렇잖아요? 아이들이 좋아하는 장난감이나 도구를 통해 수학은 재미있다는 걸 자연스럽게 느끼게 만듭시다.

아이와 함께 링 모양의 과자 10개, 20개를 실에 연결하여 목걸이를 만들어보는 경험을 통해 20까지 수 개념이 형성되고, 10개를 엄마와 아이가 나누어 먹는 경험을 통해 가르기와 모으기의 기초도 이루어집니다. 우유나 주스를 마실 때 다양한 컵의 종류에 따라보고 누가 더 많은지 비교해보는 경험을 통해 부피의 개념이 생기며, 동전을 분류하여 세어보고 더 큰 돈의 단위로 바꾸어 작은 선물을 구입하는 경험도 도움이 됩니다. 이처럼 즐겁고 재미있는 놀이를 통해 양, 무게, 부피, 수의 개념이 생기고, 비교와 분류의 경험으로써 문제 해결 능력과 창의력까지 키울 수 있습니다.

Sketch 04. 인지 발달을 돕는 수학

유아 수학은 인지 능력을 계발하는 데 매우 중요한 역할을 합니다. 유아 인지 능력은 다음과 같은 하위 요소로 나뉩니다.

❶ 지각하기　　　　❷ 기억하기　　　　❸ 상징적 사고 표상하기
❹ 논리적 추론하기　❺ 문제 해결하기　　❻ 공간 개념 갖기
❼ 정보 수집 및 조작하기　❽ 분류하기, 서열하기　❾ 수리적 책략 사용하기
❿ 패턴 만들기

특히 논리적 추론하기, 공간 개념 갖기, 분류하기, 서열하기, 수리적 책략 사용하기, 패턴 만들기 등은 수학에서 다루는 요소들로 수학 활동을 통해 인지 능력을 계발할 수 있음을 알려 줍니다. 예를 들어 주변의 물건을 기준으로 위, 아래, 앞, 뒤, 멀리, 가까이 등을 지도하여 공간 개념을 형성하도록 도울 수 있지요. 또한 블록이나 벽지, 타일 등에서 규칙성을 찾아보고 나만의 패턴을 시각적, 청각적, 운동적으로 만들어보는 활동을 통해서도 인지적 능력을 개발할 수 있습니다.

Sketch 05. 수학 능력을 키우는 3가지 조언

★ 01. 체험하고! 조작하고! 활용하고!

유아기 수학 개념은 또래 집단이나 가족 구성원들과의 다양한 놀이와 체험으로 이루어집니다. 이렇게 익힌 수학적 개념을 자신도 모르게 학습하게 됩니다. 또한 다양한 놀이나 체험에서의 조작 활동을 통해서도 수학적 개념을 넓혀나갑니다. 이러한 체험과 조작을 통해 이루어진 학습은 쉽게 잊히지 않고 내면화를 통해 아이 머릿속에 저장됩니다. 나중에 이를 활용해야 할 때, 이렇게 내면화된 지식은 다양하게 활용됩니다.

★ 02. 수학을 즐겁게!

놀이도구와 교구는 아이가 수에 친근하게 다가가고 이를 통해 집중력 및 논리적 사고와 문제 해결 능력을 키우도록 도와줍니다. 또한 생활 속 문제 상황을 탐색하고 해결하는 과정에서 자신감과 자율성도 자랍니다. 생일 케이크, 장난감, 블록, 장난감 전화기, 볼링 놀이 세트 등은 훌륭한 놀이도구와 교구가 됩니다.

다양한 블록으로 구조물을 만들었다가 무너뜨리고 다시 쌓는 과정은 관찰력, 측정 기술, 원인과 결과에 대한 사고력 등을 키워줍니다. 뿐만 아니라 스스로 선택하고 정리하는 습관도 함께 키워주지요. 그리고 다양한 쌓기 체험이 반복되면 훌륭한 공간 개념도 형성됩니다.

아이에게 수학적 즐거움과 경험을 제공하는 것은 중요하지만, 실제 이런 환경을 제공하기는 쉬운 노릇이 아니죠. 게다가 부모가 놀이도구와 교구를 어떻게 활용하고, 그것들이 어떤 능력을 신장시키는지 모르는 경우도 많습니다. 따라서 아이의 흥미와 관심은 물론, 부모의 교육적 판단과 지식이 반드시 함께 고려되어 수학의 가치를 생각해야 합니다.

★ 03. 수학 그림책 활용하기

부모가 생각하는 수학의 첫걸음은 대부분 숫자 외우기, 수 세기, 구구단 암기를 거쳐 공식 외워 문제 풀기로 이어집니다. 이렇다보니 아이들이 수학에 대한 흥미와 재미를 느끼기는 정말 힘듭니다. 아이가 수학의 재미를 느끼고 경험하게 해주세요. 서로의 관계에 대해 조금씩 이해할 때 논리적인 사고력도 함께 자랍니다. 생활 속 간접 경험과 논리적 사고의 신장을 위해 수학 그림책을 많이 읽어주세요. 문학을 통한 수학에의 접근은 아이들에게 올바른 수학 개념을 심어주고 사고 능력을 키우는 데 효과적입니다.

▲ 그림책 예

Sketch 06. 경험과 놀이를 통한 수학 탐구

은영 씨는 수진이가 수학을 재미있게 즐기도록 엄마표 수학을 실천합니다. 처음에는 엄두가 나지 않아 책과 인터넷에서 정보를 찾으며 다양한 아이디어를 모읍니다. 그리고 영역별로 무엇을 어떻게 할지 월간 계획을 짜 아이와 일주일에 2번씩 꾸준히 실천하고자 노력합니다. 같은 크기의 책 모아 쌓아보기, 크기별로 넓이와 길이 비교하기 등 재미있게 수학하는 길을 찾아 꾸준히 실천합니다. 은영 씨는 아이가 수학과 더욱 가까워지는 것 같아 뿌듯하고 기쁩니다. 유아 시기의 수학 교육, 어떻게 접근해야 아이가 수학을 재미있어 하는 걸까요?

★ 01. 생활 속 경험을 통한 수학

　아이는 생활 속 경험을 통해 지식, 기능, 태도를 학습합니다. 유아는 발달 특성상 구체적이며 직접적인 경험을 토대로 학습이 이루어지기 때문에, 가장 친숙한 가정에서 활동을 전개하는 것이 좋습니다. 예를 들어 간식 먹을 때 음식을 나누어 먹고, 미술 표현을 할 때 재료를 나누어 사용하면서 분류나 분수 등의 개념과 기초 연산 등을 자연스럽게 익히는 식입니다. 또한 무게에 대한 기초 개념을 익힐 때도 연필, 스케치북, 가방 등 생활 속 사물을 들어보고 비교하는 등, 직접 체험이 되도록 유도하는 것이 좋습니다.

　생활 속 경험 중심 수학에서 유의할 점은 유아들의 발달 단계 또는 발달 특성입니다. 앞서 이야기했던 분류하기의 경우, 발달 특성을 고려하여 물건의 개수나 양이나 크기를 조정해주는 것이 좋습니다. 또한 무게에 대한 기초 개념의 경우도 부모가 지속적으로 관찰, 탐색을 통해 적절한 놀이 상황을 만들어주는 게 좋습니다. 이를 위해서는 수학적 탐구에 대한 전반적인 내용을 알고 있어야 합니다.

★ 02. 놀이와 게임으로 즐기는 수학

놀이는 단순히 긴장 해소나 신체 발달을 위한 수단이 아니라 삶의 목적과 학습 그 자체입니다. 유아는 학습에 대한 부담이나 두려움 없이 좋아하는 놀이에 몰두하면서 호기심을 발휘하며, 삶에 필요한 지식과 기술과 태도를 배우고 사고를 확장하거든요. 뿐만 아니라 관계 형성 능력이 차츰 발달함에 따라 또래와의 놀이 활동을 통해 서로의 생각을 공유하면서 사회적 존재로 성장해갑니다.

블록으로 건축물 쌓기 게임을 통해 도형에 대한 감각을 키워줄 수 있습니다. 예컨대 '뚝딱 못 놀이' 같은 교구로 도형별, 색깔별 분류를 배우고, 모형 집에서 도형 빨리 찾기 등을 통해 분류하기 능력을 갖춥니다. 이처럼 놀이와 게임 중심 수학을 통해서도 수학적 호기심과 기본 능력을 키워줍시다.

Sketch 07. 수학적 탐구 능력 기르기

은서 엄마는 곧 초등학교에 입학하는 아이의 수학 실력을 높이려고 방문 학습지를 시키고 있습니다. 그런데 아이가 스스로 풀 문제집이 제대로 수학 실력을 키워줄지 걱정입니다. 두 자리 수 더하기 한 자리 수를 배우는 아이가 너무 힘들어하는 것 같습니다. 그렇다고 단순한 문제만 풀어서는 도움이 될지……. 유아 시기의 수학 능력을 키우려면 가정에서 어떤 노력이 뒤따라야 할까요?

★ 01. 수와 연산 영역

생활 속의 다양한 수를 경험하고 사용하는 수의 여러 의미를 아는 것부터 시작하여, 수와 수량의 관계도 이해하도록 도와줍시다. 또 구체물을 이용해 더하고 빼는 경험을 통해 연산의 기초를 익히게 하면 좋습니다. 이때 놀이를 통해 자연스럽게 익히도록 해주면 더욱 좋다는 걸 기억하세요. 단순히 2+1=3을 읽거나 기계적으로 외우지 않도록 말입니다.

수와 연산의 기초	가정에서의 적용
수가 사용되는 다양한 상황 경험하기	• 게임 순서 정하기 • 친척과 가족의 수 세기 • 병원이나 은행의 번호 대기 순서 알아보기 • 엘리베이터 층수 알아보기 • 연필과 지우개 중 어떤 게 더 많은지 세어보기
전체와 부분 인식하기	• 귤 7개는 5개보다 몇 개 더 많은 걸까? • 사탕이 10개 되려면 몇 개 필요하지? • 구슬을 10개 끼워 설명하기
특정 수부터 세기, 거꾸로 세기, 뛰어 세기 등 여러 가지 방법으로 세기	• 사물을 두 개씩 세어보기 • 7부터 거꾸로 세어보기 • 손바닥으로 가리고 나머지 수 세어보기
구체물로 10개 만들기, 10까지의 수에 대한 덧셈과 뺄셈	• 볼링게임 도중 전체에서 쓰러진 핀 빼기 • 콩주머니를 두 개의 바구니에 던져 각각의 수 알아보기

★ 02. 공간과 도형 영역

자신이나 물체의 위치 및 방향을 인식하고 다양하게 나타내보기, 기본 도형을 인식하여 합하거나 나누어서 여러 가지 모양 만들기를 하면 크게 도움이 됩니다. 이때 시각적인 경험과 촉감을 이용한 감각 운동의 경험까지 함께 제공된다면 금상첨화가 되겠지요.

공간과 도형의 기초	가정에서의 적용
위치와 방향의 인식 및 다양한 표현	• 주변 물건의 위, 아래, 앞, 뒤 찾아보기 • 멀리, 가까이, 사이, 옆에 있는 물건 찾아보기
물체의 형태 탐색 및 기본 도형 분류하기	• 엄마아빠가 말하는 도형 찾아보기 • 엄마아빠가 말하는 모양 만들어보기
도형 결합하기 및 분해하기	• 블록으로 별 모양, 집 모양 만들기 • 패턴 블록처럼 모양 만들기 • 종이를 잘라 모양 만들고 분해하기 • 칠교놀이 • 여러 가지 모양을 돌리고, 뒤집고, 돌려서 그 결과를 예상해보기 • 삼각형 2개로 사각형 만들기

★ 03. 기초 측정 영역

길이, 무게, 크기, 들이, 시간 등의 직접 비교하여 순서 정하기부터 시작해, 사물이 지닌 속성의 크기를 단위로 정해 수치로 나타내게 합니다. 예컨대 길이를 측정할 때는 어디에서부터 어디까지 잴 것인지를 구체적으로 이야기하면 좋습니다.

측정의 기초	가정에서의 적용
길이, 높이, 들이 따위의 재기, 비교하기, 순서 정하기	• '~보다 무겁다, ~보다 낮다' 등으로 표현하기 • 물체를 들어 무게를 어림하고, 비슷한 물체 찾아 측정하기
다양한 측정 방법 알아보기	• 연필, 뼘, 팔 길이, 걸음 등, 임의 단위로 측정하고 서로 다른 이유 말하기 • 키를 재기에 가장 편리한 물건 알아보기

★ 04. 규칙성 영역

생활 속에서 어떤 사물이 일정한 순서로 반복 배열되는 것이 규칙성입니다. 타일, 벽지, 포장지의 그림 등에서 이런 규칙성을 찾을 수 있지요. 생활 속 놀이나 게임을 통해 규칙성을 만들어보거나 찾는 활동을 하면 좋습니다.

규칙성 이해의 기초	가정에서의 적용
규칙성 발견하기	• 블록이나 단추로 기존 패턴 따라 하기 • 포장, 벽지, 타일 등에서 규칙성 찾아보기
다양한 패턴의 인식과 예측	• 기존 패턴 따라 하기, 청각·시각·운동의 패턴 등을 인식하고 따라 해보기(쿵짝짝-쿵짝짝) • 반복되는 동작이나 숫자 다음에 패턴 예측하기 (2-1-3-2-1-2-2-1-□)

★ 05. 자료 수집 및 결과 영역

이는 유아 수준의 기초 통계를 다루는 부분으로서, 나중에 초등학교 교육과정의 '확률과 통계'로 이어집니다. '기초적인 자료 수집과 결과 나타내기'는 분류하기, 순서 짓기, 부분과 전체, 수의 이해, 측정 등 여러 가지 수학적 개념을 기초로 합니다. 탐구하고자 하는 문제를 해결하기 위해 자료를 모으고, 정리하고, 나타내고, 해석하는 데 초점을 두도록 합니다. 여기서는 결과를 만드는 것보다 조사하거나 나타내기 위한 방법에 초점을 둡니다.

자료 수집과 결과 나타내기의 기초	가정에서의 적용
책에서 찾기, 질문하기, 관찰하기 등 문제 해결의 방법 찾기	• 가족이 좋아하는 음식을 3가지 이상 조사해 그림이나 글로 적기
한 가지 또는 여러 가지 방법으로 분류하기	• 크기로 여름 과일 분류하기, 색깔에 따라 분류하기 • 한 가지 또는 두 가지 준거로 분류하기 (파란색 구슬과 아닌 것 분류하기, 파란색이며 투명한 구슬 분류하기 등)
수집한 자료를 스티커나 기호, 숫자 등을 사용해 표나 그래프에 표현하기	• 옷의 색깔 종류에 따라 모아 세어본 후 조사한 내용 블록으로 쌓아보기

Sketch 08. 분야별 추천 교구&놀이

수학 교육에서는 구체물(사탕, 사과, 케이크 등 이름이 있는 구체적 사물)을 조작하는 경험이 우선입니다. 이러한 조작 경험이 놀이 경험과 연결되도록 하는 노력이 필요합니다. 다양한 교구와 놀이 도구 일부를 소개하니 아이들의 개인차와 관심, 흥미를 고려하여 활용하시기 바랍니다.

★ 01. 수와 연산 능력

분수 놀이 세트
생활에서 다양한 분수 개념 이해에 도움을 줍니다. 평소 ½, ¼ 등의 용어를 사용하여 전체에 대한 부분의 양을 통해 분수의 개념 형성을 도울 수 있습니다.

할리갈리
가장 인기 있는 보드게임의 하나로 한 종류의 과일이 5개가 되면 종을 치는 게임입니다. 나중에 수를 바꿔 규칙을 적용해도 좋습니다. 이 게임은 덧셈과 뺄셈의 기초 연산 능력을 키우는 데 도움이 됩니다.

연결 큐브
서로 연결할 수 있는 큐브(정육면체)로 기본 단위가 2cm로 이루어져 있으며 큐브들을 연결하여 수학적 표현을 구체화시키는 데 활용됩니다. 수와 연산, 패턴과 함수, 도형 능력 신장에 도움을 줍니다. 초등 저학년 단계에도 활용됩니다.

달팽이 우주여행
신 나게 게임을 즐기면서 수 개념과 연산 능력을 신장시키는 게임입니다. 난이도 조절이 가능해 아이들이 더 친숙하고 단계적으로 게임을 즐길 수 있습니다.

★ 02. 공간과 도형 능력

쌓기 나무
수 세기나 패턴, 모양 만들기 등 다양한 수학 활동에 활용되는 기본 도형 교구입니다. 초등 과정에서 많이 활용되며 공간 감각과 유추 능력을 키우기에 효과적입니다.

칠교놀이(탱그램)
삼각형, 정사각형, 평행사변형 등 도형 7개를 가지고 여러 모양을 만들며 사고력을 키울 수 있습니다. 초등학교 저학년 시기에도 활용되는 칠교놀이는 가격이 매우 저렴합니다.

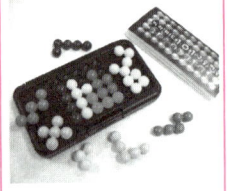

수학 퍼즐
다양한 퍼즐을 맞춰보는 경험을 제공하면 이 또한 공간감각 능력을 키울 수 있습니다. 처음에는 6~8조각으로 시작해 차츰 퍼즐 조각을 늘려갑니다. 5세 전후에는 70피스 정도의 퍼즐도 맞출 수 있습니다. 함께 맞춰보거나 게임 형식으로 해도 좋습니다.

소마큐브
크기가 같은 정육면체 4개를 서로 붙여서 만든 6개와 정육면체 3개로 만든 1개를 가지고 240여 가지 모양을 만드는 게임. 소마큐브는 공간 지각력과 두뇌 회전력 키우기에 도움을 줍니다.

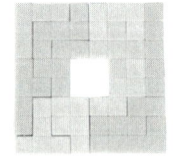

펜토미노
12개의 조각을 활용하여 여러 가지 모양과 도형을 만드는 과정에서 공간 지각력과 창의성, 수학적 사고력을 키울 수 있습니다. 요즘에는 평면이 아니라 입체 펜토미노가 나와 아이 교육에 도움을 주고 있습니다.

★ 03. 기초 측정 능력

	**모형 시계** 아이들과 유치원에 가는 시간, 점심시간, 잠자는 시간 등 일상생활과 관련해 시계 모형으로 시간 개념을 놀이로 익힐 때 좋습니다. 다만 '분'까지 미리 지도하는 것은 바람직하지 않습니다.
	**전자저울** 다양한 물건의 무게 측정에 직접 경험을 주는 '전자저울'입니다. 무게를 비교해보거나 소수 지도에 활용할 수 있습니다. 가정에 있는 저울을 이용해 무게 개념을 키워 주세요.
	**양팔저울** 역시 무게 비교하기에 활용하면 좋습니다. 다양한 물건의 무게를 손으로 직접 들어보는 직접 경험을 한 후 실제 무게를 비교하는 놀이 중심으로 하면 좋습니다.
	**서로 다른 투명 플라스틱** 들이나 부피 비교 감각을 익히는 데 도움이 됩니다. 투명한 플라스틱 컵을 이용하여 양과 부피를 비교하는 학습으로 활용하세요.

★ 04. 집중력과 문제 해결 능력

	**맥포머스** 정사면체, 정육면체, 삼각기둥, 육각기둥 등 기본 도형을 이해하고 수학적 사고력, 창의력과 두뇌 발달을 돕는 3차원 놀이 도구입니다.
	**치킨차차** 기억력 좋은 닭들의 꼬리 쟁탈전 게임. 어디서나 아이들과 즐겁게 게임을 할 수 있으며 기억력과 창의력을 높이는 가족용 게임입니다.
	**러시아워 주니어** 유명한 교통정리 퍼즐인 러시아워 주니어는 누구나 좋아하는 두뇌 개발 게임입니다. 문제 카드를 보고 차량을 앞, 뒤로만 움직여 빨간 차를 빼내는 게임입니다. 끈기 있게 풀다 보면 시원한 쾌감마저 느껴집니다.
	**유니캣** 도형의 모양, 배경색, 도형색, 도형의 크기 등 4가지 특성 중 3가지 공통점을 찾아 연결하는 쉽고 간단한 타일 게임입니다. 관찰력, 창의적 사고력을 키우는 지능 게임입니다.
	**탈출 게임** 10개의 퍼즐 조각 중 하얀색 조각을 게임판 밑으로 탈출시키는 게임. 공간·지리적 문제를 풀면서 해결력을 키우고 경우의 수를 예측하며 사고력을 확장시킵니다.

▲ 이미지 제공 : ⓒ 아이스크림몰(www.i-screammall.co.kr)
Images used with permission:Learning Resources, Inc., Vernon Hills, IL USA

기초를 키우는 영어 사용능력

영어유치원에 다니는 일곱 살 은우. 어려서부터 영어를 포함한 이중 언어 교육을 시켰음에도 처음 몇 달은 가기 싫다고 울어서 한참 애를 먹었습니다. 은우 아버지는 대학 강사이고, 엄마는 초등학교 교사입니다. 부부는 영어에 자신감도 있고 스스로 지도할 능력도 있습니다. 하지만 바쁜 직장생활 탓에 교육의 한계를 느껴, 아이를 영어유치원에 보내기로 결정한 거죠. 아이가 나보다, 다른 아이보다 더 영어를 잘하기 바라는 마음 때문입니다. 지금은 아이가 영어유치원에 매일 가고 싶다며 좋아하니 안심이 됩니다.

네 살 때 놀이 학교를 다니고 한글을 깨친 다섯 살 경민이. 주변에서 적극 권하는 바람에 한글을 깨친 경민이를 고민도 않고 영어유치원에 보냈습니다. 여기엔 일찌감치 영어를 배우게 하고 싶은 부모의 욕심이 있었지요. 그때까진 집에서 영어 동화책은 물론 CD 한 번 들려준 적도 없었지만 말입

> 니다. 시간이 지날수록 아이는 영어유치원에서 진행되는 파닉스, 작문, 대화에 흥미보다 어려움을 느낍니다. 결국 유치원에 다니기 싫다며 어려움을 호소하는 아이를 그만두게 할 수밖에 없습니다.

THINK TOGETHER

아이마다 '언어 습득 능력'은 다릅니다. 세 살 때 우리말을 떼는 아이들이 있는가 하면 다섯 살이 지나도 말을 잘 못하는 아이들이 있습니다. 심지어 일곱 살에도 읽기 능력이 태부족한 아이들도 있습니다. 언어 습득이 빠르다면 영어를 일찍 배워도 되지만 느린 아이들은 다릅니다. 우리말도 벅찬데 영어까지! 아이에게 부담일 수밖에요. 이는 심한 스트레스로 나타나 말을 더듬는 부작용을 부를 수도 있습니다. 영어 사용능력의 기초를 위해 언제, 어디서, 어떻게 영어를 시작할지는 부모 스스로 곰곰 따져봐야 합니다.

Sketch 01. 영어 교육 목표와 방법

영어의 필요성과 중요성, 더 이상 논의하는 자체가 무의미합니다. 또 수많은 영어 교육 이론과 방법들, 교재들이 다양하게 존재하며 영어를 시작하는 연령이 갈수록 낮아지고 있는 것이 현실입니다. 실제 초등학교 입학 전 아이들의 70%는 영어 사교육을 받고 있으며, 심지어 부모의 욕심과 강박 때문에 한 살 때부터 영어경쟁이 시작되기도 합니다. 영어 교육을 통해 무엇을 얻고, 어떤 방법으로 접근해야 할지, 심각하게 고민하고 답을 찾아야 합니다.

영어 교육의 목표는 무엇일까요? 그 답은 영어 사용능력 키우기입니다. 음성언어로 상대방과 대화하고 영어로 된 글을 읽으며, 자신의 생각과 느낌을 영어로 표현할 수 있게 만들자는 겁니다. 무엇보다 중요한 것은 음성언어로 대화할 수 있는 능력을 키우는 일입니다. 문법 지식을 익히고 시험문제를 풀어 높은 점수를 얻는 건 수단일 뿐, 목표일 수는 없습니다.

영어 교육에 어떻게 접근하는 것이 올바른 방법일까요? 영어도 언어이기 때문에 이에 대한 답은 우리말의 학습 방법을 통해 찾을 수 있습니다. 아이가 수많은 말을 듣는 경험이 충분하다면 이는 말하기 능력의 발달로 이어집니다. 듣기에 충분히 노출된다면 음성언어 발달을 이끌어 낼 수 있습니다. 듣기와 말하기의 음성언어 발달을 꾸준히 확장시키면서 모국어 읽기처럼 아이들이 읽을 수 있는 환경을 조성해주세요. 그다음 부모의 책 읽어주기 자극 등을 통해 스스로 읽고 싶은 욕구를 이끌어내야 하겠습니다.

10세까지의 아이의 영어 교육은 온전히 부모의 몫이라고 할 수 있습니다. 어떤 방법과 어떤 내용, 어떤 환경을 조성해주느냐에 따라 아이의 영어 감각과 능력은 시간이 흐를수록 서로 다른 결과를 가져옵니다.

Sketch 02. 영어 교육, 시기에 대한 고민

발달심리학적 접근, 뇌 과학적 접근, 교육학적 접근에 따라 바람직한 영어 교육 시기에는 다양한 의견이 있습니다. 물론 학자에 따라서 그 시점을 다르게 말합니다.

영어 또한 언어이기 때문에 우리말을 가지고 먼저 생각할 필요가 있습니다. 여러분의 자녀나 주위의 아이를 살펴보면 대개 만 3세 무렵에 듣고 말하는 능력이 상당히 발달합니다. 이 시기의 아이들은 대화할 때 거의 완성된 문장을 사용합니다. 타인의 언어를 이해하고 생각과 마음을 표현하는 데도 문제가 없습니다. 그렇다면 정작 우리 아이 영어 교육은 언제 시작하면 좋을까요? 크게 두 가지로 생각할 수 있습니다.

★ 01. 뇌 과학으로 본 언어 교육 시기

뇌 과학적 접근에 따르면 언어를 담당하는 측두엽 부위가 발달하는 것은 초등학교 시기입니다. 그 이전에는 언어를 받아들일 준비가 되어 있지 않아 교육이 비효율적이지요. 따라서 아동기 이전에는 영어 그림책이나 CD, DVD 따위는 별 효과가 없다는 얘기입니다.

외국어를 일찍 배운 경우와 늦게 배운 경우 뇌 사용이 다르다고 해서 영어 조기교육을 부추긴 뇌 과학적 접근도 있었습니다. 하지만 최근에는 늦게 외국어를 배우더라도 일정 수준 이상이 되면 모국어를 쓰는 사람처럼 뇌를 쓴다는 연구 결과도 있으며, 초기 학습자와 후기 학습자의 뇌 사용의 차이는 능숙도가 다르기 때문이라고 봅니다.

★ 02. 영어 교육, 언제 시작할까?

첫째, 태어나면서 자연스럽게 언어를 익힌다.

듣기와 말하기는 언어를 담당하는 뇌의 부위와 관련 없이 충분히 발달합니다. 물론 높은 수준의 고차원적인 음성언어의 사용은 지속적인 연습과 노력 그리고 학습이 필요하겠지요. 음성언어가 발달함에 따라 아이들은 자연히 문자언어에 관심을 보입니다. 글을 읽고 싶어 하고, 쓰고 싶다는 욕구를 갖고 실제로 그렇게 합니다. 결국 언어를 담당하는 측두엽이 발달하는 초등학교 때 외국어 교육을 시작하면 효과적이라는 뜻이 됩니다. 생물학적, 환경적 측면을 강조하는 언어 발달적 접근이나, 교육을 인간행동의 의도적이고 계획적 변화로 보는 교육학적 접근에서도 그 시기가 빠르면 좋다고 할 수 있습니다. 영어라는 언어 습득이 목적이라면 그 시기가 빠를수록 효과적이고, 영어 학습에만 초점을 둔다면 초등학교 때 영어를 시작해도 늦지 않습니다. 굳이 이런 학문적 접근이 아니더라도 인간과 언어를 놓고 생각해 본다면 그 답을 쉽게 찾을 것입니다.

우리말의 경우 대개 만 4세를 지나면서 아이는 자연히 본인이 쓰고 싶은 욕구를 색종이, 수첩, 공책 등에 표현합니다. 수시로 연필과 종이를 가져와 친구나 가족의 이름 혹은 책 제목을 쓰려 합니다. 영어도 마찬가지로 접근할 수 있겠지요. 음성언어의 충분한 발달이 뒤따른다면 자연스레 문자언어로의 발전을 촉진할 수 있으며 이는 곧 언어 사용능력의 발달을 가져옵니다.

둘째, 환경과 방법이 교육 시점을 좌우합니다.

영어 사용능력의 발달을 위해선 부모의 교육 철학이 반드시 필요합니다. 영어 교육을 위해 '어떤 환경을 만들어 줄 것인가? 어떤 방법으로 할 것인가?'가 중요하지요. 즉, 부모가 만들어주는 환경과 교육 방법이 영어 교육의 시기를 결정한다고 할 수 있습니다. 전혀 영어를 듣거나 볼 수 없는 가정에서 자란 아이는 당연히 영어가 어눌할 것입니다. 이런 경우 세 살 아이에게 영어를 가르치는 게 무슨 소용이겠습니까? 좋은 환경은 무엇이고, 적절한 방법이 무엇인지 부모가 알고 노력해야만 영어 교육의 효과는 훨씬 높아질 것입니다.

결국 인간 발달의 어디에 초점을 두느냐에 따라 영어 교육의 시점이 달라질 수 있습니다. 따라서 영어 교육의 최적 시기에 대해서 정답은 없습니다. 다만 아이 능력과 부모의 수준과 철학에 의해 전적으로 결정된다고 하겠지요. 그러나 영어 사용능력 향상이 목표라면 적절한 환경과 방법을 바탕으로 만 3세 전후에 시작하는 것이 어떨까요?

Sketch 03. 영어는 같으면서도 다른 언어

★ 01. 듣기에 필요한 시간

영어 또한 우리말과 같이 언어입니다. 하지만 사뭇 다른 언어이기도 합니다. 앞에서 언급했듯이 우리말의 경우, 만 3세 이후에는 의사소통에 별 문제가 없습니다. 상대의 말을 듣고 이해하며 말하기가 충분히 가능합니다. 그렇다면 영어로 듣기·말하기를 위해 필요한 시간은 얼마일까요? 영어교육 전문가에 따라 차이가 있지만 우리말과 비교했을 때 듣고 말하기에만 대략 6,000시간 내외가 필요하다고 말합니다. 영어 교육에 매일 3시간을 투자해도 대략 6년이란 긴 시간이 소요됨을 알 수 있습니다.

★ 02. 듣고 말하고 읽고 쓰는 데 필요한 시간

우리말로 의사소통 능력을 갖추는 데는 대략 초등학교 4학년 이상이 되어야 합니다. 대체로 언어 습득에는 10년 이상의 시간이 필요합니다. 비영어권 사람이 영어권 국가로 이민가서 그곳 학생들처럼 문제없이 수업을 듣는 영어 능력을 갖추려면 약 7~9년의 시간이 필요하다고 합니다. 하루 8시간씩 듣고 말하고 읽고 쓴다고 가정했을 때 약 25,000시간 이상이 필요하다는 뜻이지요.

그렇다면 영어 교육을 통해 높은 수준의 의사소통 능력을 키우려면 어느 정도 시간이 필요할까요? 교육 내용과 방법, 환경을 무시한다면 하루 3시간씩 1년 내내 꾸준히 실천해도 20년 이상이 걸립니다. 참 어마어마한 시간이지요? 발달에 따른 의사소통 능력 신장과 자발적인 노력 등을 고려해도 대략 10년 이상의 끊임없는 노력이 요구됩니다.

★ 03. 언어 사용과 충돌하는 교육 현실

우리는 초등학교 3~6학년 사이 4년 동안 영어 학습에 얼마나 투자하는 것일까요? 대략 220시간 정도밖에 되지 않습니다. 교육과정이나 방법을 떠나 언어 학습의 기초인 듣기 능력 발달에도 터무니없이 적은 시간입니다. 그럼에도 초등교육의 내용은 듣기, 말하기, 읽기, 쓰기를 모두 다루고 있습니다.

이게 바로 사교육이 우리 사회에 만연할 수밖에 없는 이유입니다. 학교 교육에만 의존한 우리 아이들이 고등학교 졸업 후에 원어민의 말을 다 알아듣는다면 신기한 일이 될 겁니다. 따라서 아이들을 위해 교육 내용과 방법, 환경이 달라져야 합니다. 뇌 과학적 접근이나 언어 발달, 교육의 가소성 측면에서 초등학교 저학년부터 주 2시간 정도의 수업 시간을 빨리 도입하는 것도 고려할 필요가 있지 않을까요? 누리 과정에서도 듣기·말하기가 자연스럽게 발달하는 환경을 꾸미고 지원이 이루어져야 합니다. 물론 이는 방법적, 교육 환경적, 인적 측면을 모두 고려해서 시행해야겠지요.

★ 04. 부모가 만드는 영어 능력

최소 10년 이상 영어 환경에 노출되어야 영어 교육이 된다고 했습니다. 하지만 이런 영어 환경을 만드는 것은 온전히 부모의 몫입니다. 일상생활 속에서 자주 영어에 노출될 수 있는 환경을 만들어주세요. 목적의식을 갖고 꾸준히 노력하며, 즐겁고 재미있게 영어를 접할 수 있는 환경을 부모가 만들어주어야 합니다. 아이 스스로 하는 영어 공부는 그 이후에나 가능합니다. 하지만 아이로니컬하게도 초등 고학년이 되어서야 부모가 지도하거나 사교육에 의지해보려 하지만 이미 때는 늦어버린 경우가 허다합니다. 이 시기엔 부모는 미쳐도 아이는 쉽게 미치지 않습니다.

★ 05. 영어, 왜 어려울까?

　학교 교육에서 영어에 노출되는 시간은 주 2~3시간 정도. 실제 초등학교의 수업시간이 1시간은 40분으로 운영되기 때문에 실제 영어 학습 시간은 주 80~120분밖에 되지 않습니다. 모국어를 습득하는 과정처럼 자연스럽게 듣고 말할 수 있는 기회가 부족합니다. 그래서 일상생활 속에서 많이 노출되는 환경이 필요합니다.

　아이들이 영어를 왜 해야 하는지 대부분 모른다는 이유도 있습니다. 예를 들어 누군가 지금 여러분에게 체코어를 배워야 한다고 하면 어떤 생각이 들까요. 첫마디부터 '왜?' 라고 묻겠지요. 영어를 배워야 하는 필요성과 이를 통해 이루고자 하는 목표의식이 없이는 시작조차 어렵습니다.

　영어에의 노출, 학습의 필요성, 목표의식 등을 갖춘다고 다 이루어진 것은 아닙니다. 좋아하지도 않고 재미도 없다면 아무런 의미가 없습니다. 유년 시절 만화에 푹 빠져 날 새는 줄 모르고 읽던 것, 기억하세요? 이처럼 우리 아이들도 신 나게 영어에 푹 빠질 수 있는 여건이나 환경이 절실합니다.

Sketch 04. 영어 사용능력 향상을 방해하는 부모

혜선이 엄마는 누구나 다 하는 영어 사교육을 생각하면 걱정부터 앞섭니다. 직장 생활을 하고 있어 어떻게 해야 영어 교육에 도움을 줄까 하는 생각 때문입니다. 고민 끝에 작년부터 매주 한 번, 방문 영어 수업을 아이에게 시키고 있습니다. 엄마는 아이에게 영어책을 가끔 사주는 편입니다. 바쁘다는 핑계로 책을 읽어주기는커녕 함께 봐주지도 못한 것 같아 미안한 마음이 큽니다. 다행히도 아이가 수업을 좋아해 잘 따라오며 실력도 늘고 있다는 선생님의 얘기에 힘을 얻습니다. 1년 넘게 수업이 꾸준히 이어지던 중 엄마는 갑작스러운 이야기를 듣습니다. 아이가 특별한 이유 없이 방문 수업이 싫다는 것입니다. 아이 생각만 존중할 수도 없고, 그렇다고 강제로 시킬 수도 없어 혜선이 엄마의 고민은 커져만 갑니다.

★ 01. 많은 것을 끌어내려는 부모

아이의 능력보다 더 많은 것을 얻으려고 하면 아이는 즐거움과 재미보다 부담과 불편함부터 먼저 느낍니다. 이를테면 그림책을 CD로 듣게 하거나 읽어준 다음 페이지별로 말한 내용이나 책 읽은 것을 녹음하는 경우입니다. 너무 이른 시기에 아이가 말을 잘한다면 소리와 문자를 연합해서 말하는 것인지 살펴보아야 합니다. 단순히 외워서 눈치를 보며 읽는 아이들이 많기 때문이지요. 이런 학습이 지속되면 아이는 책을 외워야 한다는 부담과 실수를 두려워합니다. 따라서 부모의 조바심은 아이가 영어에서 멀어지게 하는 원인이 됩니다.

★ **02. 여러 영역을 동시에 시키는 부모**

이런 부모는 대개 언어 발달 과정을 전혀 이해하지 못합니다. 우리가 모국어를 학습하는 유아기나 아동기에는 듣기·말하기를, 그 후엔 읽기·쓰기를 발달시킵니다. 아동기 후기에는 듣기·말하기·쓰기·읽기를 함께 발달시킵니다. 따라서 너무 빨리 여러 영역의 발달을 꿈꾸는 것은 바람직하지 않습니다. 특히 영어의 경우, 듣기·말하기·쓰기·읽기를 동시에 하지 못하는 것은 너무나 당연합니다. 듣기와 말하기를 동시에 가르치면 영어는 어렵고 끔찍이 싫은 언어가 됩니다. 우리는 영어를 외국어로 배우는 환경에 있으므로 듣기, 말하기, 읽기, 쓰기 순서로 사용능력을 키우는 것이 좋습니다.

★ **03. 사교육에만 의지하는 부모**

너무 빨리 영어 교육을 학원에 의지하는 것은 영어와 멀어지게 하는 원인입니다. 영어 학습에 초점을 두고 시험점수 향상을 목적으로 삼는 학원들이 많습니다. 이로 인해 영어 학원을 10년 다녀도 영어 사용능력은 쉽게 늘지 않습니다. 유명한 학원을 다녀도 마찬가지입니다. 더러 잘하는 아이들이 있지만 대부분 중도에 그만두고 이 학원 저 학원을 기웃거립니다. 그리고 제자리걸음 영어 실력에 뒤늦은 후회만 되풀이합니다. 학원은 가정교육을 보충하는 수단이자 듣기·말하기 능력을 키우는 창고로 적절히 활용하는 게 어떨까요?

Sketch 05. 최적의 영어 환경 8계명

정민이 부모는 좋은 환경을 만들기 위해 작년부터 꾸준히 노력하고 있습니다. 일곱 살인 정민이는 거의 매일 아침 거실 오디오를 통해 기상 영어 노래를 듣습니다. 이제 습관이 되어 music book을 보며 노래를 따라하거나 동화책을 봅니다. 저녁이면 온 가족이 한 시간씩 영어 DVD를 시청합니다. 또 독서 시간에는 한글과 영어 동화책을 거의 같은 비율로 꾸준히 읽어줍니다. 이제는 아이가 스스로 책을 고르는 모습에 마음이 뿌듯합니다. 주말 외출이나 마트에 갈 때도 항상 영어 CD를 듣습니다. 정민이 부모는 아이가 조금씩 영어에 친숙해져 말하거나 읽으려는 모습을 볼 때면 아이 교육에 자신감이 생깁니다.

★ 01. 우리말 발달이 최우선

너무 빨리 우리말과 외국어를 함께 사용하면 언어 체계 습득에 어려움을 겪습니다. 문법 습득에도 혼동이 올 수 있지요. 이는 아이마다 언어 습득 능력이 다르기 때문입니다. 즉 우리말 습득 능력이 빠르다면 영어를 습득하는 능력 또한 대체로 빠릅니다. 그래서 영어 능력을 키울 때도 우리말 듣기와 말하기, 읽기를 우선으로 둬야 합니다. 우리말 어휘와 이해력을 바탕으로 영어 능력도 키우세요. 꾸준하고 풍부한 우리말 듣기·말하기와 책 읽기 경험을 통해 배경 지식을 넓히고 어휘와 이해 능력을 키우는 것이 우선입니다.

★ 02. 아이의 수준과 능력을 고려하라!

재미있다는 챕터북이나 해리포터 영화를 막 영어를 시작한 아이들에게 보여줄 수는 없습니다. 고학년이라도 듣기가 되지 않으면 유아 수준의 듣기 자료를 활용하세요. DVD나 CD 등의 학습 도구를 선택할 때도 아이 수준과 능력을 고려해야 합니다. 그림책이나 챕터북 선택도 물론 마찬가지죠. 아이의 수준과 능력을 판단하려면 듣기와 말하기를 먼저, 다음으로 읽기와 쓰기를 생각하면 됩니다.

★ 03. 즐거움과 재미를 갖게 하라!

　유아기에 접하는 영어의 주된 목적은 '흥미'입니다. 아이들이 영어에 흥미를 느끼도록 배려해주는 게 중요합니다. 초기 경험의 중요성은 아무리 강조해도 지나침이 없습니다. 왜 게임이나 놀이는 아무리 오래 해도 지루하지 않을까요? '신 나고' '재미있기' 때문입니다. 영어도 마찬가지입니다. 특히 언어이기 때문에 아이가 재미있게 접할 수 있어야 합니다. 아이들이 듣고 싶고 보고 싶어 하는 책을 듣거나 읽도록 배려함으로써 영어 교육 효과를 극대화하세요.

★ 04. 많이 듣는 기회와 시간을 만들라!

　영어는 외국어이므로 늘 충분히 들을 수 있는 게 아닙니다. 그래도 웬만한 엄마아빠라면 말하기 능력이 뛰어나지 못하더라도 충분히 들을 수 있는 환경을 제공해줄 수 있습니다. 일상생활에서 꾸준히 2시간 정도 들을 수 있는 환경을 제공하고 아이들과 그 시간을 함께 해야 합니다. 듣고 보면서 함께 웃고, 이야기 나누고, 즐거운 신체 표현은 전혀 다른 결과를 누적하게 됩니다. 이와 관련해서 가장 좋은 방법은 DVD나 CD를 보고 들을 수 있는 환경을 만들어 주는 것입니다.

★ 05. 친(親)영어 환경!

우리말 읽기능력을 위해서 여러분은 어떤 환경을 만들고 있습니까? 출산 직후 비닐 책이나 헝겊 책부터 시작해 다양한 종류의 그림책, 아이의 수준과 관심, 능력을 고려한 좋은 책을 샀던 경험이 있을 것입니다. 거실이나 아이 방에 한글 그림책이 숱하게 많이 있을 것입니다. 아이의 읽기 능력이 늘면서 점차 그림 대신 글이 가득한 책이 책장에 꽂히겠지요.

영어 교육이라고 크게 다르지 않습니다. 우리가 책을 살 때 가장 좋은 방법은 서점을 찾아 좋은 책을 직접 고르는 겁니다. 하지만 시·공간 제약으로 그러기에는 어려움이 있습니다. 처음에는 되도록 경험 많은 이웃 엄마, 교육 서적, 카페, 블로그 등에 의지하여 도움을 구하세요. 점차 좋은 책을 보는 눈이 생길 것입니다.

영어책은 대개 얇은 페이퍼북으로 되어 있어 책장에 꽂으면 찾기가 어렵습니다. 따라서 잡지꽂이를 활용하여 매주 책을 교체해주는 건 어떨까요. 마지막으로 TV, DVD 플레이어, 오디오와 CD 보관함을 아이 곁에 놓는 것도 잊지 마세요.

★ 06. 다양한 그림책을 접하도록!

우리말처럼 영어도 읽어주기나 스스로 읽기는 매우 중요합니다. 이러한 능력을 키우기에 그림책만큼 적합한 도구가 없습니다. 아이의 듣기, 어휘력, 문장 구성, 사고력 및 표현력 성장을 돕기 때문이지요. 영어 교육 시기와 상관없이 아이들의 공간에는 그림책을 쉽게 접할 환경이 필요합니다.

▶ 영어 그림책

★ 07. 풍부한 체험을!

영어를 익히고 사용능력을 발달시키려면 다양한 경험도 필요합니다. 여건이 허락한다면 영어 캠프, 뮤지컬 공연, 영어 도서관이나 서점 방문 등 다양한 경험을 하게 하세요. 물론 이 같은 경험을 위해 필요한 정보를 얻는 부모의 관심과 노력도 중요합니다.

★ 08. 부모의 끈기, 성공을 부른다!

듣기와 말하기에는 상당히 긴 시간이 필요합니다. 언어 사용능력 전체를 발달시키려면 10년 이상 오랜 노력이 뒤따라야 합니다. 그렇게 하려면 부모가 먼저 지치지 않아야겠죠. 부모 역시 매일같이 반복되는 일상에는 녹초가 되지만, 그럼에도 변함없는 믿음과 끈기로 함께하는 부모가 아이의 영어 사용능력을 키웁니다.

언어 습득은 시간과의 싸움입니다. 이 소모전에서 승리하려면 영어 사용능력을 무한히 펼치기 위한 부모의 변함없고 일관된 노력과 실천이 필수입니다.

Sketch 06. 영어 듣기 능력, 이렇게 키우자!

★ 01. CD와 DVD로 경험하는 생생 영어

영어 사용능력을 키우는 가장 좋은 방법은 외국에서 생활하는 것! 하지만 현실적으로 이것은 좋은 대안이 될 수 없습니다. 그렇다면 우리의 현실에서 영어 사용능력을 키우는 좋은 방법은 무엇일까요?

사람은 태어난 이후부터 다양한 상황에서 가족과 타인의 억양과 발음을 접합니다. 영어 잘 하는 아이를 원한다면 마찬가지로 일상생활에서 영어를 접하게 해줘야 합니다. 우선 부모나 가까운 사람이 아이에게 영어를 많이 들을 기회를 만들어주세요. 예컨대 DVD는 살아 있는 대화를 들려줄 좋은 수단입니다. DVD는 부모의 교육적 판단과 아이의 관심과 호기심을 반영해 고르세요. 아이가 DVD를 볼 때 식구들이 다른 일을 하고 딴전만 핀다면, 듣기 능력을 키우는 데 한계가 있습니다. DVD 시청의 수동적인 특성, 공감 부족 같은 부정적 결과를 최소화하려면 반드시 엄마아빠, 가족 모두가 함께 공감하고 정서적으로 가까운 관계를 유지하며 시청하는 태도가 필요합니다.

일상생활에서 CD도 자주 듣게 합시다. 아침에 일어나면서, 식사 시간에, 잠자기 전후에, 차로 움직일 때, 여행할 때 등 모든 시간을 활용하세요. 영어는 누구에게나 처음에는 의미 없는 소리지만 지속적, 반복적으로 듣게 되면 이후 귀가 열리고, 의미를 이해하게 됩니다. 막 영어를 시작하는 아이들에겐 '영어 동요'를 추천합니다. 영어 동요는 DVD를 통해 영상과 함께 들을 수도 있습니다. 어느 정도 영어에 익숙한 아이들에게는 (썩 재미있는 건 아니지만) 리더스북에 있는 CD나 음성 지원 펜으로 듣는 방법도 있습니다.

▲ 영어 DVD와 동요 CD
영어 동요 CD 이미지 제공 : ⓒ 삼성출판사

★ 02. 영어 그림책을 많이 들려주세요

'읽어주기' 만큼 영어 사용능력을 키워 주는 것도 드뭅니다. 영어 그림책 읽어주기는 다양한 그림과 재미로 '영어 부적응' 반응을 줄일 수 있습니다. 일정한 시간에 영어 그림책을 자주 읽어주세요. 한글 동화책과 영어 동화책을 번갈아 읽어줘도 좋습니다. 그림책을 들려줄 때 아이에게 해주는 칭찬과 격려도 도움이 됩니다. 이런 꾸준함은 어느 순간 그림책을 들으며 손으로 따라 읽는 아이의 모습을 가져올 겁니다.

★ 03. 어떤 책을 고를까?

● 영어책 구입

먼저 인터넷 서점이나 영어 교육 사이트에서 정보를 얻을 수 있습니다. 여기서는 쉽게 책의 내용을 볼 수 있고 책의 장·단점뿐만 아니라 간단한 서평까지 확인할 수 있습니다.

책을 살 때는 직접 영어 서점을 방문해 책 내용을 확인하고 구입하세요. 시·공간 제약이 있다면 영어 교육 관련 카페나 블로그를 이용해도 좋습니다. 한꺼번에 많이 사기보다 아이의 수준과 부모의 능력에 맞게 꾸준히 일정량을 사길 권합니다. 또 그림책 한 권은 상관없지만 전집 같은 리더스북은 단번에 모두 사지 말고 단계별로 구입하는 것이 좋습니다. 비용의 문제도 있고, 아이가 별로 관심이 없을 수도 있으며, 때로는 각 단계의 수준이 겹치는 것도 있으니까요.

이러한 노력이 10년 이상 이어진다면 아이 곁에는 작은 영어 도서관이 만들어집니다. 비용 면에서 걱정이 될 수 있지만 평생 영어 교육을 위한 기초를 쌓는다고 생각하세요. 무작정 학원 보내기보다 훨씬 적은 비용과 놀라운 교육 효과를 경험하실 겁니다.

● **영어책 선택**

영어책 선택에서 가장 중요한 점은 아이의 수준과 언어 능력입니다. 이를 위해 부모는 두 가지를 염두에 둬야 합니다. 먼저 책의 내용과 정보를 알아야 합니다. 그러기 위해서는 부모의 성실한 발품이 꼭 필요합니다. 다음으로 내 아이의 관심과 흥미를 알아야 합니다. 가능하다면 직접 아이와 함께 영어 도서관이나 서점을 방문하세요. 아이의 능력에 대한 부모의 판단과 아이의 관심과 흥미를 배려한 선택이 제일입니다.

★ 04. 영어책, 어떻게 읽어 줄까?

아이는 엄마아빠가 '재미있게' 읽어주기를 바랍니다. 이보다 더 중요한 원칙은 없습니다. 실제 이야기 주인공처럼 동화 구연 방식으로 읽어주세요. 아이는 과장된 부모의 표현을 너무나 즐거워합니다. 상황극에도 기막히게 집중합니다. 재미있게 읽어주면 아이의 집중력과 표현력도 쑥쑥 자랍니다. 결국 읽기 능력도 확장되기 쉽습니다.

글과 함께 그림에도 관심을 가져주세요. 그림을 통해 글의 내용을 유추할 수도 있으며 무한한 상상력과 감수성을 키울 수도 있습니다. 마지막으로 '읽은 후의 대화'를 반드시 실천하고 그림책에 담긴 작가의 다양한 의도를 이야기해보세요. '읽은 후의 대화'는 아이의 생각을 키우기에 더할 나위 없이 적합합니다. 다만 읽을 때 소리와 낱말을 연결시키려고 손으로 짚어가며 읽을 필요는 없습니다. 그림책을 읽어주는 시간은 책 읽는 즐거움에 그 목적이 있기 때문입니다.

처음 시작하는 그림책은 내용도 짧고 간단해 10권을 읽어줘도 20분이면 충분합니다. 그림책의 내용 수준이 올라가면 하루에 5권 이상 읽기에도 많은 시간이 필요합니다. 앞으로 영어책 읽어주기는 점점 더 힘든 과정이 될 수도 있습니다. 부모 역시 아이와 함께 영어와 친해져야 하는 이유가 바로 여기 있습니다.

Sketch 07. 효과적 듣기 방법과 전략

★ 01. 다양한 듣기 방법

흘려듣기는 말 그대로 일상생활에서 부담 없이 흘려듣는 것을 말합니다. 여러 상황에서 아이의 관심과 흥미가 반영된 흘려듣기는 습관이 되어야 합니다. 집중듣기는 엄마아빠가 직접 책 읽어주기, 영어 CD를 들으면서 책 보기 등, 이 모두가 해당됩니다. 이는 발음과 억양을 익히고 읽기 능력 발달에 도움을 줍니다.

부모가 책을 읽어줄 때는 다양한 교재를 듣게 하는 것이 좋습니다. 책을 읽어주는 것도 집중듣기에 매우 효과가 있으며 집중듣기를 위한 리더스북의 경우 글자를 짚어 가며 CD를 듣는 것도 하나의 방법입니다.

● **흘려듣기**

흘려듣기는 막 영어를 시작하는 아이들의 듣기 수준에 해당합니다. 이에 가장 쉽게 접근할 수 있는 방법이 DVD입니다.

실제 영어 사용 상황과 일치하는 일상생활에서 이야기를 나누는 구어적 표현이기 때문입니다.

DVD는 한 번에 장시간 보여주기보다 30분, 50분 내외로 구성된 DVD를 2~3회 정도로 나누어 보여주세요. 하나의 스토리보다 쉽고 재미있는 여러 개의 스토리로 구성된 것이 더 바람직합니다. 부모의 필요와 아이의 관심을 반영하되, 부모의 필요를 좀 더 중요시하세요. 아이의 관심에 비중을 두면 그저 재미만 있는 DVD 선택으로 발달 수준에 맞지 않는 듣기가 되니까요.

아이가 영어 DVD를 볼 때 웬만하면 우리말 녹음이나 자막 없이 보고 듣기를 권합니다. 어른들도 그렇지만 자막으로 보면 대화를 듣기보다 눈으로 자막 읽기에 집중하기 때문입니다. 물론 내용의 이해를 높이고 교감하기 위해 가끔씩 우리말 녹음이나 자막을 이용하는 것은 괜찮습니다.

THINK TOGETHER
잠깐! 그림책과 리더스북을 읽어 줄 때 유의하세요!

그림책이나 리더스북의 CD 듣기도 좋은 방법이나 문어적 표현이 다소 많습니다. 리더스북의 CD는 문어적 표현이 특히 많기 때문에 그림책에 있는 CD 자료(문진미디어, 제이와이북스 등)를 활용하면 쉽고 재미있게 접근할 수 있습니다. 이때 춤도 추고, 흉내 내기도 하며 즐겁게 하는 것이 듣기 능력 향상에도 좋고 영어에 대한 인식에도 긍정적 영향을 미칩니다.

● **집중듣기**

집중듣기는 오디오 테이프나 CD 등에 녹음된 내용을 반복해서 듣는 것과 소리 내어 읽기, 스토리텔링 등을 통해 원어민의 목소리 듣기 등 아이가 함께하여 이루어지는 듣기를 말합니다. 흘려듣기와 병행하여 조금씩 집중듣기 경험을 제공하는 편이 좋습니다. 처음부터 CD를 따라 책을 보며 듣는 것은 바람직하지 않습니다. 아이와 함께 읽었던 간단한 그림책이나 리더스북 등을 통해 책을 보면서 듣는 연습을 하는 것이 좋습니다. 아이의 발달 단계와 집중력을 고려하여 매일 20분 내외의 시간을 투자하세요. CD보다는 부모가 집중하여 책 읽어주기에 초점을 두는 접근법이 정서나 교육에 더 효과적입니다. 아이가 별 부담 없이 잘 따라온다면 차츰 시간을 늘리세요.

● **확인듣기**

확인듣기는 말하기와 읽기 능력을 키우는 방법으로 엄마 아빠와 함께 문장을 읽으며 따라 말하는 것입니다. 부모와 아이가 함께 읽고 따라하는 과정을 통해 말하기 자신감을 키우고 읽기 능력이 발달합니다. 이때 부모와 아이의 목소리를 스마트 기기에 녹음하여 듣는다면 교육 효과를 높일 수 있습니다.

★ 02. 듣기 과정의 흐름과 방법

구분	기본	적응	심화
단계	유아기	초1~초4	초5 이상
시간	2시간 이상	1시간 이상	1시간 이상
DVD 보기	120분 이상	60분 이상	자유
흘려듣기	60분 내외	40분 내외	30분 내외
집중듣기	20분 내외	30분 내외	20분 내외
확인듣기	10분 내외		
비고	흘려듣기와 확인듣기 중심	집중듣기 중심	

▲ 듣기 과정 흐름도

Sketch 08. 영어 말하기를 위한 4가지 조언

★ 01. 간단한 영어 표현 들려주기

우리말의 경우 만 2세 무렵이면 문법을 조금씩 익히고 사용합니다. 식사, 목욕, 놀이 같은 일상을 반복하면서 말을 알아듣게 됩니다. 이처럼 영어도 간단한 일상 표현을 자주 들려주면 어느 순간 아이도 간단한 표현을 영어로 합니다. 예를 들어 "Good morning, baby." "How do you feel today?" "I'm sorry." 등의 표현은 따로 학습하지 않아도 누구나 쉽게 이용할 수 있습니다. 이런 말들을 자주 접하면 아이들도 쉽고 편하게 받아들이고 사용하지요. 엄마아빠가 간단한 일상 영어 표현을 익혀둡시다. 일상생활 속에서 자주 활용하는 것이 사용 능력을 키웁니다. 짧더라도 완전한 문장의 형태로 말하면 더욱 좋습니다.

★ 02. 따라하고 흉내 내기

영어를 효과적으로 사용하려면 글자를 익히고 해석하기보다 말소리를 듣고 표현하는 과정이 우선되어야 합니다. CD나 음성 지원 펜의 리듬, 운율, 목소리 등을 따라 간단한 말하기를 해보세요. 부모가 함께 번갈아 말하면 더욱 좋습니다. 처음에는 당연히 쉬운 것, 들었던 경험이 있는 책을 활용합니다. 함께할 때에는 즐거운 분위기에서 아이에게 해 주는 칭찬과 격려도 잊지 마세요.

★ 03. 충분히 말할 기회를

영어 듣기와 책 읽기의 즐거움을 조금씩 느끼는 아이라면 영어 그림책 몇 권을 가져와서 스스로 읽는 것을 볼 수 있습니다. 여기서 부모의 역할이 중요합니다. 열심히 하지만 우스꽝스럽게 읽는 중간에 아이를 보고 대견하다거나 웃는 반응을 보이면 안 됩니다. 아이의 집중도를 떨어뜨리고, 스스로 말하는 즐거움을 빼앗을 수 있으니까요. 이러한 경험이 쌓이면 아이의 읽고 싶은 욕구를 누르게 됩니다. 아이가 말할 때 잘 듣고 있다가 말이 끝난 후에 격려하고 지지해주세요.

아이에게 말하는 즐거움을 느끼게 해주어야 합니다. 아이가 듣고 따라 말한다든지 영어로 노래하는 모습을 녹음하거나 녹화해서 보여주세요. 녹음이나 녹화 작업에 부모도 즐겁게 같이 하면 흥미를 느낀 아이는 말하기 부담이 줄어듭니다. 이런 활동은 아이의 발음 교정과 성장 영상 만들기의 기회도 됩니다. 또한 신체 활동과 놀이를 하면서 말하기 능력을 의도적으로 자극할 수 있습니다. 예를 들어 함께 책을 읽거나, 역할놀이, 인형극, 그림 보면서 말하기 등에 읽었던 책을 활용하면 좋습니다. 이밖에도 원어민 강사와 직접 또는 화상으로 영어 말하기 역시 좋은 방법입니다.

★ 04. 말하기, 조급해하지 마세요.

국어의 경우 듣기 이후 말하기 능력이 빠르게 발달합니다. 언어의 생득적 측면과 많은 노출 시간으로 인해 말하기 능력의 발현이 빠릅니다. 우리말 듣기 경험을 충분히 하기 때문에 유아기에는 특히 폭발적으로 발달합니다. 하지만 영어의 경우, 말하기 능력의 발현이 읽기보다 늦습니다. 이는 듣기·말하기의 기회가 부족하기 때문입니다. 따라서 말하기 능력의 발현이 늦다고 해서 너무 걱정하지 않아도 됩니다. 말하기 후에 그런 기회가 오면 그 순간 자신의 능력을 마음껏 펼치게 되니까요. 부모의 조급함이 오히려 아이의 영어 사용능력을 방해할 수 있습니다.

Parents 동화책 읽어주기와 스스로 읽기 중 어디에 초점을 두어야 하나요?

Park's advice 아이가 어리고 발달이 느리다면 읽어주기에 초점을, 반대로 읽기 능력이 우수하다면 스스로 읽기를 통해 언어 사용능력을 키우는 데 초점을 맞춥니다. 읽어주기와 스스로 읽기가 지닌 장점을 고려한다면 생활에서 이를 고르게 자극하는 것이 좋습니다. 베드 타임 리딩 시간에는 읽어주기에 중점을 두고, 일상생활에서는 스스로 읽기를 격려하는 식이지요. 보다 더 중요한 것은 아이에게 책 읽어줄 기회를 만들고 함께하는 것입니다.

Parents 아이가 책에 관심이 없고, 동화책을 읽으려고 하지 않아요. 어떻게 하면 좋을까요?

Park's advice 먼저 부모의 모습부터 살펴볼까요? 나는 아이들에게 어떤 모습으로 비춰지는지, 아이와 어떤 경험을 나누고 있는지 점검해야 합니다. 부모는 책에 관심이 없는데 아이에게 책 읽기를 강요하면 자발적인 읽기 능력을 키울 수 없습니다. 따라서 함께 읽는 경험을 통해 자연스럽게 책에 관심을 가져 스스로 읽고 싶은 의욕을 높여야 합니다. 다음으로 책과 가까이 할 환경을 만들어주세요. 조용한 환경에서 가족 모두가 독서에 집중해 참여하는 겁니다. 재미있는 스토리북 활용은 아이에게 재미있고 쉽게 읽는 경험과 즐거움을 맛보게 합니다. 일상생활에서 조금씩 시간을 갖고 독서 시간을 늘린다면 어느 순간 하나의 습관으로 자라게 될 것입니다.

Parents 일상생활에서 수학과 관련된 활동에는 어떤 것이 있을까요?

Park's advice 마트에 자주 가세요? 마트는 수학이 가장 많이 활용되는 곳입니다. 길이나 무게, 부피 등 여러 가지 단위를 직접 체험할 수 있습니다. 아이 수준에 맞는 단위의 돈은 스스로 계산하는 것도 좋습니다. 차 번호판이나 건물 동 호수를 이용해 게임 등을 할 수도 있습니다. 요리를 하세요? 어떤 요리든 수, 길이, 무게, 부피, 시간 개념 등 다양한 수학 개념의 이해와 통합적 문제 해결이 필요합니다. 양념을 넣고 길이를 자르며 무게를 재거나 계량컵에 물을 붓고, 요리를 몇 분 동안 익힐지 등 자연스럽게 수학 개념을 응용할 수 있습니다. 이처럼 생활 속 모든 공간과 활동이 수학과 관련되어 있습니다.

Parents 우리말과 영어 동화책을 어떤 비중으로 읽어 주어야 할까요?

Park's advice 우리말의 사용과 발달이 영어보다 우선해야 합니다. 따라서 우리말에 대한 충분한 자극과 경험이 더욱 중요합니다. 한글 그림책 읽어주기나 읽기 경험을 통해 어휘나 듣기·읽기 능력을 키운다면 이는 영어 습득에 긍정적인 영향을 미칩니다. 간혹 우리가 여러 매체에서 접하는 이중 언어 사용의 문제점은 우리말과 영어의 발달 순서와 아이에게 제공하는 경험의 양과 질이 다르기 때문에 발생합니다. 이런 점을 안다면 유아 시기에는 우리말과 영어 동화책 비중을 8:2 정도에서 시작해 점차 5:5의 비율까지 늘리는 것이 바람직합니다. 유아시기까지는 스스로 읽기의 경우 아무래도 우리말이 차지하는 비중이 절대적이기 때문이지요.

Parents 의미 없는 흘려듣기, 효과가 있을까요?

Park's advice 무턱대고 읽어주거나 CD를 들려주는 것은 그다지 효과적이지 못합니다. 아이가 전혀 이해 못하는 뉴스 수준의 영어를 듣는다면 효과가 있을까요? 물론 영어를 듣지 않는 것보다 낫겠지요. 하지만 흘려듣기에도 조금은 세심한 노력이 필요합니다. 무턱대고 CD를 들려주기보다 부모가 먼저 읽어주기로 아이 흥미를 유도하는 것이 좋습니다. 다양한 몸짓과 노력은 아이의 흥미를 끌어내고 책의 의미를 충분히 전달합니다. 몇 차례 정독 시간을 갖고 CD를 들으면 아이 스스로 집중하고 듣기 능력이 향상됩니다. 이런 과정의 반복은 아이가 따라 말하거나 책을 보려는 모습을 끌어낼 수 있습니다.

빠른 아웃풋output을 기대하지 않고 기다려주는 지혜

언어 사용이나 수학 능력의 획득은 결코 짧은 시간에 이룩할 수 없습니다. 성공을 위한 최소한의 요구 조건은 꾸준한 반복학습입니다. 진정한 능력 완성하기는 이런 꾸준한 반복학습을 바탕으로 하여, 배움의 기회와 즐거움이 있고 스스로 계획하고 실천하는 것이어야 합니다.

교육 화제
제3장

국어 · 수학 · 영어 능력 완성하기

창의적 국어 사용능력 키우기

읽기는 언어를 배우는 최상의 방법이 아니다. 유일한 방법이다. 자발적 읽기가 유일한 언어 학습법인 만큼 언어는 '공부'만으로 습득하기 어렵다.

스티븐 크라센 Stephen Krashen

초등학교 3학년인 희진이는 2학년 때까지만 해도 국어 실력이 보통 이상이었는데, 지금은 딴판입니다. 처음엔 아이가 잘하는 것 같아 따로 공부를 시키거나 도움을 주지 않았습니다. 수학 같은 경우 학원의 도움도 받고 엄마가 꼼꼼히 점검도 해주어 실력이 꾸준히 향상되었습니다. 하지만 이제 국어 실력을 키워주자니 부모가 할 수 있는 게 없습니다. 3학년 아이한테 책을 읽어주기도 애매합니다. 이제 스스로 할 나이가 되었으니까요. 하지만 다른 교과보다 부족한 국어를 어느 정도까지 어떻게 지도해야 할지 늘 고민입니다.

이제 5학년이 된 우현이의 부모는 아이의 국어 성적 때문에 늘 걱정입니다. 저학년 땐 달리 공부하지 않아도 곧잘 점수가 나와 마음을 놓고 있었습니다. 하지만 기말 평가에서 받은 75점을 보니, 아뿔싸, 너무 신경을 안 쓴 것 같아 걱정이 앞섭니다. 서술형 평가와 관련된 내용은 잘 쓰지 못했고, 객관식도 제법 틀렸군요. 평소 독서 시간에 책을 잘 보고 논술 수업도 1년 가까이 했는데 무엇이 원인인지 모르겠습니다. 가만 살펴보니 아이는 글쓰기를 아주 싫어하고 대충 쓰는 습관이 있었습니다. 시험 기간에 문제집만 간단히 풀게 한 것으로 국어를 준비한 것이 후회가 되기 시작합니다. 어떻게 국어를 교육해야 할지 걱정만 늘어갑니다.

THINK TOGETHER

초등학교 부모라면 이 같은 고민을 하거나, 주변에서 듣게 됩니다. 실제로 이 경우는 국어 교과의 목표와 학습 방법을 잘 몰라 벌어지는 예입니다. 언어 사용 능력을 완성해간다면 필연적으로 좋은 학습 능력을 갖출 것입니다.

Sketch 01. 국어 교육과정 이해

국어 교과의 목표는 이렇게 제시되어 있습니다. "국어 활동과 국어 및 문학의 본질을 총체적으로 이해하고, 국어 활동의 맥락을 고려하여 국어를 정확하고 효과적으로 사용하며, 국어를 사랑하고 국어 문화를 누리면서 국어의 창의적 발전과 국어 문화 창조에 이바지할 수 있는 능력과 태도를 기른다."

개정 교육과정에는 듣기와 말하기의 영역 통합이 이루어

졌고, 학년군별 내용의 연계성을 강조하면서 성취 기준의 계열성에 중점을 둡니다. 교과서 또한 국어라는 주 교과서와 국어 활동이라는 보조 교과서로 구성됩니다.

구분	1~2학년군	3~4학년군	5~6학년군
듣기·말하기	일상생활이나 학습 상황에서 바르고 적극적인 자세로 귀 기울여 듣고 말하며, 고운 말, 바른말을 사용하려는 태도를 지닌다.	일상생활이나 공식적인 듣기·말하기 상황에서 정확하게 듣고, 말하고자 하는 내용을 분명하게 표현하며, 서로를 이해하고 협력하는 태도로 소통한다.	공식적인 소통 상황에서 듣기·말하기의 과정을 점검하고 조정하면서 언어예절을 갖추고 다양한 듣기·말하기 활동을 한다.
읽기	글을 소리 내어 유창하게 읽으며, 읽기의 즐거움을 경험하고 글을 즐겨 읽는 태도를 지닌다.	읽기의 기초적 전략을 활용하여 글을 읽고, 읽은 글에 대한 생각과 느낌을 타인과 공유하려는 태도를 지닌다.	지식과 경험, 글의 정보를 활용하여 내용을 추론하는 능력을 기르고, 글을 비판적으로 읽는데 필요한 핵심적 능력을 길러 읽기를 생활하는 태도를 지닌다.
쓰기	글자를 익혀 자신의 생각과 느낌을 간단한 글로 표현하고, 쓰기가 자신을 표현하는 유용한 방법임을 안다.	쓰기의 규범과 관습을 익혀 두세 문단 정도의 글을 쓰고, 일상생활에서 즐겨 쓰는 습관을 기른다.	쓰기 과정에 따라 알맞은 핵심적 전략을 체계적으로 익혀 다양한 목적의 글을 쓰고, 이를 통해 쓰기의 가치를 인식하고 글쓰기를 생활화한다.
문법	우리 말글의 소중함을 알고 낱말과 문장을 올바르게 이해·표현하는 초보적 지식을 익히며 국어에 대한 관심과 호기심을 갖는다.	국어의 구조에 대한 기초적 이해를 바탕으로 어휘를 넓혀 나가며, 자연스러운 문장을 생산하고, 국어 현상을 즐겨 관찰하는 태도를 지닌다.	국어의 구조에 대한 핵심적 원리를 이해하고 자연스러운 낱말·문장·담화를 생산하며 국어 사랑의 태도를 지닌다.

문학	발상과 표현이 재미있는 작품을 다양하게 접하면서 문학이 주는 즐거움을 경험하고, 일상생활의 경험을 문학적으로 표현한다.	문학의 구성 요소가 잘 드러나는 작품을 대상으로 하여 그 구성 요소에 초점을 맞추어 문학 작품을 자신의 말로 해석하고, 해석한 내용을 다양한 방식으로 표현한다.	문학 작품에 대한 해석의 근거를 찾아 구체화하고, 작품의 일부나 전체를 재구성하는 활동을 통해 작품 수용과 표현의 수준을 높인다.

▲ 초등학교 국어과 영역 성취 수준

Sketch 02. 국어 교육 로드맵

국어에서 요구되는 어휘력, 독해력, 문장 완성력, 종합적 사고력 등은 단기간에 학습되지 않습니다. 오랜 시간에 걸쳐 끊임없이 반복 노력해야 합니다. 사실 우리말인 국어는 학습에 큰 어려움이 없습니다. 다양한 활동 중심으로 실제 문제 상황의 해결에 초점을 두어 부모나 아이들이 관심을 덜 갖거나 쉽게 생각하는 경향이 있습니다. 하지만 만만한 과목이 아닙니다. 아무리 사교육을 받아도 쉽게 실력 향상이 되지 않지요. 초등시기에도 단연 독서의 중요성이 강조되어야 하며, 글쓰기 능력 신장을 통해 언어 사용능력을 완성할 수 있도록 해야 합니다.

★ 01. 국어는 모든 교과의 기초

국어 교과는 '도구 교과'로의 성격을 지니므로, 다른 교과 학습을 위해 읽고 쓰는 문자언어 능력 습득이 필요합니다. 다양한 정보를 얻고 수학이나 과학, 사회를 학습하거나 문제를 해결하려면 먼저 글을 읽어야 합니다. 읽기는 학습의 확장을 위한 핵심이자 가장 중요한 영역입니다. 읽기를 통해 글의 내용을 이해하고 해석하며 종합적으로 판단하는 능력이 형성됩니다. 그리하여 학습자는 사고를 언어로 표현하고, 또 언어를 통해 사고를 확장하는 고도의 정신 능력을 신장시킵니다. 최근 교육과정에 도입된 스토리텔링 수학이나 서술형 평가 확대 등으로 국어 교육은 앞으로 그 중요성이 부각될 것입니다.

★ 02. 자기주도학습 시간 배정

구분		수업일	토요일
학기 중	1~2학년	60분 내외	60분 내외
	3~4학년	60분 내외	60분 내외
	5~6학년	40분 내외	40분 내외
방학 중	1~2학년	90분 내외	
	3~4학년	90분 내외	
	5~6학년	60분 내외	

▲ 자기주도학습은 다양한 문학 작품 읽기가 주를 이루어야 합니다.

★ **03. 학년군별 국어 학습법**

● **1~2학년군**

이 시기에는 책 읽는 즐거움을 느끼도록 도와줍시다. 글을 소리 내어 읽고 독서나 일기 등 다양한 활동에서 부모가 함께 하는 기회를 만드는 것이 좋습니다. 아이들이 복합적 언어활동에 익숙해지려면 일상생활에서 자연스럽게 완성 문장을 쓰고 말하는 연습이 필요합니다. 일상의 경험을 주제로 한 말하기와 쓰기 등이 도움 됩니다. 이를테면 주말에 가족 나들이를 할 경우 어디 가서 뭘 하는지, 왜 하고 싶은지, 아이들 스스로 대화로 자기 의견을 표현하는 기회를 자주 갖는 것이 좋습니다.

● **3~4학년군**

이 시기까진 다양한 문학 작품 읽기에 매일 1시간 이상을 투자하세요. 더 나아가 퀴즈 만들기, 편지 쓰기, 주요 장면 그리기 등 다양한 표현 전략을 통해 아이들의 독서 능력을 키워야 합니다. 가정에서 월 1회 독서퀴즈대회를 열어 이야기의 인물, 내용, 주제를 파악할 기회를 갖는 것도 좋은 방법입니다. 더불어 아이의 능력과 수준에 맞는 문제집을 골라 교과 학습에서 배운 내용을 다시 확인하고 점검하는 기회를 주세요.

● **5~6학년군**

이 시기에는 다양한 글의 종류에 따라 특성을 이해하고 글을 읽어야 합니다. 설득, 정보 전달, 친교나 정서 표현, 전기문, 논설문 등의 특성을 파악하고, 이를 문학 영역으로 확장시켜 읽게 해야 합니다. 글쓰기 과정의 학습 이후 창의적 글쓰기, 논리적 글쓰기 능력 형성도 잊지 마세요.

Sketch 03. 읽기 • 쓰기 • 문학 능력 키우기

★ 01. 읽기 능력 키우기

저학년 때는 소리 내어 읽기, 정확하게 읽기 지도에 중점을 둡니다. 이에 대한 충분한 연습을 바탕으로 고학년에는 묵독으로 넘어가도록 지도합니다. 아이들의 읽기 속도와 독해 능력을 살피는 것도 잊지 마세요. 1분당 1학년은 150글자, 2학년은 200글자, 3학년은 250글자, 4~6학년은 250~300글자 정도를 읽으면 무리가 없습니다. 너무 빨리 읽으려는 아이들은 대충 읽기가 되어 독해에 방해되므로 읽기 속도를 가끔 봐주세요. 또 읽기에만 머무르지 않고 읽은 후 주제나 등장인물, 주요 사건에 관해 이야기를 주고받는 것이 좋습니다. 다만 너무 자주 확인하면 감시가 되어 아이가 읽기에 부담을 느낍니다. 읽기는 단기간 완성되는 것이 아니라 장기적인 관점에서 접근해야 합니다.

★ 02. 쓰기 능력 키우기

　1~2학년 시기에도 여전히 글씨를 틀리게 쓰는 아이가 많습니다. 글자의 받침을 거꾸로 쓰거나 소리 나는 대로 씁니다. 왜 그럴까요? 쓸 때 단어의 '소리'를 이용하여 글자의 기본 형태를 생각하기 때문입니다. 3~4학년 시기에는 글씨를 바르게 쓰면서 자신들의 생각을 글로 표현하는 능력이 점점 발달합니다. 따라서 지나치게 맞춤법을 집중 지도할 필요는 없습니다. 아이는 오히려 과도한 맞춤법 지도를 의식한 나머지 자신의 생각과 느낌을 자유롭게 쓰지 못합니다.

　문학 작품을 통한 쓰기 전략은 아동의 어휘력과 이해력 키우기에 효과적입니다. 특히 쓰기 능력 향상은 이야기의 문법 구조 습득으로 그 효과가 나타납니다. 글쓰기에서 어휘 구사력, 논리적 사고를 전개하는 구성 능력, 단락 구성 능력, 어법에 맞는 문장 구성 능력을 키워야 합니다.

★ 03. 문학 능력 키우기

　문학 능력을 키우려면 작품에 중심을 두고 문학을 접할 기회를 많이 가져야 합니다. 독서 경험의 양과 질이 아이의 문학 능력에 결정적인 영향을 미치니까요. 아이들의 성장과 발달에 따라 다양한 문학 작품을 만나게 하세요.

구분	1학년	2학년	3학년	4학년	5학년	6학년
책 읽어주기	○	○	○	○		
자발적인 책 읽기	○	○	○	○	○	○
안내된 책 읽기		○	○	○	○	○
책 이야기하기			○	○	○	○
책 토론하기					○	○

▲ 학년 발달에 따른 독서 활동의 예

　책 이야기하기는 읽은 책의 내용을 말, 글 또는 매체를 활용하여 설명하는 것입니다. 책 토론하기란 책의 주제, 인물, 사건에 관해서 서로의 가치관과 생각을 근거로 하여 논리적으로 이야기하고 토론하는 것을 말합니다. 가정에서 월 1회 정도 작은 독서 토론회나 북 콘서트 행사를 열어보세요. 아이들의 관심을 높이고, 발표력과 사고력을 키우는 좋은 기회가 됩니다. 이 외에도 문학에서 느끼는 책 읽는 즐거움과 인물, 사건, 직업, 삶 등의 다양한 간접 경험은 무엇보다 중요합니다. 이는 바람직한 가치관을 만들고, 삶의 지혜와 직업 탐색의 기초를 만들기 때문입니다.

Sketch 04. 국어 사용능력을 키우는 4가지 조언

★ 01. 풍부한 언어 환경

초등학교 고학년에는 읽기 능력이 거의 완성되어 습관이 되어야 합니다. 가능한 한 다양한 문학 작품과 책 읽는 분위기로 아이의 언어를 풍성하게 꾸며주세요. 이를 위해 중요한 것은 부모의 심리적 지원입니다. 특히 부모와 아이의 상호 작용이 만드는 독서 활동은 언어 발달에 중요한 영향을 미칩니다. 또 이렇게 만들어진 풍부한 언어는 아이의 어휘력, 읽기 능력, 쓰기 능력에서 높은 성취를 보입니다.

★ 02. 발달에 따른 쓰기 능력

언어 발달 측면을 보면 쓰기 발달이 가장 늦습니다. 따라서 초등 시기에 글 쓰는 능력을 정착시켜야 합니다. 이 시기에 발달시킬 쓰기 능력을 알고 적절한 교육으로 도와주세요. 특히 고학년 시기에도 저학년수준의 쓰기 능력을 가진 아이들이 많은 것이 현실인데, 이미 그렇게 굳어진 아이들의 쓰기 능력은 쉽게 바뀌지 않습니다. 실제 교육 현장에서도 한 번 형성된 쓰기 능력은 좀처럼 고치기가 어렵습니다. 이는 다양한 글쓰기 전략을 모르고, 활용하지 못하기 때문입니다.

★ 03. 고른 언어 사용능력 키우기

성인이 쓰는 언어 사용능력의 상당 부분은 초등 시기에 완성됩니다. 우리가 갖출 언어 사용능력의 향상 없이는 바르고 높은 수준의 언어 사용에 제약이 있습니다. 우리가 읽은 책의 의미를 알려면 국어 지식이나 어휘력, 이해력 등이 필요하듯, 언어 능력을 골고루 키우려면 많이 읽고 생각하며 써 보는 기회가 필요합니다. 따라서 국어의 한 영역 발달에 집중하기보다 고른 언어 사용능력을 키우려는 노력이 있어야겠습니다.

★ 04. '독서 습관화'가 키우는 읽기 능력

읽기는 초등 시기 전반에 걸쳐 여전히 중요합니다. 아이가 5~6학년이 되어 학습량과 교육과정이 늘어나면서 읽기에 투자하는 시간은 줄어듭니다. 따라서 3~4학년까지 높은 수준의 읽기 능력을 갖춰주는 독서의 습관화에 노력해야 합니다. 고학년 시기에 접어들수록 읽기에 대한 관심과 흥미에 따라 다소 편중된 독서 습관을 가질 수 있기 때문에 문학 영역에 다양한 교과학습과 관련된 읽기는 꼭 필요합니다. 무한한 읽기 능력을 키우는 초등 시기를 현명하게 이용해 아이의 독서 능력을 키우고 습관화 하는 지혜를 발휘하세요.

Sketch 05. 자발적 읽기의 습관화

아동기에 책 읽기가 매우 중요한 이유는 무엇일까요? 이 시기에 접하게 되는 작품이 주는 즐거움과 재미가 평생 동안의 독서 취향과 태도를 결정하고, 언어를 통한 다른 교과 학습 및 이해에 중요한 영향을 미치기 때문입니다.

읽기 습관화에서 가장 중요한 것은 자발적 읽기입니다. 아무리 가정이나 학교에서 좋은 책과 읽을 시간, 환경을 제공해도 자발적인 읽기를 꾸준히 실천하지 않는 아이들은 습관으로 발전시키지 못합니다. 그저 부모나 교사의 강요에 눈치를 살피며 타율적 읽기를 하게 되는 거죠. 자발적 읽기 습관은 다른 교과 영역으로 아이의 지적 기반을 확대, 심화시켜 학습 능력을 키우고 언어 감수성을 높여 아이의 경험을 넓혀 줍니다. 또한 풍부한 상상력을 만들고 비판적, 창의적 사고 및 도덕성도 발달시킵니다. 작품 속 인물의 문제 해결을 보며 자신이 겪게 될 문제에 대처하는 능력도 키울 수 있습니다. 가정에서 매일 30분 이상 꾸준히 책 읽는 경험과 습관화로 자발적 읽기 능력을 키우세요. 읽기를 싫어하는 아이라면 10분이라도 이런 기회를 만들고, 2주 또는 3주에 5분씩 읽기 시간과 양을 늘려 나가는 지혜를 발휘하면 어떨까요?

Sketch 06. 글쓰기 능력 신장을 위한 3가지 조언

쓰기 능력이란 문자언어를 통해 의사를 표현하고 의미를 발견하며 창조하는 과정입니다. 개인 특성, 경험, 가정환경, 교사, 학교 교육 등이 쓰기 능력 발달에 영향을 미칩니다. 무엇보다 풍부한 언어 환경과 다양한 글 읽기 경험은 쓰기 능력 발달에 필요합니다. 또한 문학에 관심을 갖고, 다양한 경험을 글쓰기 소재로 이용하게 하세요. 글쓰기에 흥미와 동기를 느끼고, 성공 경험과 정의적 요소에 관심을 두어야 합니다. 쓰기 능력이 부족할 때는 교과서를 통한 반복 쓰기 연습을 하는 것도 좋은 대안이 될 수 있습니다. 이렇게 길러진 쓰기 경험으로 아이는 어떤 과제가 주어져도 능숙하게 대처할 것입니다.

★ **01. 학년군별 글쓰기 지도법**

1~2학년 시기에는 정보 전달, 친교, 설득, 정서 표현 등 다양한 글의 형식을 접하도록 읽기에 집중해야 합니다. 이를 통해 자신의 생각과 느낌을 표현하는 기회를 갖는 것이 중요합니다. 받아쓰기, 맞춤법과 띄어쓰기는 지나치게 지도할 필요가 없습니다. 3~4학년 시기에는 여러 가지 독후 표현을 활

용하여 다양한 방법으로 생각을 자유롭게 표현하도록 합니다. 구체적인 쓰기 과정(계획하기-내용 생성하기-내용 조직하기-표현하기-수정하기)에 대한 지도를 해야 합니다. 일반적으로 추상적이고 논리적인 사고의 출발점인 5학년 때 쓰기 능력이 폭발적으로 늘어납니다. 5~6학년 시기에는 창의적·논리적 글쓰기 연습에 집중하세요. 문장이 어떻게 구성되고 구체적 문제 해결력을 키우는 데 초점을 두어야 합니다.

★ 02. 일기로 다지는 글쓰기

쓰기 능력 키우기에 가장 효과적인 방법은 일기 쓰기입니다. 대체로 아이들은 일기 쓰는 데 어려움을 호소합니다. 실제로 고학년 학생의 일기에도 글의 형식을 갖추지 못한 경우가 많습니다. 부모로부터 일기의 필요성이나 일기 쓰는 법을 듣지 못했다든지, 함께 일기를 써 본 경험이 없거나 부족하기 때문이지요. 일기를 왜 쓰고, 어떻게 쓰는지도 모르는 아이가 글을 잘 쓴다면 오히려 이상한 일일 겁니다. 글쓰기 과정은 결과보다 과정이 더욱 중요하기 때문에 1~2학년 시기에 제대로 된 지도가 필요합니다.

일기는 생각과 마음을 키우고 풍부한 감성을 지닌 사람으로 성장하게 합니다. 올바른 지도가 뒤따른다면 글쓰기 능력 향상의 좋은 방법 중의 하나가 됩니다. 행사 참여, 똑같은 일상 반복, 매일 써야 하는 부담이 있으니까 일주일에 3~4회 정도만 쓰게 하세요. 단, 저학년이라면 일기 습관화를 위해 매일 쓰는 것도 바람직합니다. 쓰고 싶은 일을 겪은 뒤 바로 쓰거나 저녁 식사 전후로 시간을 정해 쓰는 것이 좋습니다.

초등학교 입학 전에는 그림일기도 좋습니다. 하지만 입학 후에는 글로만 표현하는 것이 좋습니다. 그림일기는 쓰기보다 그림 그리기가 중요한 과제로 변해버리기 쉽습니다.

일기 쓰기 지도에는 무조건 쓰기보다 아이에게 친절한 방향 제시가 필요합니다. 먼저 좋은 일기 소재 고르기가 잘 쓰는 첫걸음입니다. 글감은 시간, 장소, 사람, 일(한 일, 본 일, 들은 일, 생각한 일), 느낌에 따라 다양하게 생각할 수 있습니다. 특별한 일이나 경험이 없다면 시간 범위로 나누어 생각하면 쉽습니다. 또 부모와 아이가 글감으로 정리하며 이야기하는 것도 좋습니다. 길게 쓰라고 강요하지 않고 자세히 쓰는 연습의 기회를 갖는 것이 좋습니다. 또래 어린이가 쓴 글모음 책을 함께 보거나 부모가 먼저 글쓰기를 실천하는 것도 좋은 방법입니다. 다 쓴 일기장을 따로 보관하고 소중하게 여기는 것도 일기에 대한 아이의 생각을 바꾸어줄 수 있습니다. 덧붙여 일기는 주제를 정하거나 독후감을 활용해 쓰면 논술 능력을 키울 때도 도움을 줍니다.

★ 03. 글쓰기의 완성. 논술

논술은 논리적 과정을 통해 어떤 문제에 대한 자신의 의견을 전개해 상대방을 설득하는 글쓰기입니다. 일상생활에서 발견한 문제를 구체화하고 해결할 견해를 적합한 근거로 내세워 상대방에게 설득력 있게 전달하는 것이죠. 이러한 논술은 반드시 다음과 같은 논점, 주장, 근거의 세 가지 요소를 갖추어야 합니다. 다음 글을 통해 논술의 요소를 구체적으로 살펴보겠습니다.

❶ ── 숲을 보호하자.

우리는 숲을 소중히 여기고 보호해야 한다. 거의 매년 홍수가 나서 사람들이 다치고 집들이 파괴된다. 그런데 이런 일들은 자연재해라기보다 사람들이 숲을 훼손했기 때문에 생긴다. 우리가 숲을 보호해야 하는 까닭은 다음과 같다.

첫째, 숲은 홍수나 가뭄과 같은 자연재해를 예방하는 역할을 하기 때문이다. 비가 많이 와도 나무뿌리가 물을 흡수하여 많은 물이 한 번에 흘러 내려가지 않는다. 또 숲은 비가 오랫동안 오지 않아도 계곡의 물이 마르지 않게 한다. 숲은 홍수나 가뭄의 재해를 미리 막아 주기 때문에 사람들이 안전하게 살 수 있게 한다.

둘째, 숲은 우리에게 맑은 공기와 휴식처를 제공해 주기 때문이다. 산에 나무가 많으면 경치가 좋고 오염된 공기를 정화시켜 준다. 그리고 많은 야생 동물들이 살아간다. 그래서 숲은 우리의 몸과 마음을 편안히 쉴 수 있게 하고 건강하게 해 준다.

셋째, 숲은 풍부한 산림 자원을 품고 있기 때문이다. 숲에는 약초, 버섯은 물론 목재 등의 자원이 많다. 이것들은 우리 생활에서 여러 가지로 매우 유익하게 쓰인다.

지금까지 우리가 숲을 보호해야 하는 까닭을 알아보았다. 숲은 우리에게 많은 혜택을 준다. 아름다운 금수강산을 후손에게 물려주기 위해서 숲을 가꾸고 보호해야 한다.

'논점'은 논술에서 다루는 주제 혹은 대상입니다. 위의 경우 논점은 숲이라고 할 수 있겠습니다. ❶로 표시된 '숲을 보호하자'는 이 논술의 '주장'으로서, 말하자면 이 논술의 결론 부분에 해당합니다. 이러한 주관적인 주장은 반드시 논리적·객관적 일관성을 가지고 타당한 근거로 뒷받침되어야 합니다. 위의 예에서 ❷로 표시된 세 가지가 바로 이 주장의 '근거'라고 할 수 있습니다.

초등학교 과정은 입시와 같은 본격적인 논술이 아니라 논술의 기초 소양을 갖추는 데 초점을 두고 있습니다. 아이들이 부딪히게 되는 다양한 문제에 여러 관점으로 관심을 가지고, 이를 해결하기 위해 필요한 관련 지식을 접할 수 있는 기회를 만들어주어야 합니다. 이와 관련하여 독서 활동보다 더 좋은 방법은 없습니다. 초등학교 저학년 시기에는 독서 활동에 초점을 두고 어린이 신문을 접할 수 있는 기회를 제공해보세요. 3~4학년 이후에는 독서를 통해 주제 등에 대해 토론하기, 요약해보기, 관련 주제 더 읽기, 독후 표현 등의 기회를 자주 갖는 것이 좋습니다. 또 어른들이 보는 신문의 안내된 읽기나 자발적 읽기를 통해 관심 내용과 영역을 넓히는 것도 효과적입니다. 이러한 기회는 비판적 읽기 능력을 신장시키고 창의적 글쓰기와 밀접한 관련을 갖습니다. 마지막으로 주제를 만들고, 논리적으로 글을 구축하고, 정확하고 설득력 있게 글로 표현하는 기회를 접하게 하고, 논술의 다양한 모범글과 자신의 글을 비교할 수 있는 기회도 대단히 중요합니다.

수학적 사고력과 문제 해결 능력 기르기

다른 사람이 나와 마찬가지로 심각하게 그리고 지속적으로 수학 진리를 사고하였다면, 그들도 나와 같은 발명을 하였을 것이다.

칼 프리드리히 가우스 Carl Friedrich Gauss

효정이는 작년에 방문 학습지를 꾸준히 하다가 그만두었습니다. 학습지로 공부할 때도 숙제가 밀리고, 엄마가 돕고 싶어도 4학년 수학 문제라 한계에 부딪히는 것 같았습니다. 결국 학습지 선생님으로는 부족해 공부방에 보내고 있습니다. 처음 아이가 공부방에 가면 알아서 공부하는 것 같아 한동안 편했는데, 그것도 잠시, 석 달이 지나자 공부방에 가기 싫다고 조릅니다. 수학은 점점 어려워지는데다 지금 시기는 중요하다고 하니 이 일을 어떻게 해야 할지 고민입니다.

초등학교 5학년인 준형이는 그동안 연산 학습지를 하다가 실증을 느껴 학원에 다니고 있습니다. 학원 선생님이 수학 학습을 잘 따라 하고 능력이 좋다며 칭찬하니 시험을 볼 때마다 실력이 늘어 아이와 부모 모두 만족합니다. 하지만 진도가 너무 빠르다는 걱정이 있습니다. 이제 한 학기가 끝나는 데 벌써 6학년 2학기 수학을 공부합니다. 한 학기 동안 3학기 과정의 진도를 나간 셈이지요. 준형이 부모는 너무 앞서가는 것이 걱정이지만 주변의 이야기는 또 다릅니다. 다들 그렇게 하고 있으며, 심지어 중학교 과정을 미리 학습하는 경우까지 있다는 겁니다. 학원에서는 평일엔 정규수업 외에 보충 수업을 하고 주말엔 각종 경시대회 준비로 3시간이 넘도록 공부합니다. 당연히 준형이는 이런 수업 방법이 싫다고 합니다. 결국 준형이 엄마는 아이를 위한 길이 무엇인지 최근 고민에 빠져 있습니다.

THINK TOGETHER

수학은 언어와 다른 사고력과 문제 해결력을 요구합니다. 그런데도 여전히 선행학습, 학습지 위주의 공부 등으로 학년이 올라갈수록 많은 아이들이 수학에 자신감과 흥미를 잃어갑니다. 수학적 사고력과 문제 해결 능력을 기르기 위한 부모의 노력과 지혜가 필요합니다.

Sketch 01. 수학 교육과정 이해하기

★ 01. 수학 교과 목표와 개편 방향

수학 과목은 개념, 원리, 법칙을 이해하고 기능을 습득하여 주변의 여러 가지 현상을 수학적으로 관찰하고 해석하는 능력을 기르며, 수학적 문제 상황을 수리·논리적 사고를 통하여 합리적으로 해결하는 능력과 태도를 기르는 교과입니다. 미래 사회의 구성원으로 살아가기 위해 필요한 창의적 사고 능력, 문제 해결 능력, 정보 처리 능력, 의사소통 능력은 수학적 추론, 수학적 문제 해결 능력, 수학적 의사소통을 통해 기를 수 있습니다.

수학 교과의 목표는 크게 세 가지로 나눌 수 있습니다.

1. 수학적 개념과 원리 법칙 이해
2. 수학적 사고와 의사소통 능력 기르기
3. 일상생활, 자연, 사회의 수학적 현상을 합리적, 창의적으로 해결하기

초등학교 수학은 이런 목표 달성을 위해 수와 연산, 도형, 측정, 규칙성, 확률과 통계의 5가지 영역을 제시합니다. 수학적 사고력을 다루는 '규칙성과 문제 해결' 영역은 개정 교육과정에서 삭제되었습니다.

현재 개정 교육과정의 교과서 개편 방향은 수학 교과 내용이 20% 줄고, 수학적 과정을 통한 수학적 창의성을 강조합니다. 학생의 깊이 있는 사고와 토의 등을 통해 수학적 개념, 원리, 법칙을 학습하도록 수학적 과정을 중시하는 거지요. 수학적 개념이나 원리를 활용하여 다양한 현상의 문제를 해결하고 의사소통할 때 활성화되어야 하는 능력, 즉 수학적 문제 해

결력, 추론 능력, 의사소통 능력 함양을 통해 수학적 창의성을 신장시킬 수 있습니다. 마지막으로 학생들의 수준별 학습을 위한 학년군제를 반영하여 초등학교 1학년과 2학년에서 학습할 수와 연산 영역을 1학년에서 집중적으로 학습할 수도 있습니다.

개정 교육과정은 일부 영역 내용이 삭제되거나 고학년군으로 또는 중학교로 이동했습니다. 학습 내용도 축소되고 수학적 창의성과 인성적 내용이 반영되었으며 스토리텔링 기법이 적용된 수학으로 융합적 접근을 하고 있습니다.

이상에서 살펴본 수학 교과의 내용은 이전보다 쉬워져, 걱정 없이 아이들에게 자신감을 심어주어도 좋을 것입니다.

★ 02. 수학과 개정 교육과정

영역	1~2학년군	3~4학년군	5~6학년군
수와 연산	네 자리 이하의 수 두 자리 수의 덧셈과 뺄셈 곱셈	다섯 자리 이상의 수 세 자리 수의 덧셈과 뺄셈 곱셈 / 나눗셈 자연수의 혼합 계산 **분수 / 소수** 분수와 소수의 덧셈과 뺄셈	약수와 배수 **분수의 덧셈과 뺄셈** **분수와 곱셈과 나눗셈** **소수의 곱셈과 나눗셈** 분수와 소수

도형	입체도형의 모양 평면도형의 모양 평면도형과 그 구성 요소	도형의 기초 **평면도형의 이동** 원의 구성 요소 여러 가지 삼각형 여러 가지 사각형 다각형	합동과 대칭 직육면체와 정육면체 **각기둥과 각뿔** **원기둥과 원뿔** 입체도형의 공간 감각
측정	양의 비교 시각 읽기 시각과 시간 길이	시간/길이 **들이**/무게 각도 어림하기 (반올림, 올림, 버림) 수의 범위 (이상, 이하, 초과, 미만)	평면도형의 둘레와 넓이 무게와 넓이의 여러 가지 단위 **원주율과 원의 넓이** **겉넓이와 부피**
규칙성	규칙 찾기	규칙 찾기 규칙과 대응	**비와 비율** 비례식과 비례배분 **정비례와 반비례**
확률과 통계	분류하기 표 만들기 그래프 그리기	자료의 정리 막대 그래프와 꺾은선 그래프	가능성과 평균 자료의 표현 비율 그래프 (띠 그래프, 원 그래프)

✽ 진하게 표시된 부분은 아이들이 어렵게 여기거나 실수를 많이 하는 부분입니다.

　　수학 학습을 잘하려면 먼저 무엇을 공부하는지 알아야 합니다. 대개 3~4학년에서 분수와 소수의 개념 도입과 수학 학습량이 늘어남에 따라 실력 차이가 나타나기 시작해서 5학년이 되면 수학적 사고력과 문제해결력 차이는 더욱 또렷해집니다. 이렇게 초등 과정을 통해 자리 잡은 수학 실력은 좀처럼 높이기 어려워집니다. 다른 과목은 학년에 따른 교육 내용 관련성이나 연계성을 추구하지만, 수학은 더욱 두드러진 특수성이 있기 때문입니다.

앞으로는 단순한 연산 연습, 공식 암기나 학원 및 과외수업 등을 통해 수학 실력 향상을 기대하기 어렵습니다. 자신의 풍부한 직간접 경험을 바탕으로 다양한 요소와 영역을 융합적으로 판단하고, 스스로 사고하며 문제해결력을 키운 아이만이 높은 성취를 기대할 수 있습니다.

Sketch 02. 수학에 실패하는 원인

1~2학년의 경우 대부분 수학 학습에 잘 대처하고 별 문제 없이 공부합니다. 누리 과정과 내용이 다소 유사하고 주로 수 세기와 관련된 내용이라 쉽게 학습하기 때문입니다. 하지만 3~4학년을 거치면서 학습량이 늘고 형식적이고 추상적인 사고를 하게 되면서 실력 차이가 생깁니다. 학년이 올라가는 우리 아이가 수학 학습에 어려움을 느끼거나 실패하는 원인은 무엇일까요?

첫째, 부모의 무관심, 자극이나 환경의 부족

"학교 가면 알아서 열심히 하겠지."

"학원에 가서 공부하면 되지 않을까?"

이런 생각과 판단, 그리고 수학 부진의 책임을 아이에게 돌리는 부모의 무관심이 수학 학습의 걸림돌입니다. 게다가 이런 생각은 아이들에게 그대로 전달되어 수학을 두렵게 느끼도록 만들기도 합니다.

둘째, 부모의 지나친 관여나 선행학습

아이에게 단순히 채점자와 감시자 역할을 하는 부모의 지나친 관여는 아이와 수학을 멀어지게 하는 길입니다. 선행학습을 한 학생의 경우, 학교 수업이 재미없어 집중하지 못하는 경향이 나타납니다. 선행학습은 남보다 앞서 나가겠다는 욕구로 '공정한 경쟁'의 룰을 위반하는 것으로 간주되어, 세계 대부분의 나라에서 선행학습은 용인되지 않는 것이 현실입니다. 그러나 우리의 경우 초·중·고 학생의 70% 이상이 선행학습을 받습니다. 이처럼 어렸을 때부터 하루 1~2시간씩 자기 수준보다 높은 수학 공부에 매달려야 하니 수학을 좋아할 수가 없고, 수업 시간이 지루하게 느껴질 수밖에요. 일반적으로 초등시기까지는 어느 정도 높은 성취를 보일지 모르지만 장기적으로는 중등과정에서 수학은 재미없고 어려운 것으로 인식하게 됩니다. 결국 자기주도적으로 학습하는 학생에 비해 높은 성취를 나타낼 수 없습니다. 이런 상황이 지속되고 반복되면 학교 공부 전체에 나쁜 영향을 미칠 수 있습니다. 따라서 초등 시기까지는 선행학습보다 배웠던 것을 다시 확인하는 복습에 더 무게를 두세요.

셋째, 스스로 학습하지 않기 때문입니다.

"이제 계산만 잘 하는 아이에게 지구 종말과도 같은 일이 벌어집니다."

얼마 전 어느 수학학습지 회사에서 아파트에 붙여놓은 전단지 내용입니다. 단순 연산문제가 아닌 교과통합형, 스토리텔링형 문제 중심의 교과서 개정을 강조하려는 것이겠지만, 결국 수학에 대한 불안감만 조성하는 내용입니다. 물론 학원이나 과외 학습이 아이들의 수학점수 향상에 도움이 되지만 결국 스스로 계획적으로 학습하지 않으면 수학적 사고력과 문제해결력의 향상을 이끌어내기 어렵습니다. 이는 고학년으로 올라갈수록 더욱 분명해집니다. 초등학교 5~6학년 학생들도 대부분 학원이나 과외를 통한 학습을 하고 있지만 좀처럼 실력이 자라지 않습니다. 결과적으로 학원이나 과외 학습을 하지 않는 것 자체가 중요한 게 아니라 아이가 자기주도적으로 학습을 하느냐가 더욱 중요합니다.

넷째, 단순 문제 풀이 중심의 공부

여러 문제집만 반복해 풀게 하고 부모가 채점해 틀린 문제를 지적하는 학습법은 아이에게 도움이 되지 않습니다. 수학은 단지 공식과 문제풀이 방법을 암기해야 할 지식이 아니라 규칙을 찾고 추론하며 문제해결력 신장을 통해 수학하는 힘을 기르는 것입니다.

Sketch 03. 수학 특성, 바로 알기

★ 01. 기초와 기본을 튼튼히

국어와 마찬가지로 기초 기능 발달을 자극하는 수학 역시 도구 교과의 성격을 지닙니다. 수학은 또한 다른 교과의 학습 능력에도 많은 영향을 미칩니다. 사회와 과학에 나오는 도표나 그래프의 이해, 탐구, 관찰, 측정, 결과 해석에 수학적 지식과 연산 능력이 활용되고 적용되니까요.

초등학교 수학 교과서는 수학과 수학 익힘책으로 구성됩니다. 수학은 생활 주변 현상과 친숙한 상황을 소재로 교육과정을 충실히 반영하여 개념, 원리, 법칙을 중심으로 교육 내용을 선정합니다. 특히 기본, 공통, 보편 학습 내용과 수학적 사고력과 창의성이 필요한 내용을 골라 구성하지요. 이렇듯 수학 교과는 기초 내용을 토대로 새 개념을 형성하는 계통성이 특징입니다. 이전 학년의 학습이 정확하게 되지 않았다면 다음 학년 학습에 방해가 되거나 어려움을 느끼게 됩니다. 예를 들어, 1학년 과정인 수 세기로 자연수를, 3학년 과정인 등분할로 분수를, 진분수를 통하여 소수를 배우는데, 자연수 개념을 알지 못하면 분수 개념 이해가 어렵고, 분수의 개념을 이해하지 못하면 소수 개념이 형성이 어려워지는 식이지요. 따라서 아이가 매 학년 수학의 기초를 다지고 기분 좋은 성취를 경험하도록 부모가 함께 해주는 노력이 필요합니다.

★ 02. 수학은 '정확'하게!

수학적 문제 해결에서 강조되어야 할 부분은 빠르기보다 정확성입니다. 학원이나 과외 등의 선행학습과 읽기 능력의 부족 등으로 인해 학년을 막론하고 문제를 대충 빨리 푸는 데 집중합니다. 문제 자체를 정확하게 읽지 않거나 무엇을 구하는지도 모르고 문제를 푸는 경우가 많습니다. 이를 해결하기 위해서는 무엇보다 읽기의 중요성을 강조하지 않을 수 없습니다. 처음에는 문제를 정확히 소리 내어 읽고, 무엇을 구하려고 하는지 알아본 후, 이를 해결하기 위한 방법을 탐구할 수 있는 기회를 제공해야 합니다. 수학에서의 정확성을 강조하기 위해 소수의 개념을 알고 있는 아이들에게 "0과 1 사이에 얼마나 많은 수가 있을까?"라고 묻습니다. 당연히 죽을 때까지도 다 셀 수 없는 수가 담겨 있습니다. 수학에서 계산 값의 차이가 아무리 작더라도 그 차이는 엄청나다고 할 수 있습니다. 이런 점을 강조하여 초등학교 저학년부터 정확히 읽고, 해결방안을 다양하게 사고하고 해결하는 습관을 갖도록 지도하는 것이 필요합니다. 이를 위해서는 아이 스스로 문제를 해결할 수 있도록 기다려주는 지혜를 발휘해야겠습니다.

Sketch 04. 수학을 잘하려면?

★ 01. 집중력과 열정

수학 학습에는 스스로 문제를 정확하게 살피는 집중력과 끝까지 문제를 풀려는 끈기와 열정이 필요합니다. 먼저 집중력을 키우려면 꾸준한 연습이 절실합니다. 20분 걸려서 해결할 문제도 꾸준히 연습한다면 10분, 나중에는 5분이면 풀 수 있습니다. 이때 단순 기억이나 연습이 아닌 집중을 통해 문제를 풀도록 합니다. 가정에서 수학을 할 때 시간을 정하기보다 학습 분량을 정해서 스스로 해결하게 하세요. 이러한 기회를 통해 스스로 성취의 즐거움을 얻는다면 수학에 관심과 열정으로 발전될 수 있습니다.

★ 02. 수학적 사고력

수학적 사고력이란 일상생활에서 어떤 문제를 논리적으로 해결하는 능력을 말합니다. 여러 문제를 다양한 수학 전략으로 해결하는 것이 핵심이라 하겠지요. 수학적 사고력에는 추상화, 일반화, 연역, 귀납, 통합적 생각 등이 포함되어 있습니다. 예를 들어 아이들에게 삼각형을 지도할 때 생활에서 삼각형인 사물을 찾아 공통점을 파악합니다. 찾아낸 변과 각이 세 개씩 있다는 성질을 찾아냄으로써 도형 사고 능력을 키울 수 있습니다.

★ **03. 의사소통 능력**

　수학적 문제 상황에서 탐구, 토의, 묘사, 설명 등을 통해 수학적 지식을 발전시키는 과정을 수학적 의사소통이라 합니다. 수학 공부에는 설명을 듣기보다 다양한 의사소통을 통해 수학적 지식, 개념, 원리 배우기가 중요합니다. 예를 들어 받아 올림이 있는 두 자리 수의 덧셈 방법을 알아보기 위해 각자 생각을 이야기합니다. 그다음 가장 좋은 방법을 찾고 특정 방법에 숨은 수학적 원리를 토의합니다. 이런 수학적 의사소통은 계산 방법을 정확하게 이해하고, 다른 상황에 적용하는 힘을 선사할 것입니다.

　수학적 의사소통 능력을 키우려면 어떻게 해야 할까요? 아이가 대화를 통해 자신의 사고를 말 또는 글로 설명하는 경험을 하는 것이 가장 좋습니다. 예컨대 아이에게 이렇게 묻는 겁니다. "무엇 때문에 그렇게 생각하니?" "다르게 해결할 수 있는 방법은 없을까?" "어떻게 하면 그걸 확인할 수 있지?"

★ 04. 수학적 창의력

수학적 창의성은 주어진 문제 상황을 해결하는 과정에서 나타나는 독창적이고 참신하며 유연한 사고 능력입니다. 알고 있는 지식, 개념, 원리, 방법 등을 새롭게 관련짓고 자신이 문제 해결법을 만들어 수학 문제를 푸는 능력이라고 할 수 있습니다. 문제만 많이 푼다고 발달시킬 수 없는, 수학에서 가장 차원 높은 능력이겠지요. 다음 문제를 보며 수학적 창의력이 무엇인지 다시 한 번 생각해볼까요? 마지막 칸에는 어떤 숫자가 올지 한 번 생각해보세요.

1
11
12
1121
122111
112213
?

언뜻 보기엔 별 의미 없는 숫자가 나열된 것처럼 보이지만 자세히 살펴보면 일정한 규칙이 있습니다. 이 문제는 기존의 규칙 찾기 사고로는 해결하기 어렵고 어떤 숫자가 몇 번 나왔는지를 생각하면 쉽게 풀 수 있습니다. 정답은 12221131입니다. 곰곰이 들여다보면 '아하' 하고 무릎을 칠 것입니다. 이처럼 문제 이해나 해결 상황에서 조금 다르게 생각하고 기존의 지식과 경험을 새로운 방식으로 분석하거나 통합하는 과정을 통해 새로운 수학적 결과를 이끌어내도록 해야 합니다.

Sketch 05. 수학 교육 로드맵

수학은 국어나 영어에 비해 유아기 교육이나 학습이 미치는 영향이 미미합니다. 유아교육에서 수학이 차지하는 비율이 낮고 생활 속에서 충분히 자극하고 조장할 수 있기 때문입니다. 뇌 과학 면에서 보면 7세~12세에는 언어 기능을 담당하는 측두엽과 수학·과학적 사고를 담당하는 두정엽이 빠르게 발달합니다. 현재의 교육과정 또한 이런 발달 단계에 맞춰 구성되어 있습니다. 당장 아이의 수학 능력 발달이 조금 늦더라도 앞으로 접하게 될 12년간 수학 교육의 내용과 시간, 방향을 더 고민해야 합니다. 수학을 어렵고 힘든 과목이라 여기고 담을 쌓고 포기하는 경우가 생기지 않도록 해야 합니다.

다른 교과도 마찬가지이지만 수학 학습에 있어서도 왕도가 없습니다. 굳이 언급한다면 스스로 흥미를 가지고 계획적으로 학습을 실천하는 방법밖에 없습니다. 수학 교과의 다양한 영역 활동을 가르칠 땐 실생활에서의 경험과 놀이를 바탕으로 해야 합니다. 특히 1~2학년 시기까지의 이러한 경험은 수학 학습에 있어 소중한 자산이 됩니다.

★ 01. 자기주도학습 시간 배정

구분		수업일	토요일
학기 중	1~2학년	20분 내외	60분 내외
	3~4학년	30분 내외	60분 내외
	5~6학년	50분 내외	60분 내외
방학 중	1~2학년		
	3~4학년	40분 내외	
	5~6학년	60분 내외	

* 수업일은 시간표에 수학이 있는 날을 말합니다. 고학년은 매일 스스로 학습하는 것도 좋습니다.

★ 02. 학년군별 수학 학습법

- **1~2학년군**

  구체물을 통하여 수학의 기초인 사칙 연산과 도형 내용을 학습합니다. 수의 개념과 수 체계를 깨우치는 것이 중요합니다. 문제 해결 능력을 키우기 위해 수학 그림책, 수학 동화책뿐만 아니라 다양한 영역을 읽게 하세요. 전화번호, 물건 값, 차 번호 등 실생활 중심의 수와 관련된 연산에 친해지고 다양한 수학적 교구나 놀이 도구를 통해 자연스럽게 수학과 친해지고 수학적 경험을 풍부하게 해주어야 합니다.

- **3~4학년군**

  이 시기는 연산의 기초 위에 사고력을 쌓아야 합니다. 수학적 개념과 원리를 이해해 수학 연산 능력을 정착시켜야 합니다. 특히 분수와 소수 개념 형성이 확실히 자리 잡도록 해야 합니다. 이 시기부터 수학을 어렵게 느끼고, 실제 수학 실력의 차이가 생기기 시작합니다. 개념과 원리를 이해하는 사고력을 소홀히 하면 수학 실력이 향상되지 않습니다. 학교 수업은 구체적 조작을 통해 개념이나 원리를 파악하도록 지도를 하고 있기 때문에 학교 수업시간에 최선을 다해야 합니다. 이 시기에는 기본 개념을 확실히 다지고 응용문제에 대한 적응력 키우기에 집중하세요.

● 5~6학년군

고학년이 되면 구체적 사고에서 추상적 사고로 전환이 이루어지고 학습 내용도 많아져 수학이 한층 어려워집니다. 이 시기에는 수학 학습에 보다 무게를 두어 실력 향상을 꾀해야 합니다. 초등학교 4학년 이전에 풍부한 언어 경험으로 추상적 사고력 향상을 도와야 합니다. 더불어 심화 학습 문제도 해결할 수 있게 돕는 것이 좋습니다. 고학년 수학은 내용이 깊고 많아져 문제 해결 과정에서 실수가 잦습니다. 이를 위해서는 오답 노트 정리 습관을 들이면 좋습니다.

▲ 오답 노트 정리

오답 노트는 아이 스스로 개념이나 원리를 다시 정리하고 올바른 풀이 과정을 익히는 데 그 목적이 있습니다. 오답 노트를 기록하고 유사 문제를 스스로 해결하면서 아이의 수학 실력과 자신감은 함께 성장할 것입니다.

Sketch 06. 영역별 학습 가이드

★ 01. 수와 연산 능력

- **1~2학년군**

실생활에서 수의 필요성을 알도록 배려하고 묶어 세기와 뛰어 세기 등을 하며 짝수와 홀수를 직관적으로 이해하도록 하면 좋습니다. 1학년 과정에서는 구체물이나 반구체물(상징의 단계에서 그 가교 역할을 해 주는 것)을 통해 '모으기와 가르기'로 수를 분해하고 합성하는 경험을 합니다. 사탕 2개와 3개의 더하기를 아이에게 가르친다고 가정할 때, 바로 사탕이 구체물이며 사탕 대신 바둑알을 활용한다면 이때 바둑알은 반구체물이 됩니다. 또한 '10-한 자리 수'인 뺄셈식을 통해 10에 대한 보수 개념을 형성해야 합니다. 다양한 덧셈과 뺄셈을 암산하는 기회를 주어서 연산 감각을 기르게 합니다. 암산은 10문제 정도로 시작하는 것이 바람직합니다. 지나치게 많은 문제는 수학을 지겹고 끔찍한 과목으로 만들기 십상이니까요.

2학년 과정은 덧셈식과 곱셈식의 필요성을 느낄 수 있도록 지도해야 합니다. 다음과 같은 예를 들 수 있겠습니다.

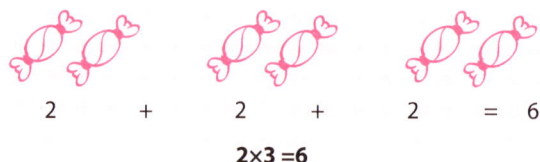

곱셈은 사탕 2개씩 3번 더하기(같은 수의 더하기)가 바로 2개의 3배(배의 개념)라는 식으로 지도합니다. 1단과 0단은 1×3은 1을 3번 더하고, 0×3은 0을 3번 더하는 것으로 지도합니다. 이런 순서에 따라 곱셈식은 2단, 3단, 4단, 5단, 6단, 7단, 8단, 9단, 1단, 0단의 순으로 지도하면 됩니다.

● **3~4학년군**

3학년 과정에서는 나눗셈과 분수 개념 및 다양한 연산 능력이 수학 실력을 가늠하는 기준이 됩니다.

운동장에 학생이 12명 있는데 몇 명씩 팀을 만들까?

위와 같은 문제의 '똑같이 나누기'를 통해 나누기 개념을 가르칠 수 있습니다.

그러면 분수 개념은 어떨까요? 대체로 아이들은 분수 개념을 어렵게 생각합니다. 왜 그럴까요? 분수는 이 시기에 처음 접하는 수이기 때문에 어림 능력이 부족할 수밖에 없습니다. 등분을 모르거나 전체에 대한 부분 오류를 나타내는 데 어려움도 겪지요. 자연수의 크기와 분수 크기를 비교하기도 어려워합니다.

분수 연산 능력을 키우려면 자세하고 접근하기 쉬운 생활 체험으로 지도합니다. 분수를 가르치기 전에 같은 양으로 나누는 경험을 많이 제공해 주는 것이 좋습니다.

Parents 색종이 한 장을 똑같이 나눠볼까? 이제 ½씩 나눠 갖자!

Parents 맛있는 빵을 ¼씩 나눠 먹자.

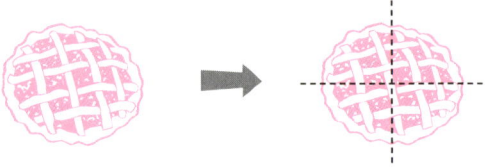

Parents 주스가 4잔 있네? 여기서 교은이한테 ¼줄게.

전체 4개 중에서 하나니까 4분의 1이 교은이 몫

Parents 모두 세 사람이니까 사과 6개는 ⅓씩 나눠 먹으면 되겠네?

3묶음 중에 하나가 교은이 몫

분수를 잘 이해하게 하려면 일상생활에서 아이가 분수의 의미를 여러 가지로 생각하고 상황에 맞게 사용하는 경험이 중요합니다. 피자를 먹을 때 $\frac{1}{8}$이라고 쓰고, '반'을 나타낼 때도 $\frac{1}{2}$이라고 쓰면 아이들이 한결 쉽게 분수를 이해합니다.

초등학교에서 분수의 개념은 다음 4가지의 경우로 사용됩니다.

❶ 똑같이 나누는 등분제 + ❷ 똑같이 묶어 덜어내는 포함제

= 전체에서 부분 나타내기

▶ 사과 한 개의 ½, 사탕 4개의 ½ 등 등분제 개념입니다. 이때 2분의 1 수량이 다름을 지도합니다. 사탕 6개를 3사람에게 나누어 줄 때 한 사람이 가질 수 있는 사탕의 개수를 알아보는 포함제의 개념도 있습니다.

❸ 나눗셈 몫의 개념 분수

▶ 사과 2개를 5명이 똑같이 나누는 것처럼 나눗셈 몫의 개념으로 쓰이는 분수가 있음을 알게 합니다.

❹ 어떤 것을 비교할 때 사용되는 비교 분수

▶ "아들의 몸무게 또는 아버지의 몸무게의 2분의 1은 얼마입니까?"처럼 어떤 것을 비교하는 데 쓰이는 분수를 활용하여 지도합니다.

● **5~6학년군**

5학년 과정에서는 분수를 소수로, 소수를 분수로 표현하는 활동을 통해 둘 사이의 관계를 정확하게 인식할 수 있습니다. 분수와 소수는 서로 다른 표현 방법임을 이해하고 이를 서로 다르게 표현해봄으로써 분수와 소수의 곱셈과 나눗셈의 연산 능력을 키울 수 있도록 해야 합니다. 분수와 소수의 개념 형성이 되어 있지 않으면 사칙연산에서 여러 어려움을 겪을 수 있습니다. 이전까지의 연산 능력과 분수와 소수에 대한 개념 형성이 제대로 되었다면 비교적 쉽게 연산 능력을 키워나갈 수 있습니다. 이 시기부터는 연산보다 도형과 측정에 대한 학습에 집중해야 합니다.

분수와 소수의 사칙연산은 단순히 문제 해결 방법만을 학습해서는 안 됩니다. 단순히 문제 풀이만 해서는 수학적 사고력과 문제 해결력을 키울 수 없으니까요. 분수나 소수의 개념에 대해 추론하는 능력과 어림 능력을 키워주는 것이 좋습니다. 예를 들어, 어제 아이가 피자 $\frac{1}{3}$을 먹고, 오늘 남은 피자의 $\frac{1}{2}$을 먹었다면 절반보다 많이 먹었는지, 적게 먹었는지 추론해보고 얼마를 먹었는지 어림해보게 합니다. 여러 가지 경우를 제시하여 분수와 소수에 대한 감각을 키우고, 직접 탐구해보는 경험을 많이 하는 것이 분수와 소수 연산에 매우 효과적입니다.

★ 02. 도형 능력

- **1~2학년군**

입체도형과 평면도형의 모양을 직접 파악하도록 가르칩니

다. 개정 교육과정에서는 네모, 세모, 공 모양이 아닌 삼각형, 사각형, 원 등의 용어를 사용합니다. 이러한 용어를 활용하여 입체도형과 평면도형을 만들고 꾸미는 것도 좋은 방법입니다. 아이들에게 친숙한 스티커나 잡지 등에서 여러 모양 오려 붙이기와 같은 활동도 좋습니다.

● 3~4학년군

이 시기에는 원과 여러 가지 삼각형, 사각형을 직접 그려 보는 활동이 꼭 필요합니다. 직관적으로 도형을 이해하는 것보다 직접 그려보는 활동을 통해 도형의 형태를 인식하고 특성을 이해할 수 있습니다. 다양한 의사소통을 통해 여러 도형의 성질과 특징을 찾아보고 언어로 표현하는 기회를 갖는 것이 좋습니다. 뒤집거나 돌리기는 구체물이나 그림, 모눈종이에 그려진 평면도형을 조작하는 경험이 꼭 필요합니다. 점판이나 칠교놀이, 펜토미노 등 여러 수학 퍼즐이나 교구를 활용하면 교육적 효과가 좋습니다. 놀이나 게임 등의 방법을 활용해 평면도형에 대한 기초를 다지는 것도 매우 효과적입니다.

● 5~6학년군

이전 시기까지의 공간 감각 능력이 고학년의 도형 능력을 좌우합니다. 5학년 과정의 직육면체와 정육면체의 전개도 및 겨냥도, 6학년 과정의 각기둥과 원기둥의 전개도를 직접 그려 보는 것이 중요합니다. 도형 이해와 구성 요소 및 전개도 학습이 잘 되었다면 해당 영역 학습은 쉬워집니다. 고학년 시기에는 전개도와 겨냥도의 학습으로 도형의 구조를 파악해야 합니다. 전개도란 입체도형을 펼쳐서 평면에 나타낸 그림으로, 접히는 부분은 점선으로, 자르는 부분은 실선으로 나타냅니다. 같은 입체도형이라도 전개도 모양은 달라질 수 있습니다. 겨냥도란 입체도형 모양을 잘 알 수 있게 실선과 점선으로 나타낸 그림으로 서로 평행인 모서리는 평행이 되게 그리고, 보이는 모서리는 실선으로, 보이지 않는 모서리는 점선으로 그립니다.

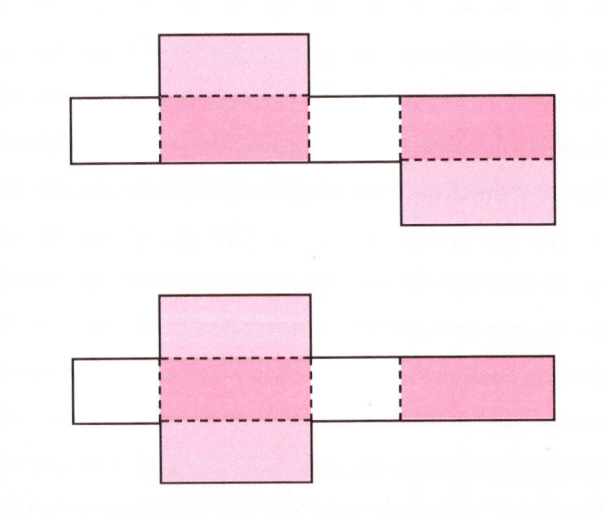

▲ 직육면체의 전개도 예

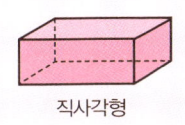 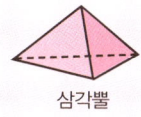  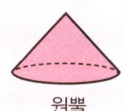

직사각형　　삼각뿔　　원기둥　　원뿔

▲ 입체도형의 겨냥도

★ 03. 측정 능력

● 1~2학년군

스스로 측정하고 확인하지 않는다면 측정 능력 향상에 도움 되지 않습니다. 특히 부모가 자의 사용법을 알려 주거나 강요하는 단위 암기는 측정 능력 향상을 방해합니다. 측정 능력을 키우려면 길이, 높이, 속도 등 아이들 스스로 재볼 수 있는 기회가 필요하지요. 멀리뛰기, 신발 던지기, 열 걸음 걷기 등을 통한 기록 측정과 비교 등 생활 속 경험도 좋습니다.

길이, 무게, 넓이, 부피, 들이의 경우도 어떤 색연필이 더 긴지, 어떤 컵의 주스가 더 많은지 등을 직접 비교하게 하세요. 또 아이의 키를 잴 때 리모컨이나 연필 등을 활용한다든지, 주스의 양을 작은 투명 컵으로 간접 비교하는 경험도 좋습니다. 시각은 아이의 경험을 소재로 몇 시, 몇 시 몇 분 등으로 읽게 합니다. 시간을 지도할 때는 1분, 1시간, 1일, 1주일, 1개월 등의 관계를 이해하는 데 중점을 둡니다.

- 3~4학년군

 이 시기에는 실생활에서 다양한 단위의 필요성과 편리함을 스스로 학습해야 합니다. 예를 들어, 새 연필과 사용한 연필을 가지고 얼마만큼 사용했는지 비교하게 하세요. 또 임의 단위 사용의 불편함을 알려 줘야 합니다.

 'ㅇㅇ는 ㅇㅇ보다 키가 얼마만큼 클까?'
 '필통은 연필보다 얼마만큼 무거울까?'

 이러한 물음을 통해 단위(㎝, g 등)의 필요성을 느끼게 합시다. 실제 측정 활동으로 길이와 들이, 무게 단위와 단위 사이의 관계를 이해하게 하세요. 우유나 주스 등을 통해 l나 ml를, 과일이나 고기, 과일 상자 등을 통해 g, kg을 어림하고 측정하게 합니다. 마지막으로 표준 단위의 필요성과 어림 측정으로 측정 능력을 키우도록 하세요.

- 5~6학년군

 평행사변형, 삼각형, 사다리꼴, 마름모 넓이를 이해하고 일상에서 실제 측정해보는 것이 필요합니다. 도형 둘레와 넓이를 구하는 원리를 알고 직육면체와 원기둥 겉넓이 그리고 부피 구하기도 이해해야 합니다. 구체물과 반구체물로 여러 가지 도형을 활용해 도형 개념을 길러야 합니다. 이때 추상적 사고 과정은 필수입니다.

도형 비중이 높아지는 5학년부터는 넓이와 부피 단위 환산이 접목되어 평면도형뿐만 아니라 단위 환산에 어려움을 느낍니다. 단위 환산 원리를 익히면 환산이 쉬워지고 평면도형 넓이와 부피까지 쉽고 재미있게 학습할 수 있습니다.

단위 환산은 단순한 공식 암기보다 원리를 이해하는 것이 가장 좋은 방법입니다. 이를 통해 서로 다른 단위가 주어진 도형 둘레와 넓이, 부피를 쉽게 이해할 수 있습니다. 예컨대 가로가 250㎝, 세로가 0.5m인 도형의 둘레를 구하고자 할 때 서로 단위를 같게 해야 합니다. 이들 단위 사이의 관계 10mm=1㎝, 100㎝=1m, 1,000m=1㎞임을 정확히 알아야 합니다. 이 관계를 잘 이해한다면 측정 관련 문제 해결은 어렵지 않습니다. 이와 마찬가지로 넓이와 부피의 단위 환산 또한 쉽게 학습할 수 있습니다. 1㎝×1㎝=1㎠, 1m×1m=1㎡, 1㎞×1㎞=1㎢임을 안다면 1㎡=10000㎠임을 쉽게 알 수 있습니다.

평면도형에서 넓이는 직사각형-정사각형-평행사변형-삼각형-사다리꼴-마름모-원의 순서로 학습하며, 이때 반드시 그리고 오려보고 합쳐보는 경험을 제공하는 것이 중요합니다.

평면도형의 넓이 측정	가정에서 지도 예	지도 방법
직사각형		기하판이나 모눈종이를 가지고 직사각형 안에 있는 정사각형 수를 '가로×세로'로 쉽게 확인하는 방법을 아이 스스로 발견하게 합니다.
정사각형		직사각형 넓이를 통해 정사각형을 직사각형의 다른 형태로 인식하면 쉽게 개념을 이해합니다.
평행사변형		평행사변형의 다른 면에 삼각형을 붙여 직사각형 넓이로 바꾸면 가로와 세로의 곱으로 개념을 형성할 수 있습니다. 공식 : 밑변×윗변
삼각형		삼각형은 직사각형이나 평행사변형 넓이의 2분의 1로 개념을 형성하면 좋습니다. 공식 : 밑변×윗변÷2
사다리꼴		사다리꼴은 똑같은 사다리꼴을 그려 뒤집은 후 옆에 붙여 평행사변형 넓이의 2분의 1로 개념을 형성합니다. 공식 : (아랫변+윗변)×높이÷2

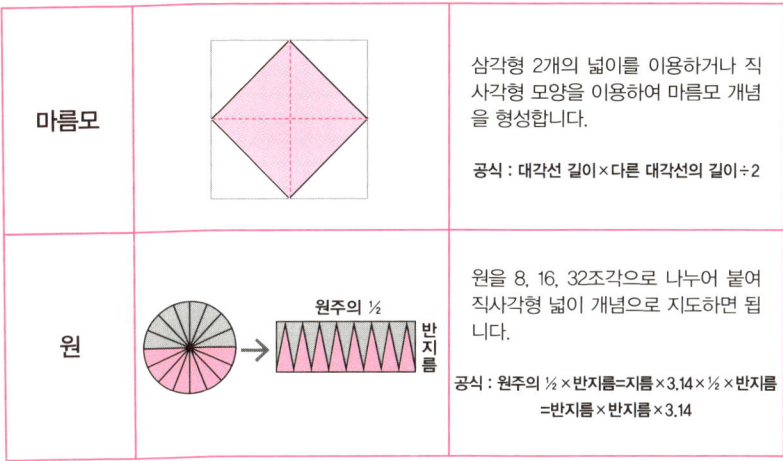

▲ 평면도형 넓이 지도 방법

★ 04. 규칙성 능력

1~2학년군은 우리 생활에서 물체나 무늬, 수의 규칙 찾기를 배웁니다. 3~4학년군은 규칙을 정해서 도형을 여러 무늬로 만들며 대응 관계에서 규칙을 찾습니다. 실생활에서 다양한 곳에 있는 규칙 찾아보기도 중요합니다. 패턴 블록 등을 활용한 수학 놀이나 탐구 활동도 규칙성 능력을 키우는 좋은 방법이지요. 5~6학년군은 비례의 원리를 탐구하는 경험을 제공하는 것도 효과적입니다.

EXAMPLE

비누나 화장지는 처음에는 잘 줄어들지 않지만, 덩어리나 뭉치가 된

> 후에는 작아지면서 금방 닳아 없어집니다. 이를 닮음 비와 넓이 비, 부피 비의 관계로 알아보겠습니다.
>
> 비누의 가로×세로×높이가 각각 처음의 ½로 줄어들면 그 비누의 부피는 ⅛로 줄고, 두루마리 화장지의 반지름이 ½일 때 그 화장지의 길이는 ¼이 된다는 것을 함께 탐구해보면 어떨까요?

실생활, 예술, 자연에는 다양한 비율이 존재합니다. 우리가 사용하는 A4용지, 각종 카드, 석굴암, 피라미드, 동물의 몸, 사람의 얼굴 등에 존재하는 비율을 직접 조사해보는 것이 좋습니다. 연산에서도 규칙성을 키울 수 있습니다. 예를 들어, 첫째 날 1원, 둘째 날 2원, 셋째 날 4원……. 식으로 한 달 용돈을 받는다면 한 달 동안 받는 용돈은 얼마일까를 생각하는 거지요. 재미와 사고력 및 연산 능력을 키우는 좋은 방법이 될 수 있습니다.

★ 05. 확률과 통계 능력

그래프는 수학과 일상생활에서 자주 등장하는 만큼 중요합니다. 주어진 자료를 정리하면 관계를 더 쉽게 찾을 수 있고, 아울러 문제 해결과 예측에도 도움을 줍니다. 또 그래프는 여러 분야에 쓰임은 물론 사회나 과학 등 다른 교과와 연결시킬 수 있으므로 중요합니다.

우리 생활과 확률 및 통계는 밀접하게 닿아 있습니다. 일기예보, 과학 실험, 사건 추측, 결과 도출 등에 활용됩니다. 아이에게 사건이나 게임 등에서 사건 가능성을 예측하고 확률 언어를 자주 접하게 하세요. 또한 재미있고 다양한 게임에서 확률 감각을 길러 확률 능력 키우기에 도움을 줘야 합니다.

3~4학년군은 실생활에서 여러 자료를 모아 분류하고 정리해 그래프로 나타내는 경험을 제공하세요. 5~6학년군은 신문이나 인터넷의 띠그래프와 원그래프가 활용되는 예를 찾아 직접 그리게 합니다. 실생활에서 일기예보의 비올 확률이나 뽑기에서 당첨될 확률, 게임에서 이길 확률 등을 경험하는 것도 좋은 학습법입니다.

Sketch 07. 맞춤별 수학 학습

★ 01. 아이 스스로, 하지만 부모와 함께!

아이가 스스로 학습하려면 공부할 시간과 환경을 제공하는 것이 먼저입니다. 스스로 학습하는 아이를 칭찬하고, 틀린 문제는 다시 해결하도록 격려합시다. 이를 위해 저학년 시기부터 충분히 연습하는 것이 좋습니다. 이런 환경에서 공부한 아이는 즐거운 마음으로 수학에 도전하려 노력합니다.

그다음 수준에 맞는 교재로 아이 스스로 수학 문제를 해결하려는 노력이 있어야 합니다. 문제를 풀기도 전에 답지를 보는 아이들이 많은데요. 문제를 직접 해결하지 않고 답지를 본다면 모르는 것과 같습니다. 스스로 안다고 생각하지만 답지로 외운 문제는 나중에 만나도 또 틀립니다. 따라서 아이 스스로 문제를 풀게 하고 채점은 부모가 해주세요. 또 채점 후 점수만 확인하고 아이에게 칭찬이나 꾸중을 한다면, 수학은 물론 실력과도 멀어지게 합니다.

★ 02. 수학도 노트 정리가 중요해!

수학 실력을 키우려면 기본이 튼튼해야 합니다. 튼튼한 기본을 갖추는 중요한 방법의 하나로, 먼저 노트 정리를 잘 해야 합니다. 대체로 아이들은 수학 공식만 외운 채 문제 풀이에 집중합니다. 눈으로 읽을 때는 아는 것 같아도 실제로 개념을 모르는 경우가 더 많습니다. 따라서 용어, 개념, 원리 등을 직접 정리해서 쓰는 연습이 필요합니다. 줄 공책의 3분의 1 또는 2분의 1로 접어 왼쪽에 용어나 개념과 원리를, 오른쪽에 문제 풀이를 쓰게 합니다. 문제 풀이에서 틀린 문제는 개념을 다시 확인하고 해결하게 하세요. 두 번째 해결에서 틀린 문제 점검은 반복학습 효과로 많은 도움이 됩니다.

이처럼 노트 필기를 활용한 수학 학습에는 많은 시간과 노력이 필요합니다. 부모와 아이의 꾸준함이 노트 필기 학습법을 자신만의 노하우로 만들 겁니다.

★ 03. 수학 교재 고르기

부모와 아이의 꾸준한 노력을 도와줄 최고의 수학 교재는 어떤 것일까요? 무조건 유명하고 어려운 수준의 문제집? 그것도 아니라면 내 아이를 위한 알맞은 수학 교재는 어떻게 고르는 걸까요?

- **수학과 수학 익힘책은 달성할 최소의 교재**

수학 학습 최고의 도구는 수학책과 익힘책으로 된 수학 교과서입니다. 최고의 집필진이 만든 수학 교과서는 반드시 익혀야 할 교재입니다. 수학에 흥미가 없고 실력이 부족하다면 무엇보다 먼저 수학과 수학 익힘책에 집중하게 하세요. 반대로 흥미와 실력을 어느 정도 갖추었다면 수학책과 기본 과정 개념을 토대로 학습해야 합니다. 마지막으로 흥미는 물론 문제 해결력과 탐구력이 우수하다면 수학 교과서는 수업 시간에 충분히 소화할 수 있습니다.

- **그 외의 교재 선택**

수학 실력을 다지고 스스로 학습 능력을 향상시키려면 교과서 이외의 학습 교재도 필요합니다. 저학년은 한 가지, 고학년은 두 가지 정도를 권합니다. 또 교재 난이도나 개수보다 중요한 것은 하나라도 자기 것으로 만드는 것입니다. 거의 모든 교재는 개념과 원리(30%), 연습 문제와 유형 문제(70%)로 이루어집니다. 원리나 개념을 정확히 알고 스스로 다양한 문제를 해결하는 능력을 갖춰야 합니다. 자신의 인내와 노력으로 문제 해결 습관을 갖는다면 고학년이나 중등 과정을 학습할 때 큰 도움이 될 것입니다.

★ 04. 단계별 수학 학습

높은 수준의 수학 학습 능력을 갖추기 위해 기초 과정, 기본 과정, 응용 과정, 심화 과정으로 나누어 살펴보겠습니다. 수학 실력이 하위권이면 기초 과정(주)과 기본 과정을, 중위권이면 기본 과정(주)과 응용 과정을, 상위권이면 응용 과정(주)과 심화 과정을 성취하도록 하세요. 1~2학년은 기본 과정, 3~4학년은 응용 과정, 5~6학년은 심화 과정을 목표로 학습량과 학습 시간을 조정하는 것이 좋습니다.

과정	학습 수준
기초 과정	수학과 수학 익힘책

기본 과정	교과서 수준의 학습 수준(기본 개념)
응용 과정	교과서 수준보다 한 단계 높은 수준 교과서 학습의 90% 이상 성취할 때
심화 과정	응용 과정보다 한 단계 높은 수준 응용 과정 학습의 90% 이상 성취할 때

▲ 각 과정별 학습 수준

● **기초 과정 학습**

　대체로 학교에서 배우는 수학과 수학 익힘책 학습이 기초 과정입니다. 이는 교육과정의 목표를 이루기 위한 필수 학습 요소입니다. 수학과 수학 익힘책은 수업 시간에 반드시 학습시키세요. 수학 교과 학습을 한 날에는 가정에서 수학 익힘책으로 아이의 실력을 점검해 주세요.

● **기본 과정 학습**

　기본 과정은 수학과 수학 익힘책 수준의 기본 개념을 학습합니다. 즉, 수학 교과서 수준의 기본 원리나 개념을 스스로 학습하는 것이지요. 덧붙여 서점에서 판매되는 가장 많은 종류의 문제집이 기본 과정 학습과 관련되어 있습니다. 아이 수준과 관심 등을 고려하여 이를 적절히 선택해 활용합니다.

● **응용 과정 학습**

수학과 수학 익힘책의 90% 학습 성취를 보이면, 그때 응용 과정 학습을 시키세요. 응용 학습은 기본 학습에 비해 한 단계 높은 수준으로 여러 상황에 적응하고 응용해볼 수 있는 학습입니다. 좀 더 높은 수준의 학습인 만큼 교재 선택에서도 물론 신중을 기해야 합니다. 무엇보다 응용 교육을 위한 풍부한 정보와 아이 실력을 파악한 다음 서점을 방문하세요. 함께 선택한 응용 교재 한 권으로 하는 학습법이 내 아이의 실력을 높일 겁니다.

● 심화 과정 학습

응용 학습 성취를 90% 이상 달성했다면 이제 심화 학습에 도전해보세요. 심화 학습은 응용 학습에 비해 한 단계 높은 수준의 학습을 말합니다. 심화 학습을 성취하려면 높은 수준의 수학적 사고력과 문제 해결력, 수학적 탐구력이 필요합니다. 심화 학습 교재의 90% 이상 성취를 보인다면 수학 영재나 경시대회 문제에 도전해보는 것도 좋습니다.

앞서 살펴본 기본 학습, 응용 학습, 심화 학습 선택은 결국 아이의 수준과 밀접하게 관련되어 있습니다. 학습 시간을 스스로 갖도록 가족이 함께 배려해주세요. 또 반드시 이를 습관화하도록 확인하는 시간이 필요합니다. 확인은 아이들의 실수나 잘못을 지적하는 것이 아니라 아이 스스로 다시 확인하고 점검하는 과정을 통해 수학적 문제해결력을 높이는 과정이어야 합니다. 부모의 이런 습관은 아이 스스로 공부하는 양과 속도를 늘려 학습에 성장을 가져옵니다.

Sketch 08. 스토리텔링 수학 적응하기

승헌이 부모는 그동안 TV나 인터넷에서 스토리텔링 수학이 도입되고 서술형 평가가 실시된다는 이야기를 가끔 접했습니다. 다르게 공부해야 한다거나 새로 학원을 다녀야 한다는 주변의 이야기로 걱정이 됩니다. 아이의 성적은 그동안 차이가 없어 걱정 없이 예전 방식으로 교육하고 있었습니다. 그런데 이번에 아이가 받은 학기말 평가 시험 결과로 큰 걱정에 휩싸인 상태입니다. 어려서부터 꾸준히 공부를 했는데 이번 성적이 너무나 실망스러웠던 겁니다. 이번 일로 3학년인 아이가 너무 속상해하는 모습을 보니 마음은 더욱 아픕니다. 직접 공부를 시켜야 하나, 고민도 됩니다. 하지만 스토리텔링 수학을 어떻게 접근해 지도해야 할지 걱정만 앞섭니다.

★ 01. 스토리텔링 수학이란?

개정 교육과정에 따라 새롭게 바뀌는 초등학교 수학 교과서의 가장 큰 특징이 바로 스토리텔링 방식의 도입입니다. 2013년에 1~2학년군, 2014년 3~4학년군, 2015년 5~6학년군으로 확대 적용됩니다.

국제교육성취도평가협회IEA가 50개국 초등학교 4학년을 대상으로 실시한 '수학 성취도 추이 변화 국제 비교 연구(TIMSS 2011)' 결과, 우리나라 초등학교의 수학 성취도는 2위라는 높은 평가 점수를 받았지만 자신감과 흥미도는 최하위 수준이었습니다. 스토리텔링 수학은 이러한 반성에서 출발했습니다. 수학 교과서에 실생활 소재와 스토리텔링 방식을 도입하여 학생들이 수학을 쉽게 이해하고 재미있게 배우는 데 그 목적이 있습니다. 실제로 기존 수학 교과서는 수학 정의와 문제 제시로 학습에 흥미를 느낄 수 없었습니다. 그 때문에 수학을 공식 암기와 문제 풀이가 전부인 재미없는 과목으로 인식하게 된 거죠.

이와 달리 스토리텔링은 학습 내용과 관련 있는 소재나 이야기를 상황과 연계하여 수학 개념을 익히게 합니다. 예를 들어 2학년 1학기에 배우는 '길이 재기' 단원에서 임금님이 재단사에게 임의 단위(손의 뼘)를 이용하여 옷을 만들게 하는 이야기를 통해 길이를 비교하게 하고, 서로 다른 길이로 인한 불편함을 알 수 있도록 지도하게 되어 있습니다.

스토리텔링 수학 교과서 단원 구성은 구체적으로 이렇습니다. 단원 도입에서는 배울 내용을 쉽게 이해하고 재미있게 접근하며, 창의마당에서는 수학사, 생활 속 수학 등 정보를 줄 수 있는 이야기로 구성합니다. 마지막으로 문제 해결에서는 해결력을 기르기 위하여 단원과 관련된 다양한 문제를 제시합니다. 이처럼 기존 수학과는 다르면서 처음이라 생소한 스토리텔링 수학. 어떻게 해야 우리 아이가 잘 적응할 수 있을까요?

★ **02. 스토리텔링 수학, 3가지 대처법**

● **다양한 경험과 자연 관찰의 기회!**

수를 기반으로 이루어진 학문이 바로 수학인데도, 수학 교육을 그저 연산 교육으로 오해하는 경우가 있습니다. 아닙니다. 수학은 아이들이 접하는 미술 작품이나 자연 현상과 식물 등, 도처에 담겨 있습니다. 집에서 기르는 식물의 잎에도 규칙, 길이, 높이가 있습니다. 또한 미술작품 속에도 수학이 있습니다. 일례로 김홍도의 『씨름』을 유심히 살펴보면 구도의 비밀이 거기 숨어 있습니다. 씨름하는 두 사람을 중심으로 대각선에 앉아 있는 사람의 수가 모두 12명이라는 수학적 규칙성이 있습니다. 이처럼 주변의 사물이나 대상, 자연을 관찰하고 체험하는 기회를 통해 수학적 인식을 넓히고 문제해결력을 키워야 합니다.

- **동화와 그림책으로 만나는 수학**

　수학을 싫어하는 첫 번째 이유는 무엇일까요? 바로 수학이 재미없기 때문입니다. 아이들이 보는 개념과 단순 연산이 가득한 수학 교과서나 문제집은 지루합니다. 이걸 어떻게 해결할 수 있을까요? 수학을 재미있다고 느끼게 하면 됩니다. 예를 들어 「마술 약을 먹은 호호 아주머니」란 동화를 통해 아이들이 다양한 도형을 직관적으로 이해하고, 이를 다양하게 결합하는 것을 통해 공간 감각을 기르고 무한한 창의적 사고력을 기를 수 있습니다.

　앞으로 수학 교과서는 이야기 구조와 내용뿐만 아니라 그 양도 늘어납니다. 별도 과외나 학원 도움 없이도 학생 스스로 가정에서 학습하도록 돕는 것입니다. 이는 새 정부의 중요한 교육 정책입니다. 이러한 변화에 적응하려면 수학적 사고력과 문제 이해력을 높이는 다양한 수학 그림책과 관련 서적 등을 접해야 합니다.

- **직접 설명하고, 토론시키자!**

　아이가 알고 있거나 해결한 것을 스스로 설명하는 기회를 제공하고, 부모를 가르치는 체험까지 하도록 하면 더욱 좋습니다. 말하고 듣는 상호작용 과정에서 자신의 경험과 연결시키면서 수학적 개념을 더 깊고 정확하게 이해하니까요. 아이가 선생님이 되고 가르치는 주체가 되는 것은 색다르고 유익한 경험입니다. 수학에서 토론이란 어떤 원리를 찾아가기 위한 탐구와 증명의 과정입니다. 따라서 이야기를 나누는 활동이 개념을 이해하는 데 효과적입니다. 예를 들어, 과자 12개를 아이와 친구 2명이 나누어 먹을 수 있는 다양한 방법들을 이야기하면서 나눗셈의 개념을 형성하도록 돕는 식이지요.

Sketch 09. 교구와 놀이로 즐기는 수학

초등 저학년 시기에는 구체물이나 반구체물의 조작을 통한 풍부한 경험이 중요합니다. 여기 다양한 교구와 놀이 도구 중 몇 가지를 소개합니다. 아이의 개인차와 관심, 흥미를 고려하여 활용해보세요.

★ 01. 수와 연산 능력

수 세기 판
1~100까지 수 개념과 수의 범위 확장을 재미있게 익힐 수 있습니다. 5개씩 혹은 10개씩 묶어 세기를 하면서 십진법의 기초 개념도 습득 가능합니다. 수 세기 판을 이용하면 유아 단계에서도 충분히 활용할 수 있습니다.

수모형 세트
초등학교 저학년 단계에서 1모형, 10모형, 100모형을 활용하여, 십진법 체계를 다양하게 탐구하는 교구입니다. 묶음과 자릿값, 사칙 연산을 폭넓게 이해하도록 돕습니다.

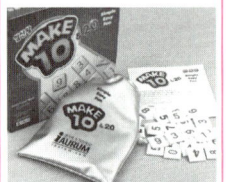
MAKE 10
MAKE 10은 2~4인용 보드게임이며 각 플레이어가 숫자 타일을 랜덤으로 15개씩 나눠 가지고, 나머지는 상자 안에 뒤집어 놓는 것으로 게임을 시작합니다. 자기가 가진 타일 3개로 10이나 20을 만드는 게임을 통해 직관적 수 감각을 키우고 덧셈 연산 능력을 키울 수 있습니다.

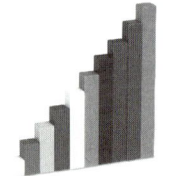
퀴즈네어 색 막대
퀴즈네어 막대는 모두 74개로 이루어져 수의 덧셈, 뺄셈, 곱셈, 나눗셈 및 약수와 배수 구하기도 할 수 있습니다. 특히 분수와 사칙 연산 지도에 매우 효과적입니다.

루미큐브
네 종류의 숫자 타일을 두 가지 규칙에 맞추어 조합하는 게임입니다. 수학적 사고력, 조합 능력, 분류, 경우의 수 등 종합적 사고력을 높이는 게임입니다.

★ 02. 공간과 도형 능력

지오보드
원, 삼각형, 사각형, 사다리꼴 등 도형의 기본 형태와 모양, 회전, 면적 등의 개념을 쉽게 이해할 수 있습니다.

큐빅스
자신과 상대방 플레이 보드에 있는 블록 쌓기 부분에 스코어 패턴을 만들어 점수를 얻는 3D 블록 게임입니다. 공간 지각력을 키우고 문제 해결력과 전략적 사고를 높일 수 있습니다.

셰이크 타워
자신과 상대방 블록을 생각하면서 자신의 블록 색이 가장 많이 올라가도록 원통형 탑을 쌓는 게임입니다. 이 게임은 공간 지각력과 추론 능력, 집중력을 키워줍니다.

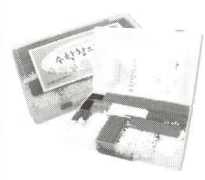

4D프레임
각기둥, 각뿔, 육면체 등 여러 가지 수학 입체 구조물을 만들 수 있습니다. 공간 지각 능력과 수학을 재미있게 배우고 조작하게 합니다.

★ 03. 집중력과 문제 해결 능력

하노이탑
서로 다른 모양의 고리 10개를 옮기는 수학 교구로, 주어진 조건을 수학적으로 해석합니다. 원반을 규칙에 따라 옮기는 과정은 문제 해결력과 수학적 추론 능력 발달을 돕습니다. 이 교구는 수많은 시행착오를 통해 일정 규칙을 찾고 일반화하는 능력을 키워줍니다.

젬블로
블록이 보석 모양의 정육각형으로 구성되어 있어 전진 및 방어 등을 고려하며 많은 생각을 하게 만드는 게임. 하면 할수록 실력이 상승하고, 바둑이나 장기와 같이 몇 수 앞을 내다보면서 즐길 수 있는 게임으로 전략 게임 중 공간 점령 방식이라, 공간적 사고력과 문제해결 능력을 기를 수 있습니다.

	**오셀로** 작은 태그를 이동시켜 지리적 문제를 해결하고 승리하도록 전략을 터득하게 합니다. 물론 사회성 키우기에 많은 도움이 되지요. 규칙은 단순해도 다양한 전략 활용으로 두뇌 개발을 돕습니다.
	**인생 게임** 자신이 인생을 선택하고 체험하는 게임. 남녀노소 누구나 창의력과 사회성을 키울 수 있습니다. 또 사회생활에 필요한 기본 경제 개념과 상식을 배우기에도 적합하지요.
	다빈치 코드 1~11까지 숫자가 쓰인 타일을 나눈 후 그 타일을 가리고 넘어뜨리는 과정을 통해 상대편의 숫자를 추리하고 맞추는 게임. 운도 작용하지만 전략에 따라 게임의 승패가 갈리므로 논리적 추론 능력을 키울 수 있습니다.
	**아발론** 육각형 게임 보드 판 위에 있는 구슬 6개를 먼저 밀어내는 사람이 승자가 됩니다. 공격과 방어의 형태가 다양하게 변하므로 전략적이고 논리적 사고력이 필요합니다.

▲ 주요 이미지 제공 : ⓒ 아이스크림몰(www.i-screammall.co.kr)
Images used with permission:Learning Resources, Inc., Vernon Hills, IL USA

영어 사용능력, 이렇게 키우자!

세영이는 영어를 잘하려고 그동안 꾸준히 노력해왔습니다. 2학년 때 영어를 시작한 세영이는 윤선생영어학원을 1년 다녔고, 3학년에는 가까운 어학원을 다녔습니다. 4학년이 되자 엄마아빠는 듣기와 말하기 중심으로 가정 학습을 시켰습니다. 하지만 한계를 느낀 나머지, 중간에 큰 어학원에 보낸 세영이는 그곳을 다닌 지 1년이 넘었습니다. 다행히도 레벨 테스트에서 6학년 수준의 영어 능력을 보여 아이와 부모는 기쁩니다. 그럼에도 세영이 부모는 많은 어학원 숙제로 스트레스 받는 아이가 걱정입니다. 앞으로 더 다니게 해야 할지, 아니면 가정 학습을 시켜야 할지 고민입니다. 이제 5학년이 된 세영이를 계속 어학원에 보내는 편이 더 학습에 도움 될 것 같기도 합니다. 하지만 도서관에서 다양한 영어책에 재미를 느끼는 아이에게 책 읽는 경험을 앗는 것 같아 고민도 됩니다.

THINK TOGETHER

대부분의 부모는 세영이나 부모처럼 고민합니다. 어떻게 영어를 경험해야 하나? 어떤 활동이 영어 사용능력이나 점수를 키울까? 효과적인 여러 가지 방법으로 키운 영어 사용능력은 학습 능력의 발달을 이끌어냅니다. 초등 시기 우리 아이들을 위한 영어 사용능력 발달을 위한 구체적 방법과 노력이 필요합니다.

Sketch 01. 영어 교육과정 살펴보기

영어 교육의 목표는 이렇습니다. "일상생활에 필요한 영어를 이해하고 사용할 수 있는 기본적 의사소통 능력을 기른다." "외국 문화를 바르게 이해하여 우리 문화를 발전시키고 외국에 소개할 수 있는 방법을 마련한다."

초등학교에서는 영어에 대한 흥미와 관심을 가지고, 일상생활에서 사용되는 기초적인 영어 표현 능력 기르기를 목표로 합니다. 초등학교 영어는 학생의 흥미, 관심, 자신감 등 학생의 특성을 배려합니다. 초등 영어에 배당된 최소 수업 시간은 3~4학년 136시간, 5~6학년 204시간입니다. 3~4학년은 주당 2시간, 5~6학년은 주당 3시간이 배정된다는 뜻이지요.

★ 01. 영어 교육과정에 대한 이해

● **언어 기능**

　듣기, 말하기, 읽기, 쓰기 등, 언어의 네 기능을 점진적으로 기르고, 이 기능들의 통합적 사용능력을 키웁니다. 이때 기능 측면과 활동 측면의 조화로운 영어 사용이 무엇보다 중요합니다.

언어 기능 언어 구분	음성언어	문자언어
이해 기능	듣기	읽기
표현 기능	말하기	쓰기

● **의사소통 활동**

　의사소통은 듣기·말하기(음성언어) 활동과 읽기·쓰기(문자언어) 활동으로 이루어집니다. 영어 교육과정은 의사소통 기능과 예시문으로 학년별 성취에 알맞은 활동을 선택하여 지도하고 있습니다.

● **언어 재료**

　자연스러운 의사소통 활동을 위하여 다음의 소재, 언어, 어휘, 단일 문장의 길이가 활용되고 있습니다.

영역	내용
소재	• 학생들의 흥미, 필요, 인지 수준 등을 고려하여 학습 동기를 유발할 수 있는 내용 • 의사소통 기능을 이해하고 활동하는데 도움이 되는 내용 • 주제, 상황, 과업 등을 고려한 내용 • 상호 작용에 적합한 내용 • 영어권 및 비영어권 문화 이해에 적합한 내용 • 창의성 및 논리적, 비판적 사고력 배양에 도움이 되는 내용
언어	• 자연스러운 언어 습득과 실제 의사소통 활동에 도움이 되는 언어 • 일상생활에서 많이 쓰이는 언어 • 학생들의 인지 발달 단계와 수준을 고려한 언어 • 소리와 문자의 관계, 소리와 의미의 식별, 말의 연결, 말의 속도에 따른 음운 변화, 상황에 따른 음운 변화 및 자연스러운 발화 등의 학습에 도움이 되는 언어
어휘	• 초등학교 3~4학년군 : 240 낱말 내외 • 초등학교 5~6학년군 : 280 낱말 내외 (누계: 520 낱말 내외)
단일 문장의 길이	• 초등학교 3~4학년군 : 7 낱말 이내 • 초등학교 5~6학년군 : 9 낱말 이내 (단, and, but, or, because를 사용하는 경우에는 예외로 한다.)

★ 02. 영어 교과의 영역별 성취 수준

	3~4학년군	5~6학년군
듣기	• 소리를 식별한다. • 낱말이나 대화 내용을 이해한다. • 찬트, 노래, 게임 중심 표현을 이해한다. • 과업을 수행한다.	• 중심 내용을 이해한다. • 세부 내용을 이해한다. • 전화 대화를 이해한다. • 과업을 수행한다.
말하기	• 소리를 따라 말한다. • 낱말이나 문장을 말한다. • 말하거나 묻고 답한다. • 찬트나 노래, 게임을 한다.	• 중심 내용을 말한다. • 세부 내용을 묻고 답한다. • 전화 대화를 한다. • 지시하거나 요청한다.
읽기	• 알파벳을 읽는다. • 소리와 철자의 관계를 이해하고 낱말을 읽는다. • 어구나 문장을 읽는다. • 낱말이나 어구의 의미를 이해한다.	• 소리 내어 읽는다. • 문장을 읽고 이해한다. • 글의 내용을 이해한다.
쓰기	• 알파벳을 쓴다. • 낱말이나 어구를 쓴다.	• 철자법에 맞게 쓴다. • 낱말이나 어구를 쓴다. • 문장이나 짧은 글을 쓴다.

Sketch 02. 영어 교육 로드맵

교육 경쟁력 1위, 영어 경쟁력 1위인 핀란드. "단 한 명의 낙오자도 만들지 않는다."가 이 나라의 교육 목표다. 더불어 현지에 맞는 실용 영어 교육을 시키기로 유명하다. 특히 문법에 의존하지 않는 회화 중심의 진행. 말하기와 쓰기로만 평가되는 시험. 현지의 TV 방송 역시 이미 80% 이상이 영어로 진행되는 곳이 바로 핀란드. 덕분에 이곳에서는 아이가 걸음마를 시작할 때부터 듣기와 말하기 등의 영어 교육을 자연스럽게 접한다. 이는 자국의 대외 개방을 통한 생존과 직결된다는 사실에 바탕을 둔 교육 정책 때문이다. 이러한 사회적 분위기와 영어 노출, 교육 방법은 핀란드가 자연스럽게 세계 1위의 경쟁력을 지니게 하는 원동력일지도 모른다.

우리나라 사교육 예산에서 영어 사교육 비중이 무려 절반에 가까운 47%라고 합니다. 사교육에서만도 영어에 20조원 이상이라는 엄청난 투자가 이루어집니다. 그렇다면 왜 이렇게 많은 시간과 돈을 투자하는데도 영어 사용능력은 늘지 않을까요? 바로 영어 노출 시간과 교육법에 답이 있습니다.

우리나라에선 초등 3학년이 되어야 영어 학습이 시작되고 3~6학년의 연간 영어 학습은 85시간입니다. 북유럽은 1학년에 시작해서 1~7학년 연 62시간, 중국 일부 지역 역시 1학년부터 시작해 연 92시간 학습하는 것과 비교됩니다. 우리네 영어 교육은 시작도 늦고 노출 시간도 부족하다는 뜻이죠. 듣기·말하기 발달에도 턱없이 부족한 시간입니다.

그나마 유아 시기까지 꾸준히 영어와 친해지고 즐겁게 접할 환경과 방법이 주어졌다면, 초등학교 때는 많은 양의 읽기·말하기·쓰기 능력 키우기가 이뤄져야 합니다. 하지만 초등학교 들어와서 영어 교육을 시작하는 경우, 언어 학습의 순서를 고려하여 듣기부터 시작하더라도 영어 사용능력이 다소 지연될 뿐 언어 발달은 충분히 이끌어낼 수 있습니다.

★ 01. 영어 자기주도학습 시간 배정

구분		수업일	토요일
학기 중	1~2학년	90분 내외	120분 내외
	3~4학년	90분 내외	120분 내외
	5~6학년	40분 내외	60분 내외
방학 중	1~2학년	120분 내외	
	3~4학년	120분 내외	
	5~6학년	80분 내외	

* 유아 시기 때부터 적절한 영어 교육 환경과 경험이 이루어졌다는 가정입니다.
* 이제 영어를 시작하는 아이라면 그 시간을 2배 이상 투자하기를 권합니다.
* 휴일과 방학 기간에는 평일 노출과 학습량을 2배로 설정하여 풍부한 영어 환경을 만들어주세요.
* 시간 배정은 흘려듣기를 제외한 집중듣기와 읽기, 고학년 시기의 쓰기를 포함합니다.
  아이 수준과 흥미, 환경 등을 고려하여 시간 배정을 하기 바랍니다.

★ 02. 학년군별 영어 능력 키우기

● 1~2학년군

이 시기가 언어 교육에서 차지하는 중요성은 앞에서 이미 언급했습니다. 여전히 이 시기에는 듣기가 중심이 되어야 합니다. 또한 아이들의 능력과 발달에 맞게 다양한 듣기와 읽기 경험을 하도록 하세요. 더불어 풍부한 정서와 가치관을 심는 것도 중요합니다. 이때부터는 영어를 차츰 문자로 인식할 수 있습니다. 따라서 간단한 영어 표현을 하고 스스로 읽고 싶은 욕구를 만들도록 세심한 배려가 필요합니다. 영어 교육 기초가 다져지는 시기이니 매일 꾸준히 듣고, 다양한 읽기 경험을 시켜주세요.

- **3~4학년군**

 풍부한 듣기와 읽기를 바탕으로 말하기를 할 수 있는 기회를 주세요. 이때는 간단한 쓰기 학습도 시작됩니다. 그동안 영어 교육의 흥미를 강화하는 데 힘썼다면 이제는 문장으로 마음과 생각을 표현하는 방법을 익혀야 합니다. 매일 다양한 종류의 책을 읽고 영어권 문화를 이해하는 습관을 키워주세요. 다양한 상황에서 말하기 활용도 중요합니다.

- **5~6학년군**

 이 시기가 되면 대개 부모뿐만 아니라 아이도 영어에 부담과 불안을 갖습니다. 이런 부담과 불안은 영어 어휘력 부족으로 오는 경우가 많습니다. 따라서 꾸준한 자발적 책 읽기를 통해 어휘력을 확장시켜주세요. 더불어 영어를 왜 공부하는지 알고 자신감과 내적 학습 동기도 갖추어야 합니다. 이 시기까지 높은 수준의 의사소통 능력과 쓰기 능력 키우기를 목표로 두세요.

Sketch 03. 부모가 만드는 영어 환경

★ 01. 영어로 충분히 듣고 보고

3~4학년까지는 아이들이 다양한 자료를 듣고 읽는 시간을 배려하고 알맞은 환경을 조성해주어야 합니다. 초등학교에 입학하면 대부분 피아노, 발레, 학원, 학습지 등 사교육을 접하게 됩니다. 고학년이 되면 더 이상 말할 나위도 없습니다. 충분히 듣고 볼 수 있는 시간이 없는 것은 아닌지 꾸준히 살펴보세요.

★ 02. 듣기에서 말하기·읽기로 전환

3~4학년까지는 듣기와 말하기, 읽기가 모두 중요하지만 5~6학년 시기로 갈수록 점차 읽기와 쓰기에 집중해야 합니다. 언어에 민감해지고 어휘력과 표현력이 높아지며 쓰기 능력도 확장되도록 관심을 기울여주세요. 이를 위해 다독할 수 있는 기회를 충분히 만들어주어야 합니다.

★ **03. 영어 동화, 언제 읽어야 할까?**

　1~2학년 때에는 간단한 영어 문장이나 영어 스토리북 읽기를 지도해야 합니다. 3~4학년 시기에는 영어 사용능력 키우기를 목표로 듣기에서 점차 읽기로 전환됩니다. 최소 3~4학년 시기까지 부모가 매일 영어 동화책을 읽어주세요. 우리말로 된 동화책을 읽듯이 영어 책을 접하는 기회를 함께 가져야합니다. 이 시기에는 읽기 능력의 상당한 성장을 가져올 수 있습니다. 아이 능력과 관심에 따라 평생 읽을 영어 책의 절반을 5~6학년 시기까지 읽는다는 마음으로 접근하세요. 중학교 때는 영어 사용능력보다 학습으로 전환되기 때문입니다.

★ **04. 쓰기 능력 키우기**

　대체로 우리가 생각하는 듣기, 말하기, 읽기, 쓰기의 순서는 중요도가 아니라 인간 발달에 따른 것입니다. 인간 발달 초기에는 듣기, 말하기, 읽기, 쓰기의 순서를 따르는 것이 일반적이지만, 어느 수준까지 언어 발달이 이루어졌다면 네 기능을 동시에 발휘해 서로 도움을 주면서 학습 효과를 극대화시킬 수 있습니다. 초등 시기 통합적 접근을 통한 언어 사용능력 신장이 각 영역간의 학습효과를 높일 수 있습니다. 즉, 풍부한 읽기 경험을 통해 쓰기 능력을 늘릴 수 있습니다.

　영어 교육에서 쓰기를 가르치는 주목적은 영어로 자기 생각을 글로 써서 표현하는 능력 기르기입니다. 언어 지식이 부족한 학생들에게 처음부터 자유 작문을 시키면 쓰고 싶은 것을 쓰지 못하고 쓰더라도 심한 오류로 학습 방해를 초래합니다. 학습 초기에는 체계적 작문 위주로 접근해 점차 자유 작문의 시간을 늘려가세요. 자유 작문이라는 쓰기 활동을 능숙하게 하려면 자기 생각을 영어로 표현하는 능력이 우선입니다. 이를 위해서는 단계적이고 다양한 학습법을 사용하여 쓰기 능력부터 확보해야 합니다.

Sketch 04. 영어 읽기 능력, 이렇게 키운다!

★ 01. 영어 읽기, 왜 중요할까?

● **언어 습득의 관점**

외국어 습득 이론을 정립한 언어학자로 유명한 스티븐 크라센은 이해 가능한 언어 입력이 풍부할수록 언어 습득이 많이 이루어진다고 말합니다. 이해할 수 있는 수준의 언어로 많이 듣고 읽으면 그만큼 언어 능력이 많이 향상된다는 얘기죠.

언어 입력은 주로 듣기와 읽기로 가능합니다. 읽기는 풍부한 기본 바탕이 되어 언어 능력 향상에 큰 효과를 줍니다. 모국어나 외국어로 책을 많이 읽으면 어휘력, 언어 이해력, 쓰기 능력과 문법이 습득된다고 합니다. 언어의 상호 보완성으로 읽기는 듣기와 말하기 능력 키우기에도 도움이 됩니다.

- **노출과 사용**

영어 교육은 노출과 사용의 두 가지 측면을 갖춰야 합니다. 아이들이 영어라는 언어에 노출만 되고 실제 사용은 별로 못하는 경향이 있습니다. 읽기는 향후 말하기와 쓰기로 이어지는 디딤돌이 됩니다. 소리보다 글을 통해 배우는 것이 지식의 활용도나 기억력 면에서 더 효과적입니다. 읽기는 듣기나 쓰기 등 다른 언어 기능까지 신장시킬 수 있는 긍정적인 전이 효과를 이끌어냅니다.

- **영어 환경 측면**

읽기는 아이들의 흥미와 수준에 따라 다양하게 선택할 수 있습니다. 스스로 언어 능력을 키우는 자기주도학습에서 읽기는 최상의 방법이 될 수 있습니다. 가정에서 읽기 경험은 스스로 학습하는 능력을 이끌어 낼 수 있습니다. 이후 자발적 책 읽기는 아이들이 스스로 언어 능력을 키우도록 돕습니다.

★ **02. 영어 읽기 능력을 키우는 4가지 조언**

첫째, 읽고자 할 때를 기다려라!

영어도 우리말처럼 충분한 듣기·말하기 자극이 되면 읽기 관심으로 이어집니다. 언제 읽기를 시작하느냐보다 어떻게 접근하느냐가 더욱 중요합니다. 아이들이 좋아하고 집중한다면 그 효과는 배가될 수 있습니다. 아이가 다양한 듣기 경험을 하고, 스스로 읽기에 관심을 보일 때 읽기를 격려하세요.

둘째, 쉬운 책부터 시작하라!

아이의 읽기 능력은 부모의 읽어주는 태도와 관련이 깊습니다. 그러니까 읽기가 참 재미있다는 마음이 들도록 상황과 등장인물에 맞게 읽어주세요. 이런 습관은 아이들의 읽기 능력을 키워줄 수 있습니다. 아이가 성취를 느끼고 시작하는 책 읽기를 격려하고 칭찬해주는 게 부모의 몫입니다. 많은 책을 읽기보다 한 권이라도 자주 정확하게 읽는 것이 좋습니다. 아이가 읽은 내용을 재연하거나 질문을 하면, 반드시 관심을 보이고 적절히 반응해주세요. 이러한 노력이 뒤따른다면 아이들은 스스로 더 읽고자 노력할 것입니다.

셋째, 우리말처럼 영어 읽기 능력을 키워라!

아는 만큼 들리고 아는 만큼 말하는 법입니다. 아는 단어가 많을수록 더 잘 들리는 것은 당연하고, 실제로 많이 본 단어는 더 잘 들리고 잘 말할 수 있습니다. 이를 위해 아이는 매일 일정한 시간에 읽는 경험이 필요합니다. 매일 꾸준히 읽게 한다면 소리와 글자의 전이효과를 맛본 아이는 스스로 읽는 능력을 발달시킵니다. 처음에는 내용과 문장이 간단해 읽고 듣는 경험이 부담스럽지 않지만 점차 많은 노력과 인내가 요구됩니다.

읽기 능력을 키우려면 아이 목소리를 녹음해서 많이 들어보게 하세요. 입을 크게 벌려 자신감 있는 목소리로 읽는 것이 중요합니다. 부모가 함께 서로 자신 있게 말하고 재미있게 감상하는 기회도 읽기 능력 향상에 좋습니다. 마지막으로 원어민이나 부모의 목소리를 듣고 반복해서 따라 읽으면서 발음들을 하나씩 익히는 것도 좋지요. 아이의 관심과 흥미를 고려하여 같은 소리를 내는 단어 카드 활용도 좋습니다. 이때 단어의 첫 알파벳에 초점을 두어 읽는 방법을 천천히 설명해주세요. 단어에서 간단한 문장으로 조금씩 범위를 넓히는 것도 효과적입니다.

넷째, 자발적 읽기 능력

읽기 능력이 어느 정도 발달되면 모르는 단어를 유추하면서 읽게 하세요. 읽기 수준이 올라가 챕터북 수준 이상의 글을 읽으면 문맥을 통해 단어의 뜻을 유추할 수 있습니다. 그런 다음에는 영어 사전 활용법을 알려줘도 좋습니다. 이때 발음 기호를 자세히 알려주세요. 되도록 전자사전보다 일반사전의 사용을 권합니다. 실제로 알파벳을 찾고, 관련 단어나 문장을 확인하며 책 보는 즐거움도 느끼게 합니다. 처음에는 사물 그림과 인식이 확실한 쉬운 사전부터 출발해, 고학년이라면 어른들이 보는 다소 쉬운 수준의 일반사전을 활용하는 것이 좋습니다. 책을 읽다가 모르는 단어가 나오면 생각한 단어 뜻과 비교해 확인하는 정도면 충분합니다.

무엇보다 아이들의 읽기 능력을 키워 스스로 책을 찾아 읽도록 해야 합니다. 크라센은 언어를 배우는 가장 빠르고 즐거운 방법으로 자발적 읽기를 강조합니다. 그의 주장처럼 자발적 읽기를 하는 아이들은 높은 집중력으로 좋은 성적도 얻습니다. 결국 영어 능력 키우기의 최선은 좋아하는 책으로 스스로 독서 능력을 키우는 것이라 할 수 있습니다.

★ 03. 읽기 흐름도와 책의 종류

구분	기본	적응	심화
단계	유아기	초1~초4	초5 이상
시간	2년 이상	3년 이상	1년 이상
읽기 시간		20분 내외	40분 내외
그림책 읽기(읽어주기)	○	○	

리더스북 읽기(읽어주기)	O	O	O
챕터북 읽기		O	O
동화책, 영자 신문 등			O

▲ 읽기 과정 흐름도

　미국 어린이들이 읽는 책들은 주로 세 가지로 분류됩니다. 그림책, 리더스북, 챕터북입니다. 주로 아이들의 연령대, 책 삽화, 문법, 단어, 책의 길이 등의 요소로 구분됩니다. 먼저 그림책은 유아 수준의 그림책이라 보면 됩니다. 보통 미국에서 만 0세부터 초등학교 저학년까지 읽지만 영어를 처음 접하는 아이들에게 적당합니다. 대략 20페이지 내외의 책들이지만 우습게 생각하면 안 됩니다.

▶ 영어 그림책

　리더스북은 다소 긴 문장들과 문법을 자연스럽게 접할 수 있는 책입니다. 대부분은 아이들의 읽기 연습에 도움이 되도록 쓰인 책들입니다. 그림책보다 적은 삽화, 긴 문장, 조금 더 어려워진 단어, 40페이지 내외의 다소 긴 페이지로 이뤄집니다. 각 시리즈별로 읽기 레벨이 나누어져 있거나 리더스북 같은 동화책을 적절히 선택하여 아이 영어 수준에 맞는 책을 골라 읽을 수 있습니다.

▶ 리더스북

챕터북은 리더스북을 읽은 후 장편 글을 접하기 전에 읽는 책입니다. 당연히 리더스북보다 더 길어진 문장과 어려워진 단어들이 나오지요. 삽화는 잘 나오지 않고 페이지 수는 80페이지 내외입니다. 주로 미국 초등학교 저학년이 읽는데, 우리나라에서는 초등 고학년까지도 읽을 수 있는 수준입니다.

▶ 챕터북

Sketch 05. 영어 쓰기 능력, 이렇게 키운다!

★ 01. 쓰기 능력을 키우는 4가지 조언

첫째, 쓰기 지도는 3~4학년 시기부터!

읽기 능력이 충분히 발달되었다면 이제는 자연스럽게 쓰기 능력을 키워야 합니다. 읽기가 충분히 이루어지면 쓰기는 자연스럽게 이어집니다. 쓰기의 시기는 정해져 있지 않습니다. 철자 쓰기의 경우 짧은 문장들을 읽을 수 있는 1~2학년 때 이에 관심을 갖게 하고, 3~4학년 시기에는 본격적으로 시작하는 것이 좋습니다.

가정이나 학교에서 어떻게 쓰기를 가르치는 게 좋을까요?

처음에는 단어 쓰기를 연습시킵니다. 그다음 받아쓰기를 활용해 '짧은 글짓기' 연습을 하고, 이어 일기 쓰기와 독후 표현의 단계로 발전시켜나가는 겁니다.

둘째, 읽은 책 베껴 쓰기!

다양한 영역과 종류의 영어 그림책이나 리더스북을 읽으며 매일 조금씩 쓰기 연습을 시키세요. 처음에는 아이들이 읽은 글에서 제목이나 재미있는 문장을 베껴 쓰게 합니다. 나중에는 아이 상황에 맞게 단어만 바꿔 쓰게 하세요. 이를 통해 어휘나 문장 구조를 익힐 수 있습니다.

셋째, 풍부한 어휘력으로 기초 문법 지식 익히기!

글쓰기 능력을 키우려면 단어를 많이 알아야 합니다. 하지만 단순한 단어 암기는 도움이 되지 않습니다. 단어가 어떻게 활용되는지 관심을 기울여야 합니다. 따라서 단어를 사용하여 예문을 외우거나 표현하고 자신만의 문장을 만들도록 하세요. 단어 의미 및 활용법 습득과 동시에 영작 실력도 조금씩 자랍니다. 하지만 단어 학습보다 풍부한 어휘력을 늘리는 읽기 능력의 중요함도 잊지 마세요. 읽기는 단어가 어떤 상황과 문장에 활용되고 어떻게 글이 구성되는지 읽으면서 익힐 수 있습니다. 따라서 다양한 읽기 매체로 정독 습관을 길러주세요.

5~6학년 때는 기초 문법 지식을 익혀도 좋습니다. 하지만 지나치게 강조하지는 마세요. 아이의 말하기와 쓰기에 방해가 됩니다. 기초 문법 학습에는 쉬운 교재를 하나 선택해 문장 내에서 문법을 익히고 구사하는 방법이 효과적입니다. 아이는 실수를 하면서도 나중에는 올바른 표현을 쓰게 됩니다.

넷째, 다양한 독후 표현 활용하기!

대체로 그림이 많고 간단한 스토리의 그림책을 거쳐, 좀 더 수준이 높아지면 챕터북으로 한 단계 높은 글을 읽게 됩니다. 스토리 북의 종류와 상관없이 책을 읽은 후 다양하고 쉬운 독후 표현을 격려합시다. 이는 생각을 글로 나타내는 능력을 키워줍니다.

정해진 틀에 얽매이지 않고 제목과 작가 이름을 기록한 후 등장인물 소개로 시작하여 가장 좋았던 장면을 쓰게 하세요. 책에 나오는 영어 표현을 활용하면 아이는 영어 쓰기에 조금씩 자신감을 가지게 됩니다.

★ **02. '영어 일기'로 다지는 쓰기 능력**

영어 일기의 목적은 일기 쓰기 자체보다 학교나 가정에서 배운 내용의 반복과 연습 그리고 실제로 써보는 기회를 갖는 데 있습니다. 철자나 맞춤법에서 실수가 있어도 괜찮습니다.

자신의 생활 경험을 바탕으로 생각이나 감정을 글로 표현하는 데 의의가 있으니까요. 처음부터 영어 일기를 쓰라고 하면 어떻게 해야 할지 몰라 당황할 겁니다. 무작정 쓰기보다 쉽고 자세히 쓸 수 있도록 지도하는 부모의 역할이 중요합니다.

● **영어 일기, 어떻게 쓰나요?**

첫째, 빈칸 채우기부터!

"My family went to (   )."

위와 같이 빈칸이 있는 영어 문장을 아이에게 들려주세요. 이 상태에서 아이에게 문장을 받아 적게 하고 스스로 빈칸을 채우게 하는 겁니다. 매일 다섯 문장 정도면 충분합니다. 서너 달 동안 문장을 바꿔 빈칸 채우기를 하며 영어 쓰기 분량을 늘려가세요.

둘째, 혼자서 문장 만들기

어느 정도 빈칸 채우기에 익숙해지면 문장을 만드는 능력이 생깁니다. 매일 날짜, 요일, 날씨를 적게 하고, 가장 중요한 사건 한 가지를 적게 합니다. 반복되는 일상 외에 사건이나 느낌, 읽은 책이나 영화 내용을 적는 것도 좋습니다.

셋째, 생각을 위한 경험

처음에는 길게 쓸 필요 없이 두세 문장만 써도 상관없습니다. 중요한 것은 일기의 내용입니다. 몇 시에 일어나고 몇 시에 잠들었는가? 몇 시에 학교 가고 몇 시에 돌아왔는가? 점심에는 무엇을 먹었는가? 등의 하루 일과를 계속 적는 것은 영어 쓰기에 별로 도움이 되지 않습니다. 한두 문장이라도 느낌과 생각을 표현하는 연습이 필요합니다. 어려서 책을 많이 읽고 많은 경험을 쌓는 이유가 바로 여기에 있습니다. 경험이 적은 아이는 그만큼 생각의 폭이 좁습니다. 책을 많이 읽지 못한 아이는 표현력이 부족합니다. 이처럼 다양한 영어 문장을 만들려면 아이의 세계도 그만큼 다양해야 합니다.

★ 03. 다양하게 써보는 기회를

내가 좋아하는 이야기를 다른 사람에게 글로써 들려주는 즐거움은 굉장한 경험입니다. 친구, 부모님, 선생님에게 편지나 엽서를 쓰는 것도 좋은 경험이지요. 이 경험을 바탕으로 시작한 글쓰기 연습은 자주 할수록 좋습니다. 자신감을 키우고 영어 쓰기도 즐거워지니까요. 실수투성이에 엉터리 같은 문장들로 시작하면 어떻습니까? 조금씩 새로운 표현을 익히고 틀린 부분을 고치다보면 영어 글쓰기에 자신감이 붙습니다. 더불어 인터넷을 활용하여 생각과 감정을 전달하게 하세요. 영타 연습을 꾸준히 한다면 금세 익힐 수 있고, 나중에 쓰기에도 활용할 수 있습니다.

Sketch 06. 파닉스 학습의 허와 실

★ 01. 파닉스 학습이란?

파닉스는 듣기·말하기의 핵심인 '소리'와 대응되는 '문자'와의 상호관계를 이해하는 학습법입니다. 즉 소리와 문자 관계를 배워 단어나 문장을 정확히 소리 내어 읽게 하는 방법입니다. 글을 배우기 전에 아이들이 사용하는 언어가 바로 듣기·말하기의 음성언어입니다. 음성언어와 파닉스를 통해 글을 읽고 쓰는 문자언어를 받아들일 수 있습니다. 예를 들어 'cat'이라는 단어를 보면 알파벳 'c'는 '크', 'a'는 '애', 't'는 '트'라는 문자와 소리 사이 규칙에 따라 '캣'이라고 읽을 수 있습니다.

★ 02. 파닉스 학습의 시기

대체로 파닉스 학습은 4단계로 구성됩니다.

1단계. 각 알파벳의 철자와 소리 학습
2단계. 단모음 학습
3단계. 장모음 학습

4단계. 이중 모음과 이중 자음 학습

이런 구성을 가진 파닉스는 언제 시작해야 최대의 효과를 볼 수 있을까요? 파닉스 학습은 너무 일찍 시작하지 않아도 됩니다. 꼭 필요하다고 생각되면 초등학교 5~6학년에 시작해도 충분합니다. 심지어 파닉스는 자연적으로 이루어지기 때문에 아예 학습하지 않아도 된다고 말하는 학자도 있습니다. 요컨대 무조건 일찍 시작한다고 좋은 것은 아니며 어떤 교재로 어떤 경험을 제공해주느냐가 중요합니다. 재미있는 노래나 구호 등을 활용하고 학습 기간을 좀 더 길게 보고 접근하는 것이 좋습니다.

★ 03. 파닉스 학습법

아이들이 하는 파닉스 학습에는 의미 중심의 방법과 의미 없이 읽어내기 방법이 있습니다. 이 두 가지가 합쳐진 학습법이 체계적인 파닉스 학습이라고 할 수 있습니다.

먼저 의미 중심 방법은 영어책을 읽으면서 중요한 키워드를 가지고 조금씩 파닉스를 진행하는 것입니다. 그 시작점이 단어이며 단어의 소리를 분리 및 조합하는 과정에서 학습을 하지요. 반대로 의미 없이 읽어내기 방법은 '낱자'에서 출발하여 '단어'로 접근하는 방법입니다. 각각의 낱자와 소리를 익히고 조합한 단어들을 나열하는 방식으로 학습이 됩니다. 이 두 가지 방법 모두 장점과 단점이 있습니다.

효과적인 파닉스 학습은 아이에 맞게 두 접근법을 유연하고도 적절하게 결합하는 방법입니다. 이처럼 체계적이고 효과적인 파닉스는 학습자 중심의 접근방법이라고 할 수 있습니다. 물론 성공적인 읽기를 위해서는 문자 판독과 글감 이해가 포함되는 과정으로 이루어져야겠지요.

★ 04. 파닉스의 장·단점은?

파닉스는 영어권 나라의 아이들뿐만 아니라 영어를 외국어로 배워야 하는 우리나라에서도 인기를 얻으며 읽기 능력 향상을 검증 받은 학습법입니다. 하지만 아이들은 지나친 규칙 위주 학습으로 지루해할 수 있습니다. 오랫동안 여러 규칙을 배우는 탓에 아이가 금방 흥미를 잃고 중간에 포기하는 사례가 많습니다. 가까스로 문자 읽는 법을 익혀 단어는 읽을 수 있지만 정작 그 단어 뜻은 모르는 경우도 많습니다. 실제로 영어 단어 중 파닉스 규칙이 적용되는 단어는 15%에 불과하다고 합니다. 따라서 파닉스 학습 후에도 아이들이 짧은 문장의 스토리를 읽는 과정에서 어려움을 겪는 여러 문제점이 있습니다. 너무 때이른 파닉스 학습은 영어 듣기를 방해할 수 있다는 것, 알고 계셨나요? 문자 학습인 파닉스는 언어 발달 후기에 배우는 것이 좋습니다. 문자를 빨리 배우면 글을 들을 때 단어 철자나 뜻을 생각해 듣기를 방해하는 역할을 하기 때문입니다. 영어 단어 뜻과 읽는 법을 배워 멋지게 빨리 책을 읽는 것이 아이 영어 교육의 목적이 아님을 꼭 기억하세요.

Sketch 07. 미래의 영어 교육

★ 01. 듣기 · 말하기의 비중이 늘어난다?

올해부터 대학수학능력 평가에서 듣기 비중이 50% 가까이 확대되었습니다. 그만큼 듣기 중요성이 커졌습니다. 시험만이 아니라 우리가 생활에서 많이 활용하는 것이 바로 음성언어입니다. 음성언어와 문자언어를 구분하여 생각하기는 어렵지만 일상생활에서의 활용을 생각한다면 얘기는 달라집니다. 국어나 영어 모두 언어라는 면에서 음성언어의 중요성과 비중은 더욱 늘어날 것입니다.

현재 영어 교과 평가를 살펴보면 말하기 평가는 거의 없습니다. 물론 초등과 중등 과정에서 말하기 수행 평가를 시행하고 있지만, 학업 성취도 평가에는 말하기 능력 평가가 없습니다. 하지만 앞으로는 말하기도 평가의 요소가 될 것입니다. 지필평가가 아닌 실제 대화에서 듣기 · 말하기로 시험 보는 날이

가까운 미래에 오리라 생각합니다. 이에 맞춰 말하기 능력 신장을 위한 준비가 필요합니다.

★ **02. 배경지식을 넓혀라!**

내용을 읽을 때 우리는 단순히 본문 글에서만 정보를 얻지 않습니다. 정보 얻기에는 기존에 학습한 배경지식의 도움이 필요합니다. 우리가 접하는 글은 수많은 형식을 지니고 있습니다. 풍부한 배경지식은 다양한 내용을 담는 글에서 원하는 정보를 수월하게 얻게 해줍니다. 읽고 있는 내용과 관련된 배경지식이 이미 머릿속에 있다면 지문의 생소함을 덜어주기 때문입니다. 따라서 풍부한 읽기를 통한 배경지식을 넓히는 것이 반드시 필요합니다. 배경지식은 단기간에 넓어지지 않습니다. 아이들의 능력과 흥미를 고려해 다양한 영어 동화나 단편소설, 영자 신문 등을 통해 접할 수 있는 기회를 제공하는 것이 좋습니다.

★ **03. 영어 교육과정이 확대된다?**

앞으로 개정될 교육과정에는 초등 영어 교육이 1학년부터 시작될 가능성이 있습니다. 언어 발달 측면에서 이미 그 필요성과 중요성은 충분히 인식되고 있습니다. 다만 영어가 외국어인 탓에 영어 교육 확대 도입이 미루어지고 있다고 생각합니다. 그럼에도 영어 조기교육은 일반 가정과 일반 유치원에서 확대·실시되고 있지요.

현재의 영어 교육과정은 구어 중심으로 방향을 잡고 있습니다. 이러한 맥락에서 초등학교 저학년으로까지 확대되리라 봅니다. 듣기, 말하기, 읽기, 쓰기라는 4개 영역의 균형 학습을 이루려면 학교나 지역에 영어를 접할 도서관이나 그림책 보급이 절실히 필요합니다. 더불어 가정에서의 선행학습이란 측면이 아니라 학교 교육으로 부족한 시간적 측면에서 영어 학습과 관련해 즐겁고 재미있는 듣기와 읽기를 다양하게 접할 수 있는 기회의 제공이 필요합니다.

Parents 가정에서 교과서 관리는 어떻게 하나요?

Park's advice 학교와 지역, 담임교사에 따라 아이들의 교과서 관리는 다양하게 지도됩니다. 교과서가 무거워서 사물함에 전부 보관하고 알림장과 필통만 가지고 다닌다고요? 그렇게 되면 부모가 아이의 교과 학습 내용을 확인할 수 없습니다. 나중에는 자기 물건을 스스로 정리하지 못하거나 과제 등을 소홀히 생각해 아예 못하는 일도 생길 수 있습니다. 국어, 사회, 수학, 과학, 영어 등의 주 교과는 반드시 스스로 챙기고 정리하는 습관을 길러주세요. 그래도 아이가 사물함 보관을 원한다면 도덕과 실과, 예체능 교과만 두도록 지도하세요. 부모가 저학년 시기에 이렇게 해주면 고학년 때는 바람직한 습관이 형성되어 있을 것입니다.

Parents 학습만화나 독서 편식은 어떻게 지도할까요?

Park's advice 학습만화를 즐겨 보는 아이들이 많습니다. 일반적인 책으로는 이해하기 어려운 부분을 만화로 재미있게 습득할 수 있으니까요. 하지만 이야기의 흐름을 파악하기가 어렵고 문장이 짧아 상상력과 어휘력 기르기에 한계가 있습니다. 아이가 만화로 된 책만을 고집한다면 먼저 그림이 많은 책부터 읽어줘 책읽기를 친근하게 느끼도록 해야 합니다. 또 읽었던 학습만화와 같은 주제의 동화책을 다시 한 번 읽도록 해 아이가 글로 된 책을 더 쉽게 이해하도록 해줍시다.

대부분의 아이들은 특정 시기에 편중된 독서를 하게 되는 경우가 있습니다. 음식도 편식하면 건강에 해롭듯이 마음의 양식인 책도 한 분야만 읽게 되면 편중된 지식을 갖게 됩니다. 한 가지 주제에 편중된 독서는 독서량이 많아지고 관심의 영역이 확대되면 자연스레 해결되는 경우가 대부분입니다. 편중된 독서가 자연스럽게 다양한 영역에 대한 관심으로 이어지도록 부모가 배려하고 함께하는 자세가 요구됩니다.

Parents 교과별 학습의 최적기는?

Park's advice 초등학교에 입학해서 공식 평가를 처음 접하는 부모들은 아이가 가져오는 시험지를 보고 흐뭇한 미소를 지을 겁니다. 그러다 아이가 3~4학년이 되었을 땐 실망을 느끼고 5~6학년이 되면 좌절과 포기로 변해버리고 맙니다. 왜 이런 결과가 생길까요? 초등학교 1~2학년의 학업 성취는 대부분 우수합니다. 학습 내용의 최소화와 학교 적응 및 기초 생활 습관에 초점을 두기 때문이지요. 그럼에도 아이 실력과 점수는 향상되지 않거나 그대로 굳어져버립니다. 왜 그럴까요? 늘어나는 교과 학습의 양과 질, 그리고 학습 집중력의 차이와 가정 내 학습 생활 습관 등 여러 요인이 있습니다.

뇌 또는 인지 발달 면을 감안하면 교과 학습에도 최적기가 있습니다. 국어 교과는 듣기·말하기와 읽기 능력이 빠르게 향상되는 유아기와 초등 저학년 시기가 알맞고, 수학 교과는 분류와 보존, 서열의 개념, 입체 공간 사고가 발달하는 3~6학년이 최적기입니다. 과학 교육은 단순 암기나 문제 풀이가 아닌 실험과 관찰로 가설 및 연역 사고를 키우는 고학년 시기가 최적기라 할 수 있습니다.

Parents 수학 학습에 있어 부모 개입은 언제, 어디까지?

Park's advice 수학에서는 아이 스스로 문제를 해결하는 것이 중요합니다. 모르는 문제가 나왔을 때 부모의 도움은 별로 좋지 못합니다. 그런데 모르는 문제는 왜 생길까요? 수학 개념과 원리도 부족한데다 그 어떤 것도 자기 것으로 만들기 못했기 때문입니다. 그러니 수학 문제 해결은 당연히 어려울 수밖에요. 이럴 땐 교과서를 활용한 정확한 개념 정리가 필요합니다. 이를 바탕으로 스스로 문제 해결을 이끄는 것이 좋다는 얘기죠. 이 과정을 거쳐도 문제 해결이 어렵다면 아이의 실수가 어디에 있는지 확인합니다. 비슷한 문제로 연습시키는 것도 도움이 될 수 있습니다. 하지만 부모의 개입 이전에 아이 스스로 문제를 해결하도록 격려하고 함께해주세요.

Parents 사회나 과학 공부는 어떻게?

Park's advice 사회 교과는 지리, 역사, 경제, 정치 등 다양한 분야가 통합되어 있으며 우리 생활과 밀접하게 연관되어 있습니다. 3~4학년 때는 일상생활에서 여러 사람과 관계를 통해 다양한 생활 모습과 경제나 문화를 알 수 있도록 풍부한 경험을 제공합시다. 5학년 때는 다양한 역사적 사실을 생활사와 문화사, 인물사로 체험하게 합니다. 6학년에는 정치와 경제 영역에 관심을 갖도록 생활 속 다양한 요소를 찾고, 사회문화에 관심을 갖도록 배려해주세요. 역사와 정치 및 경제 활동의 관심 확대를 위해 역사책과 신문 읽기도 도움이 됩니다.

주변의 여러 현상을 관찰하고 탐구해 과학적 사실과 지식을 쌓는 과목이 과학입니다. 과학 수업 시간에는 탐구 과정에 필요한 여러 실험이 이뤄집니다. 이 실험에 참여하는 태도와 자세 그리고 실험 과정의 이해가 과학 학습 능력을 키우는 첫걸음입니다. 문제의 해결을 위해 어떤 실험에 도구를 이용했고 그 결과가 어땠는지 알 수 있어야 합니다. 다음으로 과학의 개념과 용어를 이해하고 정확히 알아야 합니다. 과학은 되도록 한 단원 학습이 끝나면 새로 배운 지식을 자기만의 방식으로 정리하는 것이 좋습니다. 다양한 과학 도서를 통해 과학 지식을 넓히는 계기도 만들어 주세요. 전시회나 과학 캠프 등 다양한 행사 참여도 도움이 됩니다.

Parents 학업 성취도 평가에서 어떤 결과를?

Park's advice 모든 부모는 학교에서 시행하는 학업성취도 평가에 관심을 가지고 있습니다. 학교에서 실시하는 대부분의 평가는 해당 교과의 목표 도달 정도를 알아볼 수 있도록 학교 차원의 계획을 수립하고, 실제 해당 학년 선생님들이 주로 출제하여 평가를 시행합니다. 저학년 시기와 고학년 시기의 학업성취도에는 다른 접근이 필요합니다. 꾸준하고 성실한 부모 역할을 소홀히 하면 고학년 시기에 큰 어려움을 겪기도 합니다. 초등 시기라면 어느 정도 높은 수준으로 성취하면 충분하지 않을까요? 초등 시기의 학업성취도 평가는 모든 교과에서 100점을 목표로 해서는 안 되며, 중등과정을 위한 스스로의 학습능력을 키우는 데 목표를 두어야 합니다.

행복의 감동을 함께 나눕니다.
교육을 통한 가장 큰 목표는 행복입니다. 우리 아이가 더 행복하려면 먼저 학교 교육을 제대로 알고 성공의 기쁨을 경험할 수 있어야 합니다. 따뜻한 마음 위에 지식을 쌓고 지혜를 발휘하기 위한 구체적 마스터플랜이 있어야 합니다.

교육 화제
제4장

성공하는 학교생활 그리기

학교생활 적응 노하우

여섯 살짜리 딸을 둔 현미 씨는 요즘 아이 교육이 걱정입니다. 어리기만 하던 아이가 내년이면 벌써 일곱 살. 평일에는 직장을 다녀와서 저녁을 먹은 후 집안일을 조금 하다보면 어느덧 아이가 잠잘 시간입니다. 거의 놀아 주지 못하고, 책도 읽어 주지 못해 미안합니다. 주말이면 아이와 함께 놀러 가거나 미술관에도 찾아가지만 이런 시간이 일주일에 겨우 하루입니다. 바쁘다는 핑계로 아이 공부는 거의 시켜본 적이 없습니다. 다행히 어린이집에서 한글을 혼자 떼서 걱정은 없었습니다. 하지만 초등학교 생활이 얼마 남지 않은 상황에서 주위를 보니 자신만 아이 교육에 소홀했단 생각이 듭니다. 다른 엄마들은 평일에 문화 센터나 학원을 다니면서 이것저것 가르치는데 혼자 아무것도 하지 않으니 염려가 됩니다. 이러다가 초등학교에 들어간 딸이 적응하지 못해 힘들어하지는 않을지 걱정입니다.

🚩 **THINK TOGETHER**

대부분의 부모라면 아이의 초등학교 입학에 걱정과 두려움이 앞섭니다. 어떻게 학습 능력과 생활 태도를 북돋워야 할지의 고민은 너무나 당연한 일입니다. 하지만 조금만 귀 기울여 관심을 갖는다면 그 답은 가까이 있습니다.

Sketch 01. 성격에 따른 교육법

아이들은 각자 개성을 지니고 있습니다. 장점도 단점도 많이 있습니다. 아이의 성격강점을 찾아내 어떻게 조절하고 관리하느냐에 따라 양육법은 달라져야 합니다. 이는 아이의 장점을 키우고 단점은 보완해 아이를 제대로 키우는 방법이라고 할 수 있습니다.

성격은 개인이 환경에 적응해나가는 방법을 결정하는 사고방식이나 독특한 행동 양식을 말합니다. 따라서 성격은 독특성과 일관성, 안정성을 지닙니다. 가장 널리 받아들여지고 있는 성격 이론은 스위스 정신의학자 칼 융(Carl Jung)이 고안한 것입니다. 그의 이론에 의하면 외향적 사람은 활동성과 사교성이 강하며 자신을 표출하는 경향이 강합니다. 반면에 내향적 사람은 수줍어하고 혼자 있는 경향이 더 강합니다.

내향적 아이는 다른 아이들과 함께 어울리는 기회를 만들어주세요. 특히 다양한 연령 대상과의 여러 상호작용을 아이가 경험하게 합니다. 무엇보다 부모의 양육 태도가 내향적 아이를 바꿀 수 있습니다. 낯설고 어려운 상황에서 "넌 왜 인사도 못하니?" 같은 비판이나 "넌 친구랑 안 놀고 뭐 하니?" 같은 압박, 또는 즉각적 반응의 강요는 아이를 더 움츠러들게 합니다. 아이가 감정과 생각을 능동적으로 표현할 때 격려하고 칭찬하면 자신감과 긍정을 키워줄 수 있지요. 또한 일상생활 속에서 아이들이 연습해보는 기회를 제공하면 도움이 될 수 있습니다.

외향적 아이는 말할 시간을 따로 주거나 깊이 생각하고 행동하도록 도와야 합니다. 말할 때도 자기주장만 말하기보다 다른 사람의 말을 끝까지 듣게 하는 것이 좋습니다. 때론 타인의 의견을 따르는 등 다른 사람의 의견을 존중하는 지혜와 배려가 자라도록 키워야 합니다.

현재 널리 사용되는 성격 유형 검사는 융의 성격 이론을 바탕으로 개발되어 80여 년에 걸쳐 발전된 MBTI입니다. MBTI는 외향형, 내향형 외에 감각형, 직관형, 사고형, 감정형, 판단형, 인식형 등 8가지 성격 유형으로 분류하고 있습니다.

성격 유형	특징	아이 성향 및 부모 역할
감각형	• 실제 경험과 현재를 중시. • 정확하고 철저한 일 처리 능력.	• 사소한 일에 집착하는 타입. • 우선순위를 정해줄 것.
직관형	• 미래와 가능성을 중시. • 신속한 일 처리 능력.	• 아이의 소질과 능력을 계발하도록 돕기. • 계획이나 할 일 체크리스트 챙기기.
사고형	• 진실과 사실에 관심이 많음. • 분석·객관적 판단 성향이 강함.	• 왕성한 호기심과 분석으로 문제 해결 • 감정 표현과 교감이 서툴다.
감정형	• 사람과의 관계를 중시. • 상황과 감정에 치우치는 성향이 강함.	• 아이의 봉사를 격려하고 칭찬할 것. • 자기 일의 중요성과 상대방 부탁을 거절하는 법 가르치기.
판단형	• 분명한 목적과 약속 엄수. • 체계적 사전 계획.	• 계획 세우기와 책임감이 강함. • 융통성이 없고 조급함을 누르는 교육 필요.
인식형	• 언제든 변화 가능한 목적과 방향. • 자율적이고 융통성이 있음.	• 해야 할 일을 마치는 법 가르치기. • 즉흥적 행동을 자제시키는 침착함 가르치기.

▲ MBTI 유형과 특징, 그리고 부모역할

　부모는 아이의 성향을 인식하고 그에 따른 양육방법을 달리 적용할 수 있어야 합니다. 아이의 타고난 기질이나 천성보다 부모의 양육이나 성장 환경이 더 중요합니다. 이처럼 부모의 양육법은 아이 성장과 성격 형성에 중요한 역할을 합니다.

Sketch 02. 부적응에 따른 해결 방법

좁은 의미의 부적응은 바람직하지 못한 행동이 수시로 나타남을 의미합니다. 너른 의미로는 신체 · 정서 · 사회 · 행동 문제를 포괄합니다. 아이의 행동이 부적응인지 아닌지는 같은 또래와 비교했을 때 알 수 있습니다. 자신 또는 다른 아이에게 피해를 주느냐에 따라 문제 행동 여부를 판단하는 것이죠. 대개 부적응 행동은 부모의 잘못된 학습이나 환경에서 비롯됩니다. 또 아이가 스스로 욕구를 채우려고 행동하거나 그런 욕구를 통제하지 못했을 때도 발생합니다. 그럼 부적응 행동의 유형과 그 해결방법을 살펴볼까요?

★ 01. 거짓말하는 아이

대개 아이들은 3세 이후 초등학생 시기까지 거짓말이 늘어납니다. 유아들은 사실과 상상을 구별하지 못해 거짓말을 하곤 합니다. 이러한 경우 거짓말 자체를 인식하지 못하기 때문에 아이를 혼내거나 야단치지 말아야 합니다. 또 관심을 끌기 위해서 또는 벌을 받으리라는 두려움 때문에 종종 거짓말을 하는데 이는 정상 발달 과정에서 나타나는 현상입니다. 따라서 아이에게 자신이 사랑받고 있다는 생각을 심어줄 필요가 있습니다. 아이가 거짓말하는 원인을 함께 이야기하고 실수를 인정하는 것을 두려워하지 않도록 칭찬하고 지지해주세요. 이를 통해 스스로 문제를 해결하도록 도와야 합니다.

★ 02. 공격적인 아이

　공격적인 아이는 대개 개인·환경·양육·사회문화적 요인으로 발생합니다. 자신의 욕구대로 하려는 심리가 강하고 기분이 나쁘면 남을 때리는 등의 공격적인 성향이 강한 아이는 대부분 타고난 기질이 작용합니다. 또한 부모에게서 사랑과 인정을 받지 못했거나 지나친 체벌 위주 양육 태도가 원인인 경우도 많습니다. 아이가 부모의 분노나 폭력 행동을 무분별하게 따라 하는 겁니다.

　공격적인 아이일수록 부모의 사랑과 인정이 더욱 필요합니다. 따라서 아이의 이런 행동을 막으려면 부모가 침착한 말과 행동으로 지도해야 하는 것을 잊지 마세요. 어떤 문제가 발생했을 때 부모의 일관성 있는 지도도 매우 중요합니다. 어떤 때는 쉽게 넘어가고 어떤 때는 심하게 야단을 치는 양육은 아이의 불안 심리를 키웁니다. 아이를 위축시키거나 공격성을 키우기도 합니다. 원래부터 공격적인 아이가 아니라도 이런 생활이 이어지면 잠재된 공격성이 드러나게 됩니다. 이러한 상황이 반복된다면 습관이 될 수 있으므로 미리 예방하는 것이 중요합니다.

독서나 명상 등의 방법보다는 일상생활에서 부모나 또래와의 놀이나 스포츠 활동으로 아이가 공격적 성향을 분출할 기회를 만들어주세요. 다양한 보드게임으로 자기 절제와 통제력을 키우는 것도 좋습니다.

★ 03. 형제간 갈등을 겪는 아이

형제·자매가 둘 이상인 가정에서는 대부분 다양한 갈등을 겪고, 때로는 언어·신체 폭력과 같은 문제를 일으킵니다. 그렇기 때문에 '편하게 지내는 것이 소원'이라는 부모를 종종 보게 됩니다. 이러한 갈등이나 문제는 인간 발달에서 자연스러운 현상이며 부모의 관심과 애정, 원칙이 있다면 비교적 쉽게 해결할 수 있습니다.

형제간 갈등에 부모가 개입해야 할까요? 학자나 부모에 따라 서로 다른 의견을 보입니다. 하지만 아이들은 갈등 해결력이 부족하기 때문에 아무래도 부모의 도움이 필요하겠지요. 형제간의 갈등 상황에서 어느 한 명이 위축되거나 언어·신체 공격성이 유발될 때는 중재하는 것이 바람직합니다. 이런 경우 반드시 부모의 소신이나 원칙이 필요합니다. 가장 흔한 형제간의 갈등은 서로의 소유물에 대한 다툼입니다. 이때는 아이들에게 서로의 소유물 권한을 인정해주어야 합니다. 타인의 물건을 빌리거나 사용할 때는 반드시 미리 양해를 구해야 함을 알려주세요. 또 다른 갈등은 부모에게서 더 많은 사랑과 관심을 받으려는 욕심에서 출발합니다. 특별히 사랑과 관심이 필요한 아이라면 그런 기회에 애정을 느끼게 하세요. 아이들을 있는 그대로 존중하는 태도를 지녀야 합니다. 편애하지 않고 차이점을 인정하며 긍정적으로 이야기하세요. 다음으로 갈등이 발생한 원인을 정확히 알아야 합니다. 아이들에게 똑같이 말할 기회를 주고 속내를 표현하게 하세요. 그리고 아이의 말을 경청하세요. 부모의 권위로 잘잘못을 따지기보다 형제 사이의 긍정적인 상호관계에 끝없는 칭찬과 지지를 보내는 것이 바람직합니다.

★ 04. 자신감 없는 아이

가정이나 유치원, 학교에서 다른 아이들과 교류하지 못하고, 혼자 놀거나 책을 읽는 아이들을 발견할 수 있습니다. 모든 일에 수동적이 되어 '나 못해', '엄마가 해주세요.', '선생님 저는 안 할래요.' 식으로 반응하고 행동하지요. 이처럼 자신감이 없는 아이는 유전의 영향도 있지만 부모의 과잉보호와 성격 유형과도 관련 있습니다. 아이 스스로 결정할 놀이나 학습, 생활 방법 등에서 부모가 모든 일을 선택하고 결정하기 때문이죠. 이러한 아이들은 스스로 결정하지 못하고 뭐든 남에게 의존합니다. 완벽주의 부모는 너무 높은 성취 목표나 생활 태도를 가지도록 아이에게 강요하고, 작은 실수조차 용납지 않아 심한 야단과 비난을 하기도 합니다. 이런 부모 밑의 아이는 높은 성과를 이룩하면서도 스스로 만족스럽지 않다고 판단합니다. 다른 아이들과 비교되거나 행동마다 제재당하고 꾸중 듣는다면 자신감을 잃어버리는 것은 당연한 결과입니다.

아이를 하나의 인격체로 존중해주지 않으면 아이는 자신감을 잃게 됩니다. 아이의 판단과 결정을 존중해주고 그것을 격려하며 지지한다면 아이도 자신을 가치 있고 소중하다고 느낄 것입니다. 진정한 자신감은 부모가 나를 믿어준다는 확신에서 태어납니다.

Sketch 03. 입학 전 학습 기초 점검

1학년이 된 지도 벌써 3개월이 되는 동호는 아직 한글을 잘 모릅니다. 엄마아빠는 동호가 쓰는 것을 싫어해 전혀 강요를 하지 않았습니다. 그런데 얼마 전부터 받아쓰기를 하면서 아이가 스스로 부끄러워하는 모습을 자주 봅니다. 결국 아이에게 부지런히 받아쓰기를 시키는데도 쓰는 것을 여전히 싫어하고 괴로워하니 걱정이 많습니다. 그나마 읽기는 어느 정도 하는 것 같아 다행입니다. 이처럼 많은 부모들이 궁금해 합니다. 입학 전에 아이를 어느 수준까지 학습시켜야 하는 거지?

★ 01. 한글, 반드시 떼야 할까?

초등학교에 입학한 아이들은 한글을 거의 읽습니다. 물론 아이들이 학교에 들어가면 자음과 모음, 글 읽는 법을 익히지만 학습 내용과 분량은 거의 형식에 불과합니다. 교사들도 한글 읽기를 못하는 아이가 없다고 간주해 별도의 지도를 하지 않는 경향이 있습니다. 한글은 국어 공부뿐 아니라 다른 과목 학습에 필수 요소이기 때문에 미리 읽기를 가르치는 것이 좋습니다.

★ 02. 책 읽기는 어디까지?

무엇보다 읽기 능력을 갖추는 것이 우선입니다. 글을 읽고 내용과 뜻을 이해하도록 도와주세요. 그렇게 하기 위해서는 자발적으로 책을 선택하여 읽는 능력을 키워주는 것이 좋습니다. 그렇게 함으로써 다양한 어휘를 접하게 되고 풍부한 언어 사용의 밑바탕을 구축하게 됩니다. 책을 읽다가 모르는 단어가 나오면 나중에 스스로 찾아보는 방법을 활용하거나 부모가 친절하게 알려주는 것이 좋습니다.

★ 03. 글씨 쓰기, 완벽해야 할까?

글씨는 그 사람의 인격을 반영합니다. 가다듬고 연습할수록 품격이 높아지듯이, 글씨도 많이 쓰면 쓸수록 아름다워집니다. 요즘 아이들 중에 바른 글씨 쓰기를 실천하는 아이는 많지 않습니다. 특히 고학년이 되어 바른 글씨 쓰기를 지도해보면 아이들의 필체를 바꾸기란 여간 어려운 노릇이 아닙니다. 무엇 때문에 이런 결과가 생기는 걸까요?

편리한 세상에 사는 요즘 아이들은 글쓰기가 많던 과거에 비해 쓰기 연습이 많이 부족하기 때문이죠. 게다가 아이들이 연필보다 샤프나 볼펜을 주로 사용하는 것도 이유가 됩니다. 또 부모나 교사가 글씨 쓰기 지도법을 잘 모르는 까닭도 있습니다.

바른 글씨 쓰기를 위해 먼저 연필 잡는 방법에 대한 지도가 중요합니다. 초등학교 입학 후 학교에서 가르치기도 하지만, 유아기 때 만들어진 습관은 고치기 어렵습니다. 샤프나 볼펜을 자주 사용하면 연필 잡기가 불편해집니다. 또 심이 얇고 볼이 있어 글씨를 천천히 쓰는 것이 아니라 대충 써버립니다. 초등학교까지는 샤프나 볼펜을 사용하지 않도록 지도하는 것이 좋습니다. 아이들이 잡기 쉽게 삼각형 모양인 연필이나 홈이 있는 연필은 쥐는 법을 잡아 주어 바른 글씨 쓰기에 도움이 됩니다.

▲ 바른 자세에 도움이 되는 연필

연필을 고를 때는 연필에 4B-2B-B-HB로 표시된 농도를 살펴보아야 합니다. 4B가 가장 진하고 무르며 쓸 때 부드럽고, HB가 가장 연하고 단단합니다. 1~2학년은 2B가 적절하고, 고학년 때엔 B나 HB를 사용해도 좋습니다.

연필을 잡을 때는 엄지와 검지로 연필을 잡고 나머지 손가락은 밑에서 받쳐주어야 합니다. 혹시 아이가 이런 자세를 어려워하면, 아이에게 이렇게 말해보세요. "가족이 행복하려면 엄마와 아빠가 서로 마주잡고 다른 가족은 이렇게 밑에서 도와주는 거야, 알았지?"

연필 잡는 자세가 갖춰졌다면 이제는 바른 글씨 쓰는 법을 알아야겠죠?

우선 ㅡ, ㅣ 쓰기 지도가 중요합니다. 우리글은 ㅇ이 들어 있는 자음을 제외하고 거의 모든 자음과 모음이 ㅡ, ㅣ로 되어 있다 해도 과언이 아니니까요. 스케치북이나 이면지에 ㅡ, ㅣ, ㅇ 쓰기 연습을 많이 하면 바른 글씨 쓰기의 기초가 됩니다. 아이와 함께 바르게 연필을 잡고 ㅡ, ㅣ, ㅇ 쓰기 연습을 충분히 하세요. 또 어떻게 하면 글을 잘 쓰는지 북돋워주면 아이는 자신감을 갖고 실력이 더욱 자라납니다. 물론 이런 방법과 함께 꾸준히 반복 연습을 해야겠지요. 다만 아이가 명조체로 글씨를 쓰지 않도록 하세요. 이 시기에는 멋지게 쓰기보다 바른 글씨 쓰기에 초점을 맞추어야 하니까요. 지금은 정확하게 알아볼 수 있는 고딕체부터 연습하고 나이가 들면 어른들이 쓰는 명조체도 배울 수 있다고 말해주세요.

★ **04. 수학 능력은 어디까지?**
- 10 이하의 수 개념 익히기
- 두 수를 가르고 모으기
- 50까지의 수 읽고 쓰기
- 10이 넘지 않는 수의 더하기와 빼기
- 길이, 높이, 들이, 무게, 넓이 비교하기

이런 것들이 초등학교 1학년 수학과의 주요 내용입니다. 유아교육 내용과 상당 부분 비슷하지요. 이 시기의 학생들은 수학을 처음 접하기 때문에 수와 연산이 상당 부분을 차지합니다. 따라서 입학 전 수학은 이론 중심의 학습보다는 다양한 놀이와 경험 중심의 활동을 통해 수 감각을 익히도록 합니다. 그 내용이나 학습 분량에 비추어 전혀 부담을 갖거나 불안해할 필요도 없습니다.

Sketch 04. 평생 가는 아이 습관 길들이기

★ 01. '가정'이 키우는 생활 습관

"세 살 버릇 여든까지 간다." 이 속담처럼 한 번 형성된 습관은 바뀌기가 쉽지 않습니다. 습관을 어떻게 형성하느냐에 따라 아이들의 미래가 달라질 겁니다. 유아기와 아동 초기는 기본 생활 습관을 만드는 결정적 시기입니다. 이 시기를 놓쳐버리고 바른 생활 습관을 가지려면 엄청 많은 시간과 노력이 필요합니다. 가정은 아이가 교육 기관보다 훨씬 많은 시간을 보내는 곳이며, 더 자연스러운 행동 양식이 키워지는 곳입니다. 기본 생활 습관은 아이들의 생활에 기초가 되는 것을 습관으로 만들어 인성의 밑바탕이 됩니다. 또한 지적 발달, 사회화, 언어 발달 등의 성장에도 긍정적인 영향을 미칩니다. 이처럼 중요한 기본 생활 습관을 만들려면 가정의 역할이 단연 핵심입니다.

★ 02. 바른 습관을 위한 3가지 조언

첫째, 아주 쉬운 과제부터

예를 들어 청결과 정리의 습관을 생각해봅시다. 먼저 아이 옷 벗는 일을 부모가 도와주고 빨래 바구니에 넣도록 직접 안내해주어야 합니다. 갖고 놀던 물건이나 읽은 책을 정리할 때는 아이한테 스스로 정리하라고 마구 강요하지는 마세요. 부모에게는 쉽고 하찮은 일이라도 아이에게는 큰 과제일 수 있습니다. "우리 함께 정리해 볼까?" 이렇게 아이에게 모범을 보이고 함께하는 태도가 아이 교육에 더욱 긍정적입니다. 나중에 조금 더 어려운 과제를 주고 아이 스스로 할 수 있도록 안내해 주세요.

둘째, 구체적이고 즉각적인 격려와 습관화

아주 작은 일이라도 스스로 해냈을 때는 바로 칭찬하고 격려해주세요. 아이가 부족하지만 스스로 이를 닦았을 때 부모가 "스스로 깨끗하게 이를 닦는 모습이 정말 예쁘네, 이가 튼튼해지겠어." 라고 칭찬해주면 아이는 한층 더 분발하고 노력합니다. 이처럼 모든 칭찬은 즉시, 구체적으로 할 때 가장 좋은 효과를 냅니다. 이와 더불어 그 행동이 습관으로 자리 잡도록 꾸준히 반복적으로 칭찬하는 부모의 노력이 필요합니다.

셋째, 가장 중요한 것은 부모의 행동

아이들이 알아듣도록 친절하게 지도하는 것도 중요하지만, 기본 생활 습관과 관련하여 무엇보다 아이에게 절대적인 영향을 끼치는 것은 바로 부모 자신이 보여주는 행동입니다. "웃어른이나 다른 사람을 만나면 반드시 인사해야 해." 수없이 이런 예절을 강조해봤자, 부모가 아파트 계단에서 만난 이웃과 인사를 하지 않는다면 무슨 소용이 있겠습니까? 부모의 말과 행동이 일치되었을 때 비로소 교육 효과는 더 커진다는 것, 기억하세요.

Sketch 05. 내 아이 학교 준비 - 등교

★ 01. 등교하기

초등학교 입학 후 몇 개월 또는 한 학기 정도는 (학교에 따라 다르지만) 8시 30분~40분까지 등교합니다. 초등학교 1학년의 목표 중 하나가 학교생활 적응입니다. 아이들의 건강 상태나 적응의 문제로 학교에 다소 늦는 것은 괜찮겠지만, 수업에 방해되지 않게 등교 시간은 지키도록 하세요. 수업에 들어갔을 때 다른 아이들의 시선과 불편을 느낄 아이를 생각한다면 최소한 수업 5분 전에는 등교시키는 것이 좋습니다. 급한 사정으로 정해진 등교 시간을 지키지 못한다면 적어도 선생님께 미리 문자나 전화로 연락해주세요.

★ 02. 학교 적응 살피기

아이들의 학교 적응이 최우선입니다. 즐거운 마음으로 학교에 가고, 학교에 대해 행복감을 느끼는지 살펴야 합니다. 아이가 학교를 재미있고 즐거운 곳으로 받아들이는지 관심을 가져주세요. 아이가 학교를 긍정적으로 생각한다면 교사와 또래관계도 잘 형성될 뿐 아니라, 학습 기초도 수월하게 잘 닦는 계기가 됩니다. 내 아이가 학교 적응을 어떻게 하는지 확인하는 방법이 있습니다. 학교 갈 때와 학교에서 돌아올 때의 아이들의 표정과 반응을 살펴보세요. 또한 아이가 학교에서 있었던 일을 편하게 이야기하고 긍정적으로 표현하는지 살펴야 합니다. 다음으로 학교생활과 관련된 여러 가지 활동을 함께 연습하세요. 책가방 챙기기, 도서관 책 빌리거나 반납하기, 안내장 확인하고 준비하기 등이 좋은 예입니다.

★ 03. 책가방 챙기기

고학년이 되어도 과제, 학습 준비물, 안내장 등을 제출하지 못하는 아이도 많습니다. 이는 대부분 저학년 시기에 부모가 충분한 연습을 시키지 못했기 때문입니다. 교과서, 공책,

필통, 과제, 학습 준비물, 제출할 안내장 등이 가방 속에 다 챙겨져 있는지 늘 확인하세요.

아이의 책상과 알림장에 시간표를 붙여 활용해봅시다. 이를 보고 아이 스스로 교과서와 공책, 필통을 빼놓지 않고 준비하도록 시키는 겁니다. 필통에는 잘 깎인 연필 3자루, 자, 지우개 정도만 준비하세요. 가끔 칼을 가지고 다니는 경우가 있는데 장난치다가 뜻하지 않은 상해를 주고받는 일이 생길 수 있습니다. 연필깎이 정도는 쉬는 시간에 쉽게 이용하도록 하는 교실이 대부분이니, 연필이 부러질까봐 너무 많은 연필을 가지고 다닐 필요도 없습니다.

초등학교에선 학교나 담임교사가 보내는 안내장이 많습니다. 이 안내장은 아이의 학교생활에 중요한 역할을 담당합니다. 학습 준비물이나 다양한 행사 안내를 하고 있기 때문입니다. 포켓 파일을 구입해서 아이가 학교에서 주는 안내장을 잘 챙기도록 합시다. 또한 부모가 제출할 안내장도 포켓 파일에 담아 선생님께 잘 전달하도록 지도해야 합니다. 이처럼 안내장 전달은 부모와 학교가 서로 아이 교육을 소통하는 좋은 방법이 됩니다.

그렇다면 책가방은 언제 챙겨야 할까요? 잠자기 전이나 아침 시간에 한다면 귀찮고 짜증나는 일이 되기 십상입니다. 아침 시간에는 부모가 바빠 제대로 준비가 되지 않거나 감정적으로 대처하게 됩니다. 그 결과 학습이나 학교 적응에 방해가 됨은 물론입니다. 가능하면 '가방 챙기기' 시간을 정해 준비하거나 저녁 식사 전후에 준비하는 것이 효과적입니다.

★ 04. 아이를 위한 학습 준비물 갖추기

입학 시즌이 다가오면 부모는 설레면서도 고민이 됩니다. 무엇을 준비할까 걱정이 가득합니다. 학습 준비물은 가방과 필통(연필) 정도면 충분합니다. 가방은 가격이나 디자인보다 '무게감'을 먼저 살피세요. 전문가들은 일자목 증후군과 척추측만증의 원인으로 무거운 책가방을 지목합니다. 따라서 책가방 무게는 아이 체중의 10%를 넘지 않는 것이 좋습니다. 가방끈 역시 넓고 푹신한 디자인이 좋습니다. 세탁을 감안하면 인조가죽이나 천연가죽보다 천으로 된 가방이 좋습니다.

가방은 양쪽 어깨에 메고, 허리끈이 있다면 사용하며, 꼭 필요한 물건만 담도록 하세요. 가방에서 가장 무거운 물건은 등 쪽에 두는 것이 가방을 메기 편리합니다.

그럼 학용품은 어떨까요? 철로 만든 필통은 피하고, 연필은 굵기와 진하기에 따라 조금씩 사서 쓰게 하세요. 나머지는

| 꿈은 크게! | **1학년 학부모님께** | 실천은 바르게! |

안녕하세요? 저는 2014년 한 해 동안 1학년 ○반을 맡게 된 교사 ○○○입니다. 우리 아이들이 건강하고 바른 학교생활을 위한 기본적인 생활과 학습준비물을 안내합니다. 바른 생활 습관과 태도 정착을 위해 부모님의 적극적인 협조가 필요합니다.

● **기본 생활 습관의 형성**
학교 생활을 처음 시작하는 만큼 바른 생활 습관 형성이 중요합니다.
- 일찍 자고 일찍 일어나기
- 등하교 길 익히기
- 8시 40분까지 등교하기
- 알림장 보고 스스로 가방 챙기기
- 숙제, 준비물 하교 후 바로 하기

● **바른 독서 습관의 정착**
책을 통하여 지식을 얻을 수 있고 다양한 경험과 마음의 휴식을 얻을 수 있습니다. 따라서 책을 가까이 하는 습관이 중요합니다.
- 매일 30분씩 소리 내어 책 읽기
- 권장도서 꼭 읽기
- 주 2회 이상 도서관 이용하기

● **바른 인성과 사회성 발달**
즐거운 학교생활을 위해서는 친구들과 사이좋게 지내고 다른 사람을 배려하는 마음을 가져야 합니다.
- 등교시 친구들에게 인사하기
- 바르고 고운 말 사용하기
- 어른께 존댓말 사용하기
- 욕설이나 비속어 사용하지 않기

● **학습 준비물**

준비물 종류	준비할 학습 용구
가지고 다닐 것	□ 안내장 끼움용 파일(학교에서 배부) □ 필통(4B연필 5자루, 지우개, 검정 색연필) □ 학습장(알림장, 6칸 공책, 1~2학년용 줄공책) □ 알림장 또는 주간학습안내에서 제시한 준비물
사물함 보관	□ 물티슈(뚜껑이 있는 것) □ 양치질 도구(치약, 칫솔 등)
주의 사항	•물건에 자기 이름 쓰기 •바른 글씨체 형성을 위해 사프 사용을 금하므로 꼭 연필을 깎아옵니다. •장난감 기능이 있는 학용품은 가져오지 않습니다. •가급적 철제 필통은 준비하지 않습니다.

○○○○년 ○○월 ○일

담임 ○○○

▲ 학습 준비물 안내장 예

성공하는 학교생활 그리기

대부분 학습 준비물에 대한 학교의 안내장에 의거해서 준비하세요. 예비 소집이나 입학 후 안내장에 따라서 준비하는 편이 훨씬 더 효과적이며 경제적이지요. 물론 가정에서 쓰던 것을 준비해도 상관없지만 새로운 출발이나 시작의 의미로 새 것을 구입해도 좋습니다. 최근에는 학교에서 편성한 예산으로 학습 준비물을 구입하여 교육에 활용합니다. 따라서 학습 준비물을 위한 부모의 부담을 낮추고 있음을 참고해주세요.

Sketch 06. 내 아이 학교 준비 - 학교생활

★ 01. 과제 도와주기

여러분의 아이는 과제를 직접 해결합니까? 여기에도 부모의 관심과 지혜가 필요합니다. 저학년 때는 스스로 과제를 해결하도록 부모가 함께하는 자세가 요구됩니다. 별도의 시간을 정하거나 저녁 식사 전후로 과제를 실천하도록 돕는 것이 좋습니다. 잠잘 시간이나 다음 날 아침에는 대충 하거나 아예 하지 못합니다.

과제 도와주기에서 중요한 것은 아이 스스로 능동적으로 할 수 있는 환경을 만들어주고, 스스로 해결하도록 도와주는 역할을 수행하는 것이 중요합니다. "어떻게 해결하면 좋을까?" "우리 이렇게 하면 어떨까" 등 아이가 선택하고 결정하도록 돕는 것이지요. 아이 대신 부모가 나서서 과제를 해결해 주는 것은 아이에게 의존하는 성격을 만들어줄 뿐 아니라, 나중에는 스스로 해결하는 능력도 부족하게 됩니다. 초등학교 1~2학년은 부모 주도로 과제를 해결하도록 도와주고, 3~4학년 때는 아이 주도로 과제를 스스로 해결하는 능력을 키워주는 게 바람직합니다.

★ 02. 또래 관계 형성하기

같은 반에서 공부하는 아이들이 다 친구지만, 특별히 너와 나는 더 친하다는 인식으로 발전하는 것이 초등 시기부터의 '우정'입니다. 유년기와 저학년 시기의 또래 관계는 그 기초가 되는데, 우정은 학교 적응에서 중요한 역할을 합니다.

학교 적응에서 우정을 바탕으로 한 또래 관계는 매우 중요합니다. 부모의 신뢰 및 친밀감을 얻은 아이는 다른 아이와 대화하고 의사 표현을 통해 이 관계를 확장해갑니다. 아이들이 자연스럽게 관계를 형성하도록 부모들이 모여서 돕는 것도 바람직하지요. 그룹을 만들어 날짜별로 돌아가며 또래 집에서 자고 오는 홈스테이 역시 관계 형성의 한 방법입니다. 이를 잘 이용하면 아이의 또래 관계와 발달 정도를 확인할 수도 있습니다.

신체, 학업, 사회관계, 정서 같은 측면의 능력 또한 또래 관계 형성에 영향을 미칩니다. 일반적으로 온정적이고 수용적인 부모와의 관계를 유지하고 친사회적인 행동을 하는 아이들의 경우, 더욱 폭넓은 또래 관계를 유지하는 편입니다. 반면 말과 행동이 거칠고, 반사회적 행동을 하는 아이들도 또래로부터 인기를 얻습니다. 전자의 경우 대개 학업 능력과 사회적 능력을 겸비하기 때문이지만, 후자의 경우는 초등학교 고학년 시기나 청소년기에 무시나 왕따 시키기, 소문내기, 폭력 행사하기 등을 통해 인기를 얻는데 이는 이후에 사회적 문제를 일으키기도 합니다.

★ 03. 수업과 쉬는 시간 구분하기

아이가 시간 계획에 맞게 생활할 수 있어야만 학교라는 공간에서 잘 적응할 수 있습니다. 특히 이제 막 입학한 아이들이거나 1~2학년 아이들의 경우는 아직 시간 개념이 완전히 형성되지 않아 수업 시간과 쉬는 시간을 구별하지 못할 때가 많습니다.

입학 후 초기에는 쉬는 시간에 화장실만 다녀오도록 권유하고, 나머지 시간엔 교실에서 친구들과 시간을 보내도록 하는 것이 좋습니다. 그리고 복도나 운동장에서 놀고 있는 친구들이 없을 때에는 교실로 들어가도록 안내하는 것이 좋습니다.

가정에서 시간 개념을 형성하기 위해서는 10분 동안 놀이나 게임하기 등을 활용하여 시간 개념을 익히고 미리 시각을 읽는 연습이 필요합니다. 또한 학교의 일일 교육활동을 미리 숙지하여 아이에게 잘 안내하는 것이 중요합니다.

★ 04. 화장실 이용하기

6년 전, 1학년 1학기가 끝날 무렵이었습니다. 5월부터 일기 쓰기 지도를 시작했는데 어떤 아이의 일기를 보고 웃음이 났던 기억이 생생합니다. 학교에서 대변을 보고 싶었지만 화장실을 이용할 수 없어, 꾹꾹 참고 엉덩이를 움켜쥐며 겨우 집에 도착해 변기에 한가득 일을 봤다는 내용이었습니다.

많은 부모들의 걱정 중 하나가 바로 학교 화장실 이용입니다. 아이들의 가정은 거의 좌변기가 설치되어 수월합니다. 요즘은 좌변기가 설치된 학교가 대부분이지만 여전히 그 수는 부족합니다. 게다가 아이들은 달라진 생활공간에서 느끼는 심리적 불안까지 더해져 생리 현상 해결에 어려움을 겪습니다.

아이의 학교 화장실 이용은 어떻게 가르칠까요? 먼저 유아 시기부터 혼자 화장실 사용하는 법을 지도하세요. 대소변 후 휴지 이용과 처리 요령, 그리고 물을 내리는 교육은 아이의 학교 적응을 도울 겁니다. 가정 외 공간에서 화장실을 쉽고 편하게 사용하도록 격려해주세요. 물론 반복 연습도 필요합니다.

수업 도중에 화장실을 이용하고 싶어지면 이건 또 다른 문제입니다. 이때는 언제든 선생님에게 도움을 구하는 연습을 시키세요. 즉 수업 중이라도 손을 들어 선생님께 의사 표현을 하도록 하는 겁니다. 물론 아이의 화장실 이용을 지나치게 걱정할 필요는 없습니다. 아이들의 학교 적응을 돕는 조력자인 교사들이 있으니까요. 심리적 또는 정서적으로 대소변 가리기에 문제가 있다면 선생님에게 양해를 구하면 됩니다. 아이의 속옷과 외출복을 미리 학교 사물함에 보관해둬도 좋겠지요. 그러면 아이와 선생님이 잘 대처할 수 있습니다. 또 방과 후나 주말에 아이와 학교에 가서 화장실 이용을 여러 번 연습시키는 것도 도움이 됩니다.

Sketch 07. 부모와 교사, 원활한 관계 맺기

4월 초, 교실에 도착한 선생님은 아픈 아이를 데려다주고 자신을 기다리던 어느 엄마를 만났습니다. 그런데 엄마는 교실 뒤쪽 출입문에서 아이를 바라보다 생긴 뜻밖의 일에 화가 난 상태였습니다. 다른 아이가 자기 아이의 가방을 차며 나쁜 말을 했다는 것입니다. 그 엄마는 다른 아이들이 자기 아이를 함부로 대한다며 거칠게 항의했습니다. 곧 조치를 취하겠다며 겨우 엄마를 진정시킨 선생님은 상황 파악에

나섰습니다. 아이들에게 이야기를 들어보니 사실은 다른 내용이었습니다. 그 아이가 가방을 던졌는데 앞에 있던 아이의 머리에 맞아 다툼이 발생했던 거지요. 자세한 내용을 전화로 알려줘도 엄마는 아이가 그동안 친구들에게 피해를 입어 참을 수 없다며 격한 감정을 표현합니다. 과연 선생님은 부모의 아이에게, 아이는 선생님에게 어떤 마음과 생각이 들었을까요?

★ 01. 학부모와 관계 맺기

학교 교육을 잘 이해하고 아이의 학교 적응을 도우려면 같은 반이나 다른 학부모들과 관계 맺기가 필요합니다. 따라서 학교 학부모 총회에는 꼭 참여하세요. 선생님이나 학부모들과 관계 맺기에 효과적이니까요. 총회는 아이가 학교생활에 적응하려면 무엇이 필요한지를 부모가 빨리 파악하게 해줍니다. 또 아이의 교우 관계는 물론 학교 적응의 정도를 이해하는 기회가 됩니다. 요즘은 상담 외에 아이 교육 활동을 위해서도 모임을 갖습니다.

이처럼 학부모와 관계 맺기는 생생한 자녀 교육 정보를 골고루 얻게 합니다. 이를테면 독서 정보나 가정 학습 방법, 다양한 체험 정보 등입니다. 아이의 건강한 성장과 발달을 돕는 지식과 정보를 얻기 위해서라도 학부모 사이의 관계는 중요합니다.

★ 02. 교사와의 관계 그리고 문제 해결

학부모 총회는 대체로 3월과 9월에 열립니다. 여기에서는 학교 교육, 담임교사의 학급 경영, 아이들 지도에 대한 정보 등이 소개됩니다. 가능하다면 아이의 수업 태도와 참여 및 교우 관련 정보를 선생님과 나누어 아이의 빠른 적응을 도와주세요. 그리고 이때 선생님과 긴밀한 관계 형성을 하도록 노력해야 합니다.

교사와의 관계 형성은 학부모에게 학교 교육의 관심과 다양한 참여 기회를 주기 때문에 중요합니다. 특히 아이 문제로 고민하거나 궁금한 점이 있을 때 선생님과 맺은 관계가 큰 도움이 됩니다. 알림장을 통해 아이 관련 문제와 고민을 이야기하거나 문자 및 간단한 손 편지로 협력을 구하면 해결이 쉬워지지요.

교사의 노력 부족과 학부모의 무관심은 서로 벽을 만듭니다. 그 벽으로 인해 아이들에게 최선의 교육서비스를 제공하지 못하는 일이 생기기도 합니다. 교사와 학부모가 함께 노력한다면 아이를 잘 키우려는 진심은 통하게 됩니다.

★ 03. 함께 만드는 학교와 교실

부모와 교사는 학교 교육에 적극적으로 참여하여 교육 철학과 방법을 공유해야 합니다. 이런 노력은 아이에게 애정을 불어넣어 원활한 학교 적응을 돕지요. 또 학교를 보는 아이의 태도를 긍정적으로 형성합니다. 아이 적응 면에서 학교 교육에 대한 부모의 관심은 더욱 절실히 요구됩니다. 왜 그럴까요?

학교 교육에 관심 없는 부모의 자녀들은 다양한 영역에서 잘 적응하지 못합니다. 그 반대인 부모의 아이는 적응을 더 잘 합니다. 여러 가지 원인이 있겠지만 학교나 학급 교육을 몰라 발생하는 알맞은 지도 부족이 주된 원인이 아닐까 합니다.

예컨대 미국의 학부모는 학교 교육에 깊숙이 관여합니다. 단순히 아이 발달 외에도 좋은 교육 환경을 지닌 학교가 되도록 시간과 자신의 능력에 맞춰 지원합니다. 이 때문에 학교 참여가 높아 학부모회가 활발하고 지역 명문학교로 발전하기도 합니다. 미국 학교의 학부모회가 참여하는 교육 프로그램도 다양합니다. 각종 교과 행사와 시즌별 학부모회 행사로 학교와 교사, 학부모의 소통은 계속됩니다. 이와 달리 우리나라 현실은 어떤가요? 한국의 학부모회는 교통 봉사나 청소, 급식 봉사에만 집중합니다. 거리감이 없는 선생님, 학부모의 애정 어린 소통은 아이의 학교 적응을 돕고 발달을 촉진합니다. 아이의 건강한 성장과 행복한 미래를 원한다면 학교와 교사, 학부모 모두가 함께 소통하려는 노력과 실천이 있어야 합니다.

Sketch 08. '대화 듣기', 학교 적응의 핵심

초등학교에 입학하면 부모는 아이가 학교에서 친구들과 즐겁게 생활하고 공부하기를 바랍니다. 이렇듯 부모가 바라는 학교 적응은 대화 듣기에서 비롯됩니다. 즉 선생님 이야기나 또래 친구들의 이야기에 집중해서 듣는 것입니다. 대화 듣기에서 눈을 마주치고 경청하는 자세가 필요합니다. 다른 사람의 말을 적극적으로 받아들이고 해석한다는 뜻이니까요.

대화 듣기는 또래와의 관계 형성에 꼭 필요합니다. 듣기 능력이 잘 갖춰지지 않으면 학교에서 여러 가지 부적응 문제를 보일 확률이 높습니다. 수업 시간에 선생님과 친구 이야기를 듣지 못하면 학습 방해는 물론 부정적 상호 작용을 나누게 됩니다. 학습 이외에 또래와의 놀이나 관계 형성도 어렵습니다.

듣기 능력은 가정에서 부모와 아이의 대화를 통해 그 기초가 이루어집니다. 적절하고 긍정적인 대화 듣기 연습은 또래 관계로 전해집니다. 또 학교 교육 적응과 학습 능력 및 학업 성취로도 이어지지요. 선생님 이야기에 주의를 기울이고, 발표를 하기로 약속하는 방법으로 듣기 능력을 키워주세요. 또 학교에서 선생님에게 궁금한 점을 질문하고 엄마에게 알려주도록 약속하는 방법을 활용하면 듣기와 발표 능력을 동시에 키울 수 있습니다.

학교에서 성공하는 아이

학교는 우리 아이들의 또 다른 행복한 공간이어야 한다.
아이들이 행복하도록 그 기초를 튼튼하게 가꾸어야 한다.

개학하는 날, 먹는 둥 마는 둥 대충 아침을 먹고 어제 외웠던 아이들 이름이 들어 있는 명렬표를 코트 안에 넣은 후 바쁘게 집을 나섰다. 왜 이리 추운지 시린 손에 입김을 불어넣고 발걸음을 학교로 옮긴다. 학교에 도착하자마자 어제 작성한 전지 크기의 반별 학생 명단을 급식소 앞쪽과 강당 뒤 벽면에 붙이느라 정신이 없다. 8시 30분이 되어 나를 포함한 담임선생님들은 모두 1학년 아이들을 맞이하려고 강당으로 향한다. 벌써부터 급식소 앞쪽에 엄마의 손을 잡고 있는 아이들 모습이 눈에 들어온다. 강당 앞에 준비한 우리 반 표찰 뒤에서 아이들을 기다린다. 무릎을 굽혀 아이에게 최대한 반가운 표정으로 인사말을 나누고 이름표를 걸어준다. 뒤이어 길게 이어진 줄의 아이들과 인사한 후 입학식 준비를 마친다. 아이들 앞에 서서 입학식을 진행하며 이 녀석들과 1년을 함께할 생각에 설렘 반, 걱정 반이다. 입학식이 끝나자 앞장서서 아이들을 우리 반으로 이끈다. 교실에 들어온 후 아이들이 원하는 자리에 앉도록 안

> 내하고 주위를 둘러본다. 교실 밖으로 엄마와 아빠의 모습이 한가득이다. 발걸음이 떨어지지 않는지 아이들과 나를 뚫어져라 쳐다보고 있다. 아이들의 마음처럼, 부모의 마음처럼, 내 마음도 설렌다.

▷ THINK TOGETHER

누구나 만남은 설레고 긴장됩니다. 초등학교라는 공간에서 교사와 아이 그리고 부모의 만남은 더욱 그러합니다. 만남에는 희망과 행복이 가득해야 합니다. 행복한 교실, 행복한 학교와의 만남을 이끌기 위해 부모는 어떤 노력을 해야 할까요?

Sketch 01. 성공하는 아이로 키우려면?

차분하고 예의바르며 수업 태도도 좋고 교우 관계도 원만한 형진이. 그런데 엄마는 요즘 회의감이 듭니다. 집에서 아이의 공부를 봐주고 있는데, 성취도 평가를 준비할 때마다 이렇게까지 해야 하나라는 생각에 마음이 편치 않습니다. 형진이 엄마는 이제 3학년이 된 아이를 다그치며 국어, 수학을 매일 공부시킵니다. 시험 때마다 힘들어하는 아이를 공부시키기도 벅찹니다. 아빠는 아이에게 책 읽기를 권하고 생각할 기회는 물론, 많이 놀게도 하라고 합니다. 아이와 공부하면서 서로 상처만

주면 누구에게도 도움이 되지 않는다는 얘기지요. 그럼에도 실력이 뒤처지면 어떡하나, 걱정이 됩니다. 요즘에는 제대로 된 교육을 하지 못한 것 같아 미안한 마음이 듭니다.

우리 주변에는 성공적인 학교생활을 하고 있는 아이가 있는가 하면, 반대로 학습능력을 갖추지 못하고 적응에 어려움을 보이는 아이도 있습니다. 과연 성공하는 아이에게는 어떤 특성이 있을까요?

★ 01. 학습에 '참여'하려는 아이!

학교생활은 교육과 학습이 70%, 기타 교내의 일상생활이 30% 정도입니다. 학습은 학교 교육에서 단연 중요한 위치를 차지하지요. 다양한 방법으로 학습에 적극 참여하는 아이는 대개 우수한 능력을 보이고, 교사와 관계도 긍정적입니다. 아이의 수업 참여 태도와 방법을 살펴보면 그 수준과 실력을 쉽게 가늠할 수 있습니다. 따라서 부모는 학습 참여 태도와 질에 관심을 가져야 합니다.

저학년 시기에 기초적인 학습 참여 태도를 바르게 갖춰야 합니다. 이 시기에는 적극적으로 참여하는 능력이 필수입니다. 조금만 관심을 가지면 학습 참여 능력을 키울 수 있습니다. 반면 5~6학년 교실의 모습은 많이 다릅니다. 학습에 집중해 참여하는 학생은 고작 몇 명에 불과하기도 합니다. 물론 사춘기 영향도 있겠지만 듣는 능력은 물론 자신감 부족 탓에 적극적으로 나서지 않는 겁니다. 또한 넓고 깊고 어려워진 학습 내용도 이유가 됩니다.

　발표나 질문 등 적극적인 학습 태도는 듣기 능력과 실력을 키웁니다. 또한 바람직한 참여는 자신감과 적극성도 신장시킵니다. 학습 참여의 기회와 수준을 높이기 위해서는 다양한 사람과 관계를 맺는 연습이 필요합니다. 간단한 물건 사오기, 부탁 들어주기, 모임에 참석하기 등 여러 사람 앞에 자주 서볼 수 있는 기회를 만들어주세요. 또한 가정에서 공식적인 자리를 마련해 분명하게 말하는 연습을 하거나 학급에서 임원을 맡아 자주 발표하는 기회를 갖는 것도 좋습니다.

★ 02. 실패를 '극복'하는 아이!

　우리는 살아가면서 수많은 성공과 실패를 경험합니다. 아이는 실패로부터 훨씬 더 많은 것을 경험하게 됩니다. '실패는 성공의 어머니'는 변함없이 교훈적인 메시지이지만, 현실은 좀 다릅니다. 실패가 마냥 성공의 어머니일 수는 없습니다. 실패를 많이 겪은 아이는 자신감이 없고 자존감도 낮아서 성취에 대한 의욕이 떨어집니다. 성공의 어머니는 바로 성공이란 말이 오히려 우리네 현실에 더 어울릴 것입니다. 에디슨도 수많은 실패 후에 전구를 개발하며 이렇게 말했다지요. "나는 수많은 실패 후에 성공한 것이 아닙니다. 수많은 과정을 거쳐 성공에 이른 것일 뿐이지요."

어쨌거나 아이들은 수많은 성공과 수많은 실패를 경험할 것입니다. 여기서 중요한 것은 성공으로 이끄는 기회나 경험을 이끌어내는 능력, 그리고 실패했을 때 어떻게 상호작용하고 이를 극복해내느냐 하는 것입니다. 아이의 능력에 비추어 터무니없이 높은 수준을 요구하거나, 실패한 아이에게 "그럴 줄 알았다," "성실하게 했어야지," "틀리지 말았어야지," 식으로 훈계하거나 꾸중하는 것은 결코 성공을 기약할 수 없는 태도입니다. 어떤 과제나 문제에 실패한다든지 시험을 망쳐서 피하고 싶고 도망가고 싶은 아이들도 있습니다. 이러한 아이에게 실패 경험이 어떤 의미인지를 이야기하고 무엇 때문에 그러한 결과를 가져왔는지, 어떻게 개선할 수 있는지 함께 토론하고 격려하고 지지하는 노력이 있어야 합니다. 이를 통해 아이 스스로 다시 도전하고 싶은 의욕을 불태우고 마침내 성공적인 경험에 이르도록 도와야 합니다.

실패의 경험도 소중한 발전의 기회가 되지만, 보다 더 많은 성공의 경험을 할 수 있도록 우리 아이에게 적절한 과제나 탐구를 제시해주는 것이 좋습니다. 뿐만 아니라 부모의 적절한 기대와 아이에 대한 일관된 믿음으로 기다려줄 수 있을 때, 비로소 아이는 (에디슨이 그랬던 것처럼) 자기 능력과 역량을 마음껏 펼쳐나갈 것입니다.

★ 03. 시험을 기회로 삼는 아이!

초등학교에선 매 학기 1~2회 공식 시험을 치릅니다. 학교 평가는 그동안 학습 방법이나 내용을 점검하는 좋은 기회가 됩니다. 학습 측면 외에 시험 불안, 집중력, 결과 반응 등 학습과 관련된 정서 관점에서도 평가는 중요한 척도를 제시합니다.

꾸준히 자기주도학습의 힘을 키우더라도 최소 평가 2~3주 전에 시간 계획을 세워 실천하게 하세요. 이는 중학교 평가 준비를 미리 연습하는 기회가 됩니다. 아이 평가에 지나친 불안감을 갖지 않도록 정서적으로 격려하고 지지해주세요. 하지만 적당한 불안감은 시험에서 높은 성취를 낳기도 합니다. 그리고 아이의 능력에 맞는 목표를 세워주세요. 아이의 장단점을 파악해 달성 가능한 목표를 세워 도전하도록 격려하는 겁니다.

마지막으로 부모가 '평가자의 관점'을 지녀서는 안 됩니다. 자신의 점수를 부끄러워하는 아이가 무엇을 왜 어떻게 틀렸는지 보여주려 하지 않을 테니까요. 과목별, 영역별로 틀린 유형을 파악하고, 그 원인을 찾아 해결하는 과정을 거친다면 아이들도 이런 실수를 반복하지 않으려고 노력할 것입니다.

단 한 번의 평가가 아이의 모든 것을 말해주지는 않습니다. 따라서 아이가 지나치게 결과에 매달리지 말고 과정에 최선을 다하는 태도를 갖게 하세요. 초등 시기까지는 점수보다 공부 습관이나 학습법이 더 중요합니다.

Sketch 02. 자기주도형 아이로 키우기

자기주도학습이란 스스로 목표를 세우고 그것을 이루기 위해 계획을 세워 실천하며 목표에 도달했는지 평가해보고 스스로 점검해서 잘못된 점은 반성, 수정 보완하여 세운 목표에 도달해가는 것입니다. 쉽게 말해서 목표를 이루려고 스스로 학습하는 것이지요. 중요한 것은 공부 환경과 시간 계획을 어떻게 구성하고 실천하느냐 입니다. 교과별 학습 방법과 내용도 이에 맞춰 달라져야 합니다. 그렇다면 학년별로 어떻게 시간을 편성하고 환경을 구성하여 가정에서 실천해야 할까요?

★ 01. 자기주도학습 시간 계획

구분		수업일	토요일	적용
1~2학년	독서	60분	60분	정독(자세히 읽기) 영어 듣기
	영어	90분	120분	
	수학	20분		

3~4학년	국어(독서)	60분	60분	다독(다양한 글 읽기) 영어 읽기와 말하기 수·익+수학 문제집
	영어	90분	120분	
	수학	30분		
5~6학년	국어(독서)	40분	40분	다독(다양한 글 읽기) 영어 읽기와 쓰기 수학 학습에 초점
	영어	40분	60분	
	수학	50분	60분	
	과학/사회		60분	

✽ 위의 학습 계획은 스스로 가정 학습을 하는 경우를 전제로 한 최소 시간 계획입니다.
✽ 시간 계획은 아이 수준과 발달 단계 및 가정환경을 고려하여 재편성하기 바랍니다.

★ 02. 자기주도를 돕는 학년별 학습

● 1~2학년군

저학년 시기에는 수학 학습 시간의 3배 이상을 독서와 영어 학습에 배려하는 것이 좋습니다. 이 시기는 타 교과 학습에 미치는 영향과 뇌 학습 측면에서 독서나 영어 학습이 매우 중요하니까요. 서점이나 도서관 방문으로 좋은 책을 접할 환경을 만들어주세요. 아직 아이 스스로 독서 습관 형성에 어려움이 있기 때문에 부모님이 함께하는 노력이 필요합니다. 더불어 학습·정서·환경 차원에서 부모의 격려와 지지가 필요합니다. 수학은 학교에서 수업한 내용으로 가정에서 연습해도 충분합니다.

- **3~4학년군**

　이 시기에는 독서와 영어 학습 시간을 60분 내외로 정해 학습의 중심으로 삼읍시다. 저학년 시기에 비중이 적었던 수학 학습을 차츰 늘리는 것이 좋습니다. 더불어 수학 개념이나 원리를 알고 다양한 문제를 접하도록 합니다. 스스로 과제를 해결하도록 적절한 지도가 필요합니다. 학습량이 늘어나면서 연산 범위의 확대, 분수와 소수의 개념 도입, 영어 교과 도입 등으로 학업 실력의 개인별 격차가 생깁니다. 3학년 때는 사회와 과학이라는 새 교과를 시작하므로 우리 주변의 자연과 사회 현상을 탐구하는 기회를 만들어주세요.

- **5~6학년군**

　이 시기에는 국어와 영어 학습 시간은 이전 시기에 비해 줄이고, 수학 학습 시간 비중을 늘려주세요. 교과의 특수성으로 언어보다 수학 능력 향상에 많은 시간을 배정해야 합니다. 스스로 목표를 잡아 학습 계획과 과정을 수행하고 학습 결과를 평가하는 자기주도학습의 힘을 충분히 갖춰야 합니다. 효율적 시간 관리와 학습 계획을 세우고 과제도 스스로 해결하도록 해야 합니다. 이러한 자기주도학습은 이후 중등 과정에서 학습 성취에 결정적 영향을 미칩니다.

Sketch 03. 창의서술형 평가에 대한 대처

경기도 교육청은 2015년 모든 초·중·고교의 일제고사 형식의 시험을 단계적으로 폐기하기로 했습니다. 또한 창의·지성 교육 계획에 따라 서술형, 논술형 평가 비중을 35%~40%로 정해 전 교과로 확대한다고 발표했습니다. 내년에는 40%~45%로 확대할 예정입니다. 각 시도 교육청별로 서술형 평가와 관련된 연수 및 장학 자료를 배부하는 이런 방침은 전 교육청에 확대·실시됩니다. 이는 초등학교뿐만 아니라 중학교에서 적용되고 있으며 미래의 대학입학 시험에도 적용될 가능성이 높습니다.

초등 2학년 수학 〈여러 가지 도형〉문제

1. 아래의 표를 보고 다음 물음에 답하시오.[10점]

    원, 삼각형, 사각형, 오각형, 육각형

    (1) 내가 좋아하는 도형을 쓰고, 특징을 2가지 쓰시오.[4점]

    내가 좋아하는 도형: (   )

    ①

    ②

(2) 삼각형과 오각형은 우리 생활 속에서 어디에 활용되고 있는지 각각 쓰시오.(그림을 사용해도 됩니다.)[6점]

▲ 서술형 평가 유형의 예

★ 01. 창의서술형 평가의 중요성

　미래는 많은 양의 지식을 외우기보다 서로 다른 생각으로 주어진 문제를 해결하는 사람을 필요로 합니다. 여러 보기에서 단순히 하나를 고르는 선다형 문제나 단답형 문항으로는 학생들의 능력을 제대로 확인할 수 없습니다. 간단한 추측이나 예상을 통해서도 정답을 찾을 수 없습니다. 앞으로는 서술형 평가를 통해 창의력, 표현력, 문제 해결력, 논리적 사고, 종합적 사고 등을 측정할 것입니다. 따라서 풀이 과정이나 자신의 생각을 스스로 표현할 줄 알아야 합니다. 이를 통해 스스로 생각하는 힘을 기르고 주어진 문제를 해결할 힘을 키워야 합니다.

★ 02. 과목별 창의서술형 평가

　시험 기간의 벼락치기 공부나 단순 이해 및 암기로는 창의서술형 평가에 제대로 대비할 수 없습니다. 언젠가 시험공부란 말이 무색해지는 날들이 올지 모릅니다.

　창의서술형 평가를 위해서는 먼저 문제를 읽고 무엇을 요구하고 묻는 것인지, 정확한 이해가 필요합니다. 따라서 무엇보다 '독서 습관'이 강조됩니다. 현대 사회가 요구하는 창의적 인재란 다양한 지식 습득, 지식 재생산, 문제 해결력, 사고력 등을 갖춘 사람입니다. 이러한 능력은 독서를 통한 다양한 직간접 경험으로 그 기초가 형성됩니다. 여기서 중요한 것이 독서의 방법입니다. 단순한 읽기가 아니라 생각하면서 읽는 과정이지요. 아이는 부모와 함께 책을 읽으며 궁금한 사항을 주고받으며 표현력과 사고력을 키웁니다. 더 나아가 정보 분석력과 통찰력까지 기를 수 있습니다. 더불어 올바른 문장이나 수식으로 생각과 느낌을 쓰는 연습도 잊지 마세요.

다음으로 중요한 것이 토론의 생활화입니다. 어려서부터 좋은 점수를 위해 학원의 주입 교육에 물든 아이는 토론과는 동떨어진 생활을 합니다. 부모는 다양한 경험을 바탕으로 여러 질문과 답변을 통해 아이들의 사고 확장을 도와야 합니다. 아이들 스스로 문제에 숨겨진 이치, 원리, 법칙, 인과 관계 등을 알아차리는 과정을 다양하게 경험하는 것도 잊지 마세요.

국어는 주로 글 내용을 얼마나 잘 이해하고 창의적으로 쓰는가를 평가합니다. 따라서 글 내용을 이해해 그 내용을 정확하게 표현하는 것이 중요합니다. 또한 다양한 장르의 글 구조를 파악하며 직접 써봐야 합니다. 수학은 문제 풀이 과정과 정답 모두 평가 대상입니다. 그러므로 기본 원리를 정확히 이해하고 문제가 무엇을 요구하는지 파악해야 합니다. 평소 아이가 배웠던 개념과 풀이 과정을 학습장에 쓰고 말로 설명하는 연습이 필요합니다.

　사회는 생활에서 접하는 내용과 자료를 읽고 해석하는 능력을 주로 측정합니다. 대체로 그래프·지도·그림을 활용한 문제가 많기 때문에 아이에게 분석력과 탐구력이 필요합니다. 평소 신문 구독이나 다양한 체험으로 아이의 배경지식을 키워 주세요. 과학은 주로 실험과 관찰 내용에서 많은 문제가 출제됩니다. 수업에서 실험했던 내용을 기록하고 이를 바탕으로 탐구·결론을 서술하게 합니다. 수업 시간에 집중하여 적극적으로 실험에 참여하게 하세요. 실험 결과에서 알게 된 점을 스스로 정리하는 습관도 필요합니다.

Parents 선생님에 대한 인식을 어떻게 심어주어야 하나요?

Park's advice 선생님은 무서워해야 할 대상이 아닙니다. 어렵게 생각해야 할 대상도, 무조건 존경해야 할 대상도 아닙니다. 선생님은 아이들이 행복한 학교생활을 하도록 돕는 조력자이자 지식을 함께 탐구하는 동반자입니다. 따라서 지나칠 정도로 선생님 말씀을 반드시 지켜야 한다고 강조할 필요는 없습니다. 오히려 아이가 선생님에게 의사를 적극적으로 표현하고 다정하게 다가가도록 지도해주세요. 잘못된 선입견으로 아이가 선생님이나 학교에 부정적인 생각을 갖지 않도록 해야 합니다.

Parents 학교를 옮길 예정이에요. 아이가 잘 적응할 수 있을까요?

Park's advice 전학은 아이에게 엄청난 스트레스입니다. 가정과 학교가 가장 큰 생활공간이므로 바뀐 환경 적응에서 느끼는 어려움은 당연하지요. 먼저 아이에게 충분히 설명하고 마음의 준비를 할 시간을 줘야 합니다. 새 환경을 받아들일 준비는 물론 긍정적 생각도 갖도록 해야 합니다. 또 언제 학교를 옮길 것인지 그 시기를 고려해야 합니다. 새로운 공간에서 선생님과 친구들이 함께 적응하는 학년 초가 전학 시기로 적합합니다. 가능하다면 초등학교 1, 2학년 시기에 가기를 권합니다. 어릴수록 환경에 잘 적응하고 3, 4학년 시기에는 또래 그룹의 결속력이 강해져 또래와 친해지기가 쉽지 않기 때문입니다. 마지막으로 담임교사의 따뜻한 관심을 받도록 아이 특성과 장단점을 미리 알려주세요. 여러 친구들과 우정 쌓는 기회를 의도적으로 만들기 위한 노력도 필요합니다.

Parents 선생님과 상담, 어떤 얘기를 어떻게?

Park's advice 선생님과의 상담은 부모의 가장 큰 걱정 중 하나입니다. 어떤 질문으로 대화할지 고민될 수밖에 없습니다. 학교생활은 학습 영역, 생활 영역, 바람직한 습관 영역 등으로 구분됩니다. 아이가 어떤 학습 능력을 보이고 어떤 태도로 학습에 참여하는지, 다른 친구들과 어떤 관계를 유지하는지, 바람직한 습관을 형성하는지를 중심으로 이야기하세요. 또 아이가 집에서 보이는 모습과 태도도 함께 이야기하세요. 학교와 가정이 바람직하게 연계될 계기를 만들 수 있습니다. 시간이 허락한다면 아이 지도를 위해 참고할 점이나 특이사항도 대화하세요. 담임교사가 아이에게 더 많은 애정과 관심을 갖도록 하는 것이 좋습니다.

Parents 맞벌이 부부, 어떻게 아이를 지도하죠?

Park's advice 맞벌이 부부는 알림장을 확인하고 준비물이나 과제를 도와줄 시간이 부족합니다. 게다가 아이 학습 능력 키우기에도 시간이 빠듯할 수밖에 없습니다. 요즘에는 모든 선생님이 하교 시간에 맞추어 알림장 내용을 학급 홈페이지에 올립니다. 이를 먼저 확인하는 습관을 갖도록 하세요. 무엇을 준비하고 어떤 역할을 해야 하는지 당황하지 않도록 말입니다. 또 아이의 학습 능력을 키우려면 부모 중 한 분이 최대한 빨리 퇴근해서 아이와 함께하려는 노력이 필요합니다. 집안일에는 조금 소홀해도 괜찮다는 생각을 갖도록 하세요. 평일에 이러한 시간을 갖기 어렵다면 주말만큼은 온전히 아이들에게 투자하는 것이 좋습니다.

직장과 아이 교육보다 더 큰 고민은 부모의 퇴근할 때까지 아이가 어떻게 시간을 보내느냐 입니다. 학교 도서관이나 돌봄 교실, 방과 후 학교를 이용하는 방법이 대안이 될 수 있습니다. 저학년이라면 되도록 예체능 활동 중심으로 프로그램을 찾으세요. 이를테면 악기 연주나 체육 활동을 경험하게 하는 겁니다. 고학년이라면 학원 이용이 대부분일 테지만, 학원에서 아이 혼자 능력을 키우거나 흥미를 얻는 경우란 거의 없습니다. 차라리 도서관을 찾아 우리말과 영어 책 읽기에 집중하도록 함께하는 편이 훨씬 더 효과적입니다.

Parents 아이와 선생님이 좋은 관계를 유지하는 방법은?

Park's advice 이 세상 최고의 스승은 부모지만 학교에서는 선생님이 부모 역할을 대신합니다. 무엇보다 선생님에 대해 좋은 인식을 심어주어야 합니다. 내 아이를 위한 최고의 선생님이라는 마음을 담아주어야 합니다. 아이가 학교에서 선생님과 잘 지내기를 바라는 것은 부모의 한결같은 마음이지만 그 뜻과 다르게 아이는 선생님에 대해 불평을 하고 불만스러워할 때가 있지요. 이를 두고 부모 또한 선생님을 비난한다면 선생님에 대한 존경심이 사라지며, 바른 교육이 될 리가 없습니다. 또 밝은 얼굴로 선생님과 대화하도록 아이를 격려하세요. 이러한 긍정적인 대화 연습은 수업 시간까지 이어져 수업 참여의 질을 높이고 학습능력도 키울 수 있습니다. 실제로 어떤 일이든 도전하려고 노력하고, 자기 일을 스스로 실천하는 아이가 선생님과 좋은 관계를 유지합니다.

마음의 소리에 귀 기울이세요.
머리와 가슴은 서로 같은 몸이지만 다른 생각을 하기도 합니다. 머릿속으로 다 담을 수 없는 수많은 가치들을 내면화시키려는 노력이 필요합니다. 지식을 넘어 아이들의 가치를 키워야 합니다.

교육 화제
제5장

아이의 가치를 높이는 교육

앞서가는 아이의 특별한 학습법

목요일 아침 활동 시간, 아이들은 대부분 자리에 앉아 독서를 합니다. 한데 우현이는 책 읽는 시간이 싫습니다. 멍하기 다른 곳을 쳐다보거나 선생님 눈치만 살핍니다. 선생님과 눈이 마주칠 때면 책을 보는 척하며 위기를 모면합니다. 다른 모둠의 성재와 윤아는 서로 장난을 치느라 정신이 없습니다. 서로 지우개를 뺏고, 상대방 책상에다 연필로 낙서를 합니다. 이를 본 선생님이 조용히 하라고 주의를 줍니다. 5분쯤 지난 후 다시 장난이 시작되자 선생님은 아이들을 야단칩니다. 아이들은 서로 먼저 장난을 걸었다고 이야기합니다.

석진이는 한비야의 〈지도 밖으로 행군하라〉란 책에 빠져 시간 가는 줄 모르고 즐겁게 책을 읽습니다. 아침 활동의 끝을 알리는 예비 종이 울립니다. 아이들은 시끄럽게 이야기를 하고, 서로 장난을 하거나 화장실

> 에 다녀옵니다. 아직도 책에 빠진 석진이는 수업 시간을 알리는 선생님의 이야기를 듣고서야 책을 덮습니다.

🚩 THINK TOGETHER

같은 시간이 주어져도 아이들은 그 시간을 서로 다르게 활용합니다. 그저 시간을 허비하거나 마지못해 의무감으로 보내는가 하면 교사의 개입이 미안해지는 아이들도 있습니다. 이러한 차이는 특정 시간에 머무르는 것을 넘어 아이가 접하는 가정이나 학교생활에 그대로 투영됩니다. 과연 우리 아이들의 가치를 높이는 교육에는 무엇이 있을까요?

Sketch 01. 성공 학습으로 이끄는 학습 동기

2학년인 영은이는 교실에서 선생님이 직접 독서 노트를 확인하거나 공책 같은 선물을 주지 않으면 스스로 책을 읽지 못합니다. 독서 자체보다는 선물에 집착할 때가 더 많습니다. 반대로 친구인 동영이는 선물이나 칭찬 없이도 독서 시간에는 스스로 책에 푹 빠집니다. 이제는 칭찬해 주지 않아도 책이 주는 무궁무진한 상상력과 즐거움으로 행복을 느낍니다. 무엇이 이런 차이를 가져왔을까요?

★ 01. 학습 동기란?

아이들이 자신에게 주어진 학습이나 과제를 끈기 있게 해내려면 학습 동기가 필요합니다. 학습 동기는 스스로 공부하도록 끌어주는 보이지 않는 힘입니다. 이는 누가 시키지 않아도 스스로 학습하게 만드는 원동력입니다. 학습 동기가 낮은 아이들은 성취감은커녕 매사에 스스로 할 수 있는 일이 없다는 의욕 상실과 무기력에 빠집니다.

THINK TOGETHER
학습 동기를 키우는 내재적 요인과 외재적 요인

학습 동기에는 내·외재적 요인 두 가지가 작용합니다. 각 요인이 학습 동기에 주는 영향과 결과는 다릅니다. 외재적 요인도 동기에 큰 영향을 미칠 수 있으나, 결국 내재적으로  스스로 자신의 노력을 실천하는 것이 바람직합니다.

따라서 내 아이의 관심과 발달 단계를 고려하여 내·외재적 요인을 적절히 활용하는 것이 좋습니다.

학습 동기	
내재적 요인	외재적 요인
• 흥미를 가지고 스스로 노력하는 형태 • 목표를 이루는 기쁨과 성취로 학습 • 학습 능률과 효과가 높다.	• 외적 보상이 있어야 노력하는 형태 • 목표도 성취도 없이 물질로 학습 • 흥미가 없어 학습 능률과 효과가 적다. • 고학년으로 갈수록 한계가 생긴다.

★ 02. 학습 동기를 방해하는 요인

아이 수준과 능력에 비해 지나치게 어려운 학습 내용, 그리고 지나치게 경쟁적인 학습 분위기는 학습 동기를 저해합니다. 또래와 교사 관계가 바람직하지 못한 경우도 마찬가지입니다. 이밖에 학습에 대한 부모의 지나친 압박도 배우는 즐거움을 빼앗아 학교 적응이나 학업 성취와 멀어지게 합니다.

★ 03. 학습 동기를 높이려면?

첫째, 아이에게 학습 목적과 필요성을!

아이들은 왜 공부를 해야 하는지에 대한 생각 없이 무작정 공부하는 경우가 많습니다. 무엇을 위해 공부해야 하는지, 공부가 내게 어떤 도움이 되는지, 아이와 대화를 나누세요. 공부하는 목적과 목표를 분명히 할 때 학습 동기는 높아집니다. 꿈을 이루기 위해 공부가 하나의 수단이 된다는 공감을 통해 목적의식을 길러주는 것이 좋습니다.

둘째, 실현 가능한 목표 세우기

목표 달성에 너무 오랜 시간이 걸리는 계획보다 실현 가능한 목표를 세우도록 도와주세요. 연 단위보다 월 단위, 월 단위보다 주 단위로 아이들이 단기간에 성취할 목표를 만드는 겁니다. 예를 들어 매일 하루에 30분씩 공부하기보다 일주일에 3번

20분 동안 수학 학습지 해결하기 같이 구체적 목표를 정해주세요. 이는 아이들의 성취 가능성을 높여 스스로 학습할 욕구를 불러일으킵니다.

셋째, 내재적 동기로 학습에 재미를!

의미 있는 타인에게 받는 선물, 상품, 칭찬 등의 외재적 동기가 단기적으로 훨씬 더 강력하고 효과가 클 수 있습니다. 하지만 초등학교 고학년 시기에도 강요나, 보상 또는 칭찬 등 외재적 동기에 크게 의존하면 안 됩니다. 또한 외재적 동기는 내재적 동기 발현을 억제합니다. 외재적 동기도 초기에는 학습 동기를 유발하지만 스스로 흥미를 느끼고 공부하는 즐거움과 효과가 지속되도록 내재적 동기를 통해 학습에 재미를 느끼도록 지도하세요.

넷째, 적절한 정서 반응

부모-아이의 관계에 따라 아이의 학습 동기도 달라집니다. 아이가 긍정적인 감정을 갖고 편안한 분위기에서 스스로 학습할 수 있도록 배려해주세요. 아이가 실패나 성공을 받아들이고 스스로 노력하는 모습을 보일 때 부모의 적절한 정서 반응은 학습 동기에 큰 영향을 줍니다. 비난하고 지적하는 대신 아이를 격려하고 지지하는 부모 역할이 중요합니다. 이처럼 부모의 끝없는 지지와 격려, 칭찬은 아이 스스로 학습에 최선을 다하게 합니다.

다섯째, 많은 성공 경험

여러 면에서 많은 걸 성취하면 학습에서 성공을 경험하는 셈입니다. 이를 위해서는 아이 능력과 실력을 제대로 파악해야 합니다. 그 수준과 능력에 맞게 적절한 과제를 제시하여 성공하는 경험을 제공해주세요. 이는 교재 선택, 학습 지속 시간 등 여러 영역에서 적용될 수 있습니다. 물론 실패의 경험을 통해서도 배움의 기회를 갖도록 하는 것도 잊지 않아야 합니다.

Sketch 02. 가장 효과적인 반복학습!

★ 01. 반복학습, 왜 중요할까?

학습법과 관련해서 빠짐없이 거론되는 것이 독일의 심리학자 헤어만 에빙하우스 Herman Ebbinghaus의 망각곡선입니다. 학습과 인간의 기억은 반비례하며, 감소하는 기억을 오랫동안 보존하기 위해서는 주기에 따라 적절한 시점에 복습(4회)이 필요하다는 이론입니다.

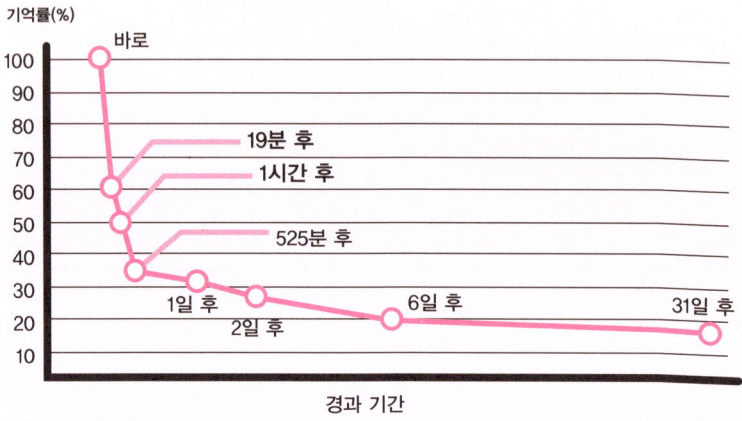

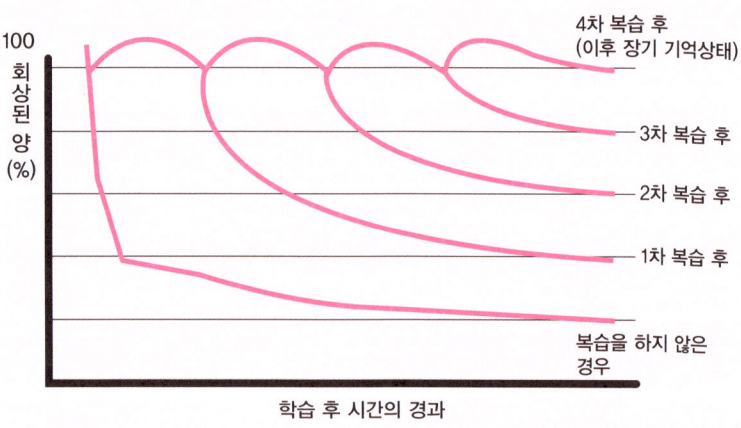

▲ 에빙하우스의 망각곡선

모든 인간은 학습과 동시에 망각을 시작합니다. 학습 후 10분이 지나면 약 60% 정도만 기억하고 하루가 지나면 약 30%, 일주일이 지나면 약 20% 정도만 기억합니다. 그러나 학습한 다음 10분, 하루, 일주일, 한 달 후에 주기적으로 복습하면 그 내용은 뇌의 장기기억에 저장됩니다. 이를 통해 오랜 시간 후에도 기억하는 데 도움이 된다는 것이 망각곡선 이론입니다. 이는 교과 영역에 따라 그 효과가 달라짐에도 다양한 학습에서 실제로 적용되고 있습니다.

★ 02. 반복학습 그리고 난이도와 집중력

학습법과 관련해서 또 다른 중요한 요소는 내용의 난이도와 학습 집중력입니다. 학습자의 능력에 비해 너무 어렵거나 너무 쉬우면 반복학습은 효과가 없습니다. 또 학습에 집중할 수 없는 환경과 집중하지 않는 학습의 경우도, 반복학습은 그 효과가 크지 않습니다.

모든 학습에서 누구에게나 동일하게 적용되는 망각곡선은 없습니다. 한 번 학습으로 장기기억에 저장되는 내용도 있고, 두 번, 세 번, 네 번 반복해야 하는 내용도 있습니다. 예를 들어 발표의 바른 자세를 학습하는 데 3회, 4회 반복을 하는 것은 비효율적입니다.

아이들에게 반복학습은 학습 내용을 오래 유지하는 데 도움을 줍니다. 여기에 적절한 학습 과제와 집중할 수 있는 환경이 있다면 효과는 배가 될 것입니다. 개인마다, 과목마다 서로 다른 학습법이 적용되어야 합니다. 아이 스스로 자신에게 맞는 적절한 학습법을 찾는 데는 한계가 있습니다. 처음부터 부모와 아이가 함께 가장 적절한 학습법을 찾아가는 것이 시행착오를 줄이는 첫걸음입니다.

Sketch 03. 성실함이 곧 학습의 성공

"천재라고 생각했던 만화가들에게 없는 것이 나에게 있음을 나중에야 알았다. 그들 중 상당수는 매일 작업을 하지 못했다. 그러나 나는 매일 그림을 그릴 수 있었다. 그게 바로 천재들이 갖지 못한 재능이었다."

위 글은 어느 일간지에 실린 만화가 이현세 씨의 인터뷰 내용 중 일부입니다. 만화계의 거장인 그의 성공은 부지런함과 성실함에 있다는 말에 누구나 공감할 겁니다.

우리 뇌는 성인기에도 훈련과 학습을 통해 시냅스가 증가하고 신경망이 정교해집니다. '언제부터'가 아니라 '얼마나 오래' 자극받았는지가 중요합니다. '만 시간의 법칙'이라는 말을 우리 주변에서 쉽게 듣습니다. 어느 한 분야에서 전문가가 되기 위해 필요한 시간을 많은 연구가들이 계산해봤더니, 1만 시간 이상이더라는 얘깁니다. 1만 시간은 대략 하루 3시간씩, 일주일에 20시간씩 10년간 연습하고 노력한 시간입니다. 이루려는 목표를 향해 꾸준하고 성실히 걸어갈 때 성공의 문은 열립니다. 삶에서 성공을 이룬 사람들을 되돌아보면 끝없는 노력과 성실 및 헌신이 바탕이었습니다. 아이들이 두려움과 걱정, 어려움을 이겨내고 마지막 순간까지도 목표를 포기하지 않는 성실함이야말로 성공을 이루는 길이 아닐까요?

Sketch 04. 진정한 앎을 위한 메타인지

요리를 잘 하려면 어떤 노력들을 해야 할까요? 먼저 다양한 요리 지식이 필요합니다. 요리에 필요한 정보를 얻으려 요리책과 인터넷을 검색해야 합니다. 다음으로 요리를 위한 재료를 구입하고, 먹고 싶거나 하고 싶은 요리를 자주 연습할 겁니다. 마찬가지로 아이들이 학습 능력을 키우려면 지식을 얻은 후 꾸준한 연습과 실천이 뒤따라야 합니다.

수학 교육과정에서 5~6학년군은 분수의 사칙 연산을 배웁니다. 하지만 6학년 학생들조차 3~4학년에서 배운 분수의 기본 개념을 정확하게 대답하는 경우는 거의 없습니다. 알고 있다고 생각해서 막연하게 답하는 아이들이 대부분입니다. 이처럼 자신이 아는 것과 모르고 있는 것을 정확히 인지하는 학생은 많지 않습니다. 아이들의 어떤 차이가 이런 현상을 만들까요? 바로 '메타인지'의 차이입니다.

★ 01. 똑똑한 아이들의 공통점, 메타인지

얼마 전 EBS에서는 '0.1%의 비밀'이라는 프로그램이 방영되었습니다. 전국 164개 학교 최상위 0.1% 학생 800명과 일반 학생 700명을 조사해, 최상위 학생들은 과연 무엇이 다른지를 연구하였습니다. 그 결과 기억력에는 큰 차이가 없었다고 합니다. 일반 학생은 실제 점수와 예상 점수의 차이가 많았지만, 0.1%의 학생은 그 차이가 거의 없었습니다. 일반 학생은 실제 점수가 예상 점수보다 더 낮았습니다. 이는 잘 알지 못하면서 알고 있다고 생각(착각)한 결과입니다. 이는 기억력이 아니라 알고 모르는 것의 정확한 인지가 중요함을 알려 준 결과입니다.

메타인지란 내가 알고 있는 것에 대한 인지, 알고 있는 것에 대해 생각할 수 있는 능력입니다. 내가 무엇을 알고 있으며 무엇을 모르고 있는지, 그리고 모르는 것을 어떻게 개선할 것인지, 스스로 찾을 수 있는 능력이지요. 메타인지 능력은 만 5~7세 무렵부터 발달하기 시작하고, 아동기에 점차적으로 향상되는데, 타인의 도움을 받지 않고 공부를 하는데도 높은 성적을 얻는 아이들은 메타인지 능력이 보다 활성화 되어 있습니다.

★ 02. 메타인지, 이렇게 키우세요.

공부 잘하는 아이와 평범한 아이의 차이를 만드는 메타인지는 어떻게 키울 수 있을까요? 공부하는 동안 계획과 실행, 수정과 평가를 하는 과정에서 자신만의 학습법을 찾게 해야 합니다. 적당히 대충 알고 넘어가면 시간이 지날수록 자신이 무엇을 알고 모르는지 알 수 없게 됩니다. 또한 학원의 지나친 선행학습과 부모님이 시키는 공부에 익숙해지면 공부 계획 능력이 떨어지고 모르는 문제도 알고 있다는 착각에 빠집니다. 따라서 메타인지 능력을 키우는 구체적 실천 방법은 다음과 같습니다.

첫째, 구체적 목표나 계획 수립

많은 아이들이 목표나 계획 없이 정해진 시간에만 공부합니다. 목표를 위해 시간과 공부 방법을 어떻게 세울지 자세히 연습하는 기회를 가져야 합니다. 아이가 무얼 모르고 있는지, 언제 어떤 교재로 어떻게 스스로 학습할지, 도와주어야 합니다.

둘째, 스스로나 타인에게 설명하는 기회

우리가 알고 있는 지식은 크게 두 가지로 분류됩니다. 즉

아는 것 같지만 설명하지 못하는 지식과 내가 아는 바를 정확하게 설명하는 지식입니다. 전자는 어디선가 많이 들은 탓에 친숙해져 안다고 느낄 뿐입니다. 예를 들어 기행문을 쓰는 방법을 공부한다고 생각해봅시다. 기행문을 잘 쓰려면 여정, 견문, 감상의 뜻을 알고 구체적으로 글 쓰는 방법을 알고 있어야 합니다. 아이들은 이것과는 거리가 멀게 다양한 여행을 접하고 여러 글을 읽은 경험을 떠올려 마치 알고 있는 것처럼 글을 쓰려고 합니다. 따라서 기행문을 쓸 때 막연함을 느끼는 거지요. 이러한 지식은 실제 글을 쓸 때나 시험에서 정확하게 활용될 가능성이 낮습니다.

한 시간 공부를 했다면 공부한 개념이나 원리를 자신이나 타인에게 설명할 기회를 갖는 것이 좋습니다. 설명한다는 것은 아이들이 그것을 진정으로 알고 있다는 의미입니다. 만약 이 과정에서 오류가 발생한다면 그 내용을 다시 확인하는 기회로 삼아야 합니다.

셋째, 복습과 반복학습의 중요성

아이들은 선행학습으로 이미 배워 안다고 생각해 학교 수업에 집중하지 못하고 따분해합니다. 하지만 이러한 지식은 진정으로 아는 것이 아닙니다. 안다고 착각하는 경우입니다. 대부분 학원 학습을 하는 아이들 특징은 스스로 학습할 시간이 거의 없다는 것입니다. 복습은 자신이 잘하고 못하는 것을 파악하고 보완점을 찾는 최고의 방법입니다. 복습과 반복학습은 아는 것을 정확하게 알게 하고, 나중에 파지把持효과(retention effect; 기억하고 있는 것을 재생하는 것)에 의해 기억한 내용을 쉽게 꺼내 쓰도록 만듭니다.

넷째, 평가로 실수나 보완점 점검하기

학습지나 시험 등을 통해 실수했던 문제를 파악하고, 해결에 필요한 지식과 방법을 스스로 찾게 하세요. 꾸준한 과목별 또는 영역별 오답 노트 활용도 좋습니다. 틀린 문제를 보고 어디에 오류가 있었는지 비슷한 유형을 접하는 학습도 중요합니다.

메타인지를 키우는 전략은 학습 과제와 내용, 상황에 따라 다양하게 변합니다. 여러 가지 전략으로 높은 메타인지 능력을 키울 수 있도록 부모의 관심과 노력이 필요합니다.

Sketch 05. 자기주도의 기본, 시간 관리법

공교육인 학교 교육은 사회 규칙과 약속을 중요하게 여기면서 학생들을 지도합니다. 부모 또한 학습뿐만 아니라 생활 지도에 고민하고 신경을 씁니다. 특별히 부모가 신경 쓰는 부분이 바로 아이 습관입니다. 학습·생활·대화 등의 습관은 학교생활에의 적응을 돕고 자신을 가꾸며 타인과의 관계 형성에 지대한 영향을 미칩니다. 이와 더불어 시간 관리는 아이에게 가장 중요한 요소입니다. 어릴 때부터 바람직한 시간 관리 습관을 갖도록 지도한다면 학습뿐만 아니라 자기 관리에도 매우 긍정적입니다.

효율적 시간 관리는 구체적인 목표와 계획 수립으로 시작됩니다. 다음으로 부모는 피드백을 통해 목표와 계획을 확인하고, 스스로 실천하는 환경과 분위기를 조성해주어야 합니다. 계획표를 작성할 때 먼저 아이에게 학습과 과제, 할 일의 우선순위를 정하게 하세요. 중요하고 급한 일, 중요하지만 급하지 않은 일, 중요하지 않지만 급한 일, 중요하지도 급하지도 않는 일로 나누는 것이 효율적입니다. 이를 통해 중요도와 긴급한 일의 순서에 따라 시간 계획을 수립하고 실천하는 기회를 함께 만드는 것이 좋습니다.

구분	중요하고 급한 일	중요하나 급하지 않은 일	중요하지 않지만 급한 일	중요하지 않고 급하지도 않은 일
스스로 학습	국어 수행 평가 준비	수학 문제집 해결하기		

과제		국어 숙제하기		
할 일		영어 동화책 읽기	친구와 연락하기	컴퓨터 게임하기

▲ 시간 계획 수립 시 우선순위 정하기

다음으로 아이들이 자기주도학습에서 양을 늘리기보다 학습한 것을 스스로 피드백 하는 기회를 갖는 게 중요합니다. 예를 들어, 수학과 연산 공부를 끝마칠 때 반드시 공부한 것을 복습하는 기회를 갖는 것이죠. 40분 학습을 예로 든다면 30분 학습하고 10분은 복습할 수 있도록 하는 것이 효율적입니다. 일정 분량이나 시간을 학습한 후 마지막에 스스로 정리하고 말해보는 습관을 갖는 것이 좋습니다.

★ 01. 주간 계획

주간 시간 계획은 단순하면서도 반복으로 이루어지는 할 일로 기록 연습을 하면 효과적입니다. 계획을 세울 때는 자기주도학습과 과제, 독서 등을 스스로 기록하고 확인하도록 합니다. 일요일에는 아이들에게 재충전의 기회를 제공하는 것이 좋습니다. 여기에서 시간 계획 틀을 어떻게 짜고 어떤 플래너를 활용할지 아이와 함께 선택하세요. 시간 계획표 작성이 부담된다면 시중에서 판매하는 어린이용 플래너도 좋습니다. 이렇듯 처음 활용에서 도움을 얻는다면 실제 적용에서는 지혜를 발휘하게 됩니다. 부모가 먼저 시간 계획을 작성하여 냉장고에 붙여두세요. 그리고 모든 시간 계획 작성에서 아이와 함께하는 것이 좋습니다.

	월	화	수	목	금	토
스스로 학습	(과)과학 2단원 문제집 해결 p42~48	(사)교과서 1단원 정독				
과제	(수)2단원 수익문제 해결					
독서	장발장 p. 48~끝					
스스로 확인	○	◎				
부모님 확인						

▲ 주간 시간 계획의 예

★ 02. 월간 계획

　초등 시기 아이는 분기별 시간 계획 작성에 어려움을 느낍니다. 따라서 작성한 월간 계획서 활용이 교육에 더 효과적입니다. 구체적으로 어떤 과목을 얼마만큼, 어떤 방법으로 학습할지 일주일 전에 작성해 활용하도록 하세요. 되도록 5~6학년 이상에서 사용하길 권장하며 자세히 기록해 실천해나가는 것이 중요합니다.

일	월	화	수	목	금	토
	1 (독)방귀대장 P. 12~69 (수)○○문제집 p120~125 (영)롤라dvd	2	3	4	5	6
7	8	9	10	11	12	13
14	15	16	17	18	19	20
21	22	23	24	25	26	27

3월의 목표	반성
• 수학 문제집 1, 2단원 해결하기 • 영어 DVD 매일 1시간 시청하기 • 마지막 주 평가 대비하여 시험계획 수립하기	• 매일 1시간 정도 독서를 실천하지 못하였음. 이에 대한 노력이 더욱 필요함.

▲ 월간 시간 계획의 예

행복을 위한 투자, 아이 마음 키우기

아이가 사랑이 깊고 예의 바르게 성장하기를 원한다면,
어른이 먼저 사랑에 넘치고 예의 바르게 행동하는 모습을 보여야 한다.
특히 부모는 가정에서 어린이의 삶과
인격 형성을 좌우하는 무한한 힘을 가지고 있다.

마리아 몬테소리

 지난 8월 현금 480만 원이 든 지갑을 잃어 버렸던 한 남성이 쌍둥이 초등학생의 도움으로 지갑을 되찾은 사실이 알려져 눈길을 끌었습니다. 지갑에는 5만 원권 40매, 1만 원권 282매가 빼곡하게 꽂혀 있었습니다. 초등학교 4학년인 오상훈·상화 형제는 길거리에 떨어진 검은 지갑을 발견하여 곧바로 동부경찰서를 찾아가 신고했고 결국 주인을 찾아주었습니다. 경찰은 지갑 안에 있던 명함과 연락처로 수소문해 주인 이모(50)씨를 찾을 수 있었습니다. 이씨는 쌍둥이 형제에게 사례하길 원했지만 부모는 '아이들이 당연히 해야 할 일'이라며 극구 사양했다고 합니다.

점심시간 이미 급식소를 가득 채운 다른 반 아이들의 모습. 남자 아이들이 먼저 급식을 받고 순서대로 자리에 앉습니다. 아이들의 급식을 살펴보는데 주영이가 다가와 눈물을 보이며 현성이와 성우가 계속해서 놀린다고 이야기합니다. 서로 마주보는 앞자리에 앉으면 이렇게 말했다는 겁니다. "쟤 또 우리 앞에 앉네. 같이 밥 먹기 싫어." 현성이와 성우는 평소 학교에서 성적은 떨어져도 운동을 잘해 친구들과 관계가 활발합니다. 이에 비해 주영이는 성적은 뛰어나지만 말수가 적고 조용해 늘 혼자 자기 일을 하는 편입니다. 또한 또래집단에 잘 끼어들지 못하고 혼자 그림을 그리거나 책을 읽는 경우가 많습니다.

THINK TOGETHER

살펴본 사례처럼 높은 수준의 도덕성을 보이는 아이들이 있고, 다양한 정서·사회 갈등을 보이는 아이들도 있습니다. 무엇이 아이들의 성장 발달과 관련되어 있는지 살펴보고, 어떤 환경과 역할이 필요한지 살펴보겠습니다.

Sketch 01. 행복을 여는 문, 도덕성

★ 01. 도덕성이란 무엇인가?

우리가 말하는 도덕성이란 도덕 현상을 알고 도덕규범을 지키려는 심성을 말합니다. 여기에는 지적 판단 능력과 정서 판단 능력이 관련되어 있습니다. 도덕성은 정서·인지·행동

요소로 세분화됩니다. 정서 요소는 잘못했을 때 부끄러움이나 수치심을 느끼는 특성을 말합니다. 인지 요소는 합리적이고 공정한 기준에 근거해 도덕 판단을 내리는 지적 능력입니다. 마지막으로 행동 요소는 잘못된 행동을 고쳐 더 바람직한 행동으로 바꾸려는 특성입니다.

도덕적 판단이나 정서 능력, 도덕적 행동을 서로 분리하여 어느 하나의 능력을 가지고 도덕성이 높다고 할 수는 없습니다. 도덕성은 우리가 사는 세계에서 가치 있는 판단과 행동이 일치될 때 비로소 완성된다고 볼 수 있습니다.

★ 02. 도덕성 발달 과정

도덕적 감정은 아이가 부모와의 동일시 또는 관찰을 통해 내면화됩니다. 이를 통해 도덕적 자아를 발달시키며 도덕성 발달의 기초가 됩니다. 예를 들어 길거리의 쓰레기를 주워 쓰레기통에 버린 아이를 칭찬해주면, 아이의 도덕성 발달을 이끌어낼 수 있습니다. 대개 부모의 노력이나 실천이 없다면 불가능한 일입니다. 반대로 아이가 규칙을 어겼을 때 느낀 죄의식을 피하려고 사회 규범을 따르면서 도덕적 감정을 발달시키기도 합니다.

THINK TOGETHER
발달심리학이 말하는 도덕성 발달

발달심리학에서 로런스 콜버그 Lawrence Kohlberg의 도덕성 발달단계 이론은 주요 이론으로 널리 받아들여집니다. 콜버그는 도덕성이 유아 시기에서 성인까지 6단계로 발달한다고 봅니다. 그중 초등 과정에 해당하는 3단계까지를 볼까요?

1단계 (3~7세)	• 징벌 회피와 복종으로 도덕성 생성. • 정해진 규칙 어기기는 잘못됐다는 확고한 믿음. • '친구 OO는 공부 시간에 돌아다닌다.'와 같이 자신은 그렇지 않다는 점을 강조하는 아이.
2단계 (8~11세)	• 도덕성을 욕구 충족의 수단으로 봄. • 자신의 욕구 충족이 도덕 판단 기준이 되는 시기. • 부모나 선생님에게 선물이나 칭찬을 받으려고 도덕 판단을 내림.
3단계 (12~17세)	• 대인관계의 조화로 보는 도덕성. • 좋은 의도의 바른 행위가 타인을 돕는 행위임을 아는 시기. • 친구가 아파서 같이 보건실에 다녀오느라 늦었다고 말하는 아이.

콜버그의 도덕성 발달은 여러 상황이나 현상의 도덕적 토론을 통해 높은 수준으로 도덕 판단을 할 수 있음을 강조합니다. 즉 가정에서도 도덕적 지식을 주입하지 않고 도덕적 갈등 상황에서 경험을 바탕으로 서로 많은 대화와 토의를 통해 올바른 판단을 도울 수 있습니다.

★ 03. 부모가 키우는 도덕성

첫째, 아이의 거울인 부모의 도덕성

부모는 도덕성 발달을 위한 모델입니다. 우리 주변에는 부모의 무책임하고 비도덕적인 행동을 쉽게 발견할 수 있지요. 시간을 내어 우리가 사는 아파트 단지를 살펴보면 아이의 손을 잡고 길을 무단횡단 하는 부모들을 쉽게 볼 수 있습니다. 과연 그 아이는 어떤 도덕적 지식을 쌓고 판단을 할까요? 적어도 부모라면 최소한 아이들과 함께할 때, 아이들이 볼 때는 도덕적으로 모범이 되는 행동을 해야 합니다. 아이들은 바람직한 행동보다 나쁜 행동을 쉽게 모방합니다. 따라서 자녀에게 좋은 모델 역할을 하려면 부모 자신이 도덕적이어야 합니다.

둘째, 애정 지향적이고 수용적인 양육

애정 철회(또 그런 짓 하면 널 사랑하지 않을 거야!)나 권력행사(체벌이나 위협 등의 힘을 사용하는 훈육) 등의 지나치게 엄격한 양육 태도는 아이들에게 부정적입니다. 애정 지향적이고 수용적 양육 태도는 도덕성 발달에 긍정적인 영향을 미칩니다. 자녀의 행동이 다른 사람에게 어떤 결과를 주는지 논리적 설명을 통해 도덕성을 키우도록 도와야 합니다.

셋째, 일관성 있는 양육과 교육

가정과 사회에서 아이와 함께 규칙과 약속을 정했다면 일관성 있게 이를 준수해야 합니다. 가정에서와 달리 공원이나 식당 등 공공시설을 이용할 때 아이가 쓰레기를 함부로 버리거나 떠들고 돌아다녀도 제지하지 않는 부모들이 많습니다. 이처럼 상황에 따라 일관성을 잃어버리는 양육 태도는 아이에게 혼란과 불안을 일으킵니다. 학교 적응에 부정적 영향을 미치며 바람직한 도덕성 실천을 끌어내지 못합니다. 규칙과 질서를 공유하는 가족 구성원 모두가 이를 지키려는 노력이 필요합니다.

넷째, 적절한 보상과 칭찬

아동 초기에는 높은 수준의 도덕적 판단이나 행동을 끌어낼 적절한 보상과 칭찬을 해주는 것이 좋습니다. 여기서 아이의 올바른 행동에 대한 지나칠 정도의 보상은 주의해야 합니다. 바람직한 행동을 이끌어내기 위해 지나친 보상을 준다면, 아이가 더 큰 보상을 요구하는 결과를 낳기도 하며 보상이 없으면 바람직한 행동을 하지 않으려 하기도 합니다.

다섯째, 상황 판단과 실천이 키우는 최고의 도덕성

도덕성은 다양한 상황에서 끊임없이 연습하고 반복해야 합니다. 도덕적 지식이나 판단 능력은 우수하나 실제 상황에서 도덕성을 발휘하기란 어렵습니다. 함부로 쓰레기를 버리면 나쁘다는 것을 누구나 알지만 보는 사람이 없으면 쓰레기를 쉽게 버리는 경우가 많지 않습니까? 최고의 도덕성은 생활에서 접하는 도덕 문제를 판단하여 실천하는 것입니다. 도덕성 실천을 위해서 아이와 부모 사이의 대화나 관계의 질이 중요합니다. 갈등이나 문제 상황에서 아이가 다양한 전략을 만들도록 격려해주세요. 갈등 상황에서 문제 해결 방법을 나누는 것도 중요합니다. 다음으로 문제를 해결하고 실천할 적절한 방법을 선택하도록 격려해주세요. 마지막으로 아이의 결정을 존중해야 합니다. "그래, 다음에는 꼭 쓰레기통에 넣는 거야. 넌 스스로 잘 실천할 수 있어!" 그렇게 말해주면 아이는 자기가 선택한 일에 책임감을 가지고 도덕적 실천을 할 것입니다.

Sketch 02. 관계 형성의 바탕, 사회성

★ 01. 원활한 관계를 돕는 사회성

"공부는 잘하는데 사회성이 부족한 것 같다." "너는 참 사회성이 좋구나." 이런 말을 할 때 사회성이란 무엇일까요? 우리가 흔히 이야기하는 외향적, 내성적인 성격을 사회성이라고 보기도 하지만 이는 좁은 의미로 사회성을 보는 것이라고 할 수 있습니다. 사회성이란 인간이 다른 인간 및 주변 환경과 관계를 가지며 사는 총체적 능력입니다. 즉 사회에 적응하는 개인의 소질이나 능력, 대인 관계의 원만성 따위를 말하며 이리한 사회성은 결국 타인과의 관계를 형성하는 밑거름이 됩니다.

★ 02. 왜 사회성이 중요한가?

첫째, 학교 적응에 가장 중요한 요소

최근 인터넷이나 TV 뉴스를 보면 학교 폭력이나 왕따 문제를 자주 접하게 됩니다. 여러 사람이 함께 살아가는 학교라는 작은 세계에서 많은 아이들이 적응에 어려움을 느낍니다. 학습은 고사하고 정서 갈등을 겪는 탓에 학교 가기조차 싫어하는 아이도 있습니다. 이 역시 소통과 공감 능력 결여라는 사회성 부족이 주원인입니다. 사회성 발달은 이 같은 학교 적응에 절대적 영향을 미친다고 볼 수 있습니다. 더불어 학교 적응은 이후 아이들의 사회 적응과 연결되며 삶의 목표인 행복과도 깊이 연관됩니다.

둘째, 성공의 확률을 높이는 요소

초기 양육에서 부모와의 관계는 사회적 관계를 맺는 데 중요한 영향을 미칩니다. 수용적인 가정 분위기는 능동성, 활동성 및 남과 잘 어울리는 성격이 형성되게 합니다. 또한 아동기에 만나는 또래와 교사와의 관계도 큰 영향을 미칩니다. 타인과 다양한 사회 경험은 한 개인의 삶 전체에 커다란 의미를 갖는 것이죠.

한 개인의 성공은 보통 어떤 점을 보고 판단할 수 있는 걸까요? 다양한 답이 있겠지만 그중 하나는 직업이나 가치의 실현일 것이고 다른 하나는 사회 구성원으로서 타인과 조화를 이루는 사회 능력일 것입니다. 사회성이 높은 아이일수록 행복한 삶의 구현은 당연한 일입니다.

★ 03. 사회성, 어떻게 키우나요?

첫째, 민주적인 모습을 보여주세요

인지 학습 면에서 부모가 타인에게 어떤 태도와 행동을 보이느냐가 아이의 사회성 발달에 중요한 요소입니다. 아이가 부모의 태도와 행동을 학습한다는 뜻입니다. 상대에 따라 일관성이 없는 태도를 취한다면 아이도 타인에 대해 비일관성을 갖게 됩니다. 부모가 아이나 타인을 존중하고 인격적인 태도를 취한다면 아이의 바람직한 사회성 발달을 이끕니다. 이러한 부모의 태도와 행동은 학교나 이웃에서 만나는 친구나 또래를 대하는 태도로 이어지니까요. 또한 부모의 권위적 유형보다 민주적이고 애정 넘치는 유형이 아이들의 자율성과 협동성, 사회성을 발달시킵니다.

둘째, 대화나 놀이로 키우세요

다양한 놀이와 대화도 사회관계의 기회를 넓히고 사회 능력을 발달시킵니다. 아이들은 부모와의 적절한 놀이를 통해 상황에 맞는 역할과 적절한 어휘 선택을 학습합니다. 이렇게 이루어진 관계는 또래친구들과의 관계로 이어집니다. 다양한 상황에서 부모와의 적절한 의사소통은 청소년기로 이어져 개방적이고 합리적으로 사회성 발달을 촉진합니다. 일상생활에서 아이의 생각과 말을 존중하고 함께 문제를 해결하는 모습을 보여 주세요. 적절한 의사소통을 위한 대화법을 알고 이를 실생활에서 적용할 수 있어야 합니다.

★ 04. 의도적이고 계획적인 만남

커가면서 아이들은 차츰 부모로부터 독립심이 자라고, 또래간의 상호작용이 급속도로 발달합니다. 단순한 친구를 넘어 우정이라는 개념을 형성합니다. 특히, 유아기 또는 초등학교 저학년 시기부터 의도적이고 계획적으로 다른 또래와 상호작용할 수 있는 기회를 의도적으로 만들어주면 좋습니다. 다른 친구의 집을 방문하거나 초대하기, 생일파티에 참석하기, 함께 공원 방문하기 등을 통해 우정의 개념이 형성되도록 도와줍시다. 이렇듯 의도적이고 계획적인 만남을 유지하기 위해서는 부모부터 주변의 또래 가족과 함께 좋은 관계를 의도적으로 맺고 유지해야 합니다. 이러한 다양한 관계 속에서 서로 다른 생각과 가치를 인정하고 존중하는 태도를 취한다면 보다 높은 사회성 발달을 이끌어 낼 수 있습니다. 부모, 가족, 연인, 친구, 동료 등과 다양한 교류와 관계를 맺으며 사랑을 받는다면 우리 아이들이 보다 더 행복한 미래를 가꾸어 갈 수 있을 것입니다.

Sketch 03. 부모와 아이의 관계 쌓기

정우가 전에 다니던 학교의 선생님으로부터 전화를 받은 적이 있습니다. 정우가 그 학교에 다녔을 때의 생활을 알려주려는 것이었습니다. 자세히 들어보니 초등학교 3학년 때부터 아이가 이상한 행동을 했다는 겁니다. 이를테면 다른 아이에게 돈을 가져오라고 하거나 화장실에서 자기 고추를 보여주며 자랑을 했다는 겁니다.

정우는 1학기 중간에 우리 학교로 전학을 왔습니다. 평소 얼굴은 경직되어 무표정했고, 준비물을 챙겨 오지 못하는 등 학습 참여 태도가 좋지 못했습니다. 같은 옷을 일주일가량 입고 오기도 하고, 한겨울에 양말도 신지 않고 학교에 오곤 했습니다.

다툼이 잦았던 정우의 부모는 아이 실수에 대해 심하게 야단치고 때리는 일도 흔히 있었다고 합니다. 이러한 아이의 감정을 아는 데 아주 긴 시간이 필요했습니다. 지금 정우의 마음에는 무엇이 자랄까요? 이 아이가 지닌 다양한 문제 상황에서 어떻게 대처하고 해결하는 것이 좋을까요?

★ 01. 문제 해결을 위한 대화법

아이가 문제를 가지고 있을 때 도와주거나 해결하려는 부모의 시도가 오히려 자녀와의 관계에 걸림돌로 작용할 때가 있습니다. 예를 들어 명령이나 강요, 경고나 위협, 충고와 설교, 비난과 비평, 동정이나 위로, 화제 바꾸기, 거부 등이 그런 걸림돌로 나타나는 거죠.

이런 문제 상황에 처하면 부모나 아이 모두 그 상황을 객관적으로 보기보다 감정적으로 대하기 십상입니다. 어떤 문제 상황을 마주하면 가장 먼저 서로 약간의 시간을 갖는 것이 좋습니다. 그런 다음 부모와 아이가 서로 확인합니다. "자, 이제 이야기해도 좋을까?" 대화의 때가 되었다는 데 동의한 다음 이야기하는 것이 좋습니다. 다음과 같은 단계를 거쳐 아이와의 일상생활 문제를 해결해보세요.

첫째, 아이와 부모가 느끼는 감정 이야기하기

"엄마는 네가 이 일을 어떻게 생각하는지 알고 싶어."

엄마가 그렇게 이야기하면 아이도 자신의 감정을 이야기

합니다. "응, 네 기분을 알 것 같구나." 부모의 이 한마디에 아이는 부모가 자신의 감정을 경청하고 이해한다고 느낍니다. 이같은 부모의 애정 어린 접근은 문제 상황과 아이의 감정이 또렷이 드러나도록 격려합니다.

그러고 나서 "엄마의 마음은 이렇단다."라고 이야기하면 아이 또한 부모의 감정을 배려합니다. 반복해서 장황하게 설명하지 말고 짧고 분명하게 이야기하는 것이 좋습니다. 이때 부모 또한 문제에 대한 견해와 자신의 감정을 솔직하게 표현하는 것이 좋습니다.

둘째, 아이디어 모으기

부모가 해결의 아이디어를 제시하는 것보다 아이가 아이디어를 내도록 격려해주세요. 부모는 북돋워주는 조력자 역할을 하면 됩니다. 예를 들어, "넌 자신의 물건을 정리하는 방법이 무엇이라고 생각하니?"라고 물으면 아이들은 대개 스스로 해결책을 찾을 수 있습니다.

셋째, 아이디어 실천 방법 의논하기

대수롭지 않는 아이디어라도 아이를 존중하는 태도를 보이면 해결을 위한 합리적 판단을 내릴 수 있습니다. 아이의 결정이 존중되지 않으면 문제 해결에 별 도움이 되지 않습니다. 다음으로 아이 의사를 존중하여 찾은 방법을 어떻게 실천할지 계획을 세워보세요. 이를테면 이런 식으로 묻는 겁니다. "그래, 엄마랑 함께 정리하려면 언제 어떻게 하면 좋을까?" 그러면 아이는 스스로의 해결책을 제시할 것입니다. "응, 놀이가 끝난 후에 내가 장난감을 정리하고 엄마는 책을 정리하면 좋겠어요."

넷째, 선택한 결정은 끝까지 실천

선택한 결정을 구체적으로 어떻게 할지 계획을 세웠으면, 끝까지 해내도록 아이와 함께해 주세요. 이런 경우, 아이는 자기 선택과 결정을 존중받았기 때문에 별 무리 없이 실천에 옮길 능력이 있습니다.

다섯째, 아이의 결정과 실천 칭찬하기

바람직한 방향으로 문제가 해결되었다면 아이의 결정을 최대한 칭찬하고 격려해주세요. 그래야만 다음에도 비슷한 문제에 부딪힐 때 문제를 스스로 해결할 수 있습니다. 반대로 그 결과가 좋지 못했을 때는 아이디어 수집 단계부터 다시 출발하면 됩니다.

★ 02. 사춘기 아이와 대화하기

아이들은 부모가 잘못을 지적하거나 개선 방법을 이야기하면 잔소리로 받아들입니다. 이는 아이들의 빨리지는 신체 성숙이나 뇌 발달 탓이지요. 아이와 부정적인 관계를 만드는 부모의 경우, 잘못된 행동에 대한 이야기뿐만 아니라 화나 분노 같은 부정적 감정 표현을 주로 합니다. 아이는 대개 부모를 대화의 상대로 받아들이지 않고, 자기감정을 일부러 억누르고 상황을 외면합니다. 그러나 긍정적인 부모는 아이의 의견을 수용하고 관심과 애정을 표현합니다. 긍정적인 대화를 하는 부모의 아이들은 이를 학습하여 부모의 감정이나 마음을 수용합니다.

사춘기 아이들에게는 광고의 한 소절처럼 '묻지도 따지지도 말고' 보이는 대로 표현하세요. 어두운 표정의 사춘기 아이에게 "무슨 일 있니? 누구랑 싸웠어?" 하며 캐묻지 마세요. 그저 "표정이 어두워 보인다. 걱정이 있나보구나." 그저 진심에서 우러나는 걱정으로 마음을 전하도록 노력하세요. 사춘기 때는 무조건 반대로 하는 경향이 강합니다. 이래라저래라 하기보다 아이의 의견을 물어 스스로 의사결정을 하도록 유도하세요.

아이들과 대화할 때 긍정적 대화 비율이 80%가 넘도록 합시다. 이런 대화를 나눈 아이들은 학습 능력뿐만 아니라 자존감, 자기애도 높아집니다. 끊임없이 아이 감정을 확인하고 감정을 받아주세요. 아이가 긍정적 감정과 마음을 받아들이고 표현하도록 부모의 노력과 실천이 반드시 요구됩니다.

Sketch 04. 아이를 키우는 자존감

행복의 또 다른 가치, 자아존중감self-esteem은 자신이 사랑받을 가치가 있는 소중한 존재이며 어떤 성과를 이루어낼 만한 유능한 사람이라고 믿는 마음입니다. 이는 객관적이고 중립적인 기준이 아닌 개인 판단에 따릅니다. 이를 자아존중감 또는 자존감이라고 합니다. 이 용어는 미국 의사이자 철학자인 윌리엄 제임스William James가 1890년대 처음 사용했는데요. 현재도 관련 연구가 무수히 진행될 만큼 이는 인간 발달에 중요한 요소입니다.

★ 01. 자존감 형성과 변화

자존감은 대개 부모와의 관계에서 형성됩니다. 일상생활의 경험을 통해 발전하며 아동기에 거의 완성됩니다. 아이 초기 경험이 자존감에 긍정적 영향을 미치며, 성장하면서 자존감을 내면화시켜 보다 행복한 삶으로 이르게 합니다. 이처럼 부모는 아이 자존감 형성에 가장 중요한 요인이자 자존감 향상에 절대적 영향을 미칩니다.

★ 02. 자존감이 높은 아이가 행복하다.

자존감은 아이 학업 성적, 리더십, 위기 극복 능력, 대인관계 등 삶의 다양한 영역에 영향을 미칩니다. 특히 자존감은 대인관계와 높은 상관관계를 지닙니다. 자존감이 높은 아이는 대인관계에 잘 적응합니다. 반대로 자존감이 낮은 아이는 학교 부적응, 우울 등과 같은 정서 문제를 갖습니다. 자존감은 학업 성적뿐만 아니라 가족 관계와 또래 관계 형성, 우정, 자아 개념, 직업, 사회 적응에까지 영향을 미칩니다. 결국 개인의 보다 더 행복한 삶에 직결되어 있다는 얘기입니다.

★ 03. 자존감을 키우는 부모 역할

첫째, 있는 그대로 존중해주어야

아이들이 어리면 어릴수록 내가 부모니까 내 결정을 따라야 하고 내가 안내해야 한다고 생각하기 쉽습니다. 이로 인해 부모가 판단하고 강요할 때가 많습니다. 아닙니다, 아이의 작은 머릿속에서도 수많은 생각과 판단이 이루어집니다. 따라서 다른 가족이나 또래와 비교하지 말고, 전체적 관점보다 부분적 관점에서 평가하세요. "국어 실력은 조금 부족해도 사회 실력은 우수하구나, 우리 딸!" 이렇게 부분적 관점에서 말해주면 아이에게 자신감이 생깁니다. 하나의 인격체인 아이를 있는 그대로 존중해주세요. 모든 인간관계에서 인격과 인격의 만남이 제일 아름답기 때문입니다.

둘째, 스스로 할 수 있도록 기다려야

어른들과는 달리 아이는 밥 먹는 일이나 옷 입는 일, 신발 신는 일 등에도 부모의 애를 태울 만큼 느립니다. 부모는 바쁘다는 핑계로, 느린 아이가 답답해 밥을 먹여주고 옷도 입혀 주기 급급합니다. 이는 오히려 아이들의 능동적이고 적극적인 성격 형성에 방해가 됩니다. 아이가 스스로 자기 일에 집중해 성취하도록 배려하세요. 성취를 인정해주고 격려해준다면 아이는 자신감과 용기를 얻습니다.

셋째, 긍정적 성취를 많이 하도록

성공 경험을 많이 한 아이는 긍정적 자존감을 형성하고, 실패나 부정적 경험을 많이 한 아이는 부정적 자존감을 형성합니다. 여기에서 말하는 성공 경험은 부모나 선생님의 칭찬과 격려 같은 외적 성공뿐만 아니라 스스로 흥미와 열정으로 성취감을 맛보는 성공을 말합니다.

넷째, 다양한 선택권을 주세요.

바깥 날씨가 추운데 두꺼운 옷을 입자고 말해도 아이는 얇은 티셔츠 하나만 입는다고 합니다. 이런 경우 엄마아빠가 "내가 분명히 이야기했다. 감기 걸리든지 말든지 너 알아서 해." 같은 반응을 하면 아이의 자존감에 상처를 줍니다. 어떤 결정이나 선택에서 여러 경우를 친절하게 설명하고 아이 결정을 지지해주세요. 아이 자존감은 높아져 점차 올바른 판단을 스스로 내립니다.

Sketch 05. 자아통제력 키우기

예전에는 친구들과 어울리던 아이들이 요즘은 각자 스마트폰만 붙들고 시간 가는 줄 모릅니다. 스마트폰 사용은 학교보다 가정에서 더 심각한 수준입니다. 아침에 일어나서부터 잠이 들 때까지 스마트폰을 놓지 못하는 것이 현실이죠. 이로 인해 많은 사회적 정서적 문제를 일으킵니다. 아이들 10명 중 7명은 이미 스마트폰 중독 증세를 보이고 있다고 합니다. 실제로 식당에 가면 어른들만 대화할 뿐 아이들은 스마트폰, 게임, 메신저에 빠진 모습을 쉽게 볼 수 있습니다. 스마트폰은 이제 더 이상 '손안의 작은 세상'이 아닌 '손안의 마약'이 되어 버렸습니다. 왜 아이들은 스마트폰을 손에서 놓을 수 없는 걸까요? 바로 우리 뇌 때문입니다. 뇌에서 도파민이란 신경 전달 물질이 분비되어 게임과 영화, 음악 감상 등을 통해 즐거움과 쾌감을 주기 때문입니다. 더 큰 문제는 따로 있습니다. '내성'이 생겨 곁에 스마트폰이 없으면 긴장과 떨림, 불안 등의 정서 불안이 생긴다는 점이지요.

　몇 해 전부터 컴퓨터나 게임 중독은 심각한 사회 문제입니다. 컴퓨터 사용이나 TV 시청 문제로 갈등을 겪는 가정이 수없이 많습니다. 이 문제는 어떻게 풀어야 할까요? 컴퓨터는 거실같이 공개된 장소에서 사용 시간을 정합시다. TV 시청은 주로 영어 학습 면으로 접근하여 아이와의 약속(예 : 일주일에 2번, 한 시간씩)을 통해 해결책을 찾는 것이 좋습니다.

　하고 싶은 욕구가 강하더라도 그 욕구를 따라 행동하는 것을 억제하는 능력을 키워야 합니다. 이런 능력을 자아통제력 혹은 자제력이라고 합니다. 자아통제력은 말이나 행동을 억제하고 규제하는 능력입니다. 자아통제력은 유혹에 저항하고 만족을 더디게 하며 충동을 억제하는 능력으로 구성되어 있습니다.

　자아통제력은 유아기에 타인이 부여한 규칙이나 질서를 지키면서 어느 정도 자리 잡아, 스스로 욕구를 통제하고 자기 조절을 하는 힘으로 발전합니다. 이후 아동기 전반에 걸쳐 자아통제력을 성취하게 되지요.

　자아통제력을 키우려면 부모 먼저 규칙과 질서를 지키며 생활해야 합니다. 규칙과 질서를 지키지 못했을 때는 아이에게 논리적으로 설명해주세요. 또한 아이들에게 많은 성취의 경험을 제공해주어야 하고 어떤 일에 대한 노력이나 과정에 많은 의미를 부여해주어야 합니다. 만족이나 기쁨을 뒤로 미룰 줄 알아야 한다는 것과 그 결과로 얻어지는 더 큰 가치를 알려주어야 합니다. 아이가 스스로 자기 발전을 위해 노력하고 통제하는 모습에 끝없는 격려와 지지를 보내는 것이 필요합니다.

아이의 행복한 미래를 위해 스마트한 세상 속에서 자기 스스로를 조절하는 능력을 키워주어야 합니다. 이러한 아이들이 학습에 있어서도 높은 수준의 성취를 보이는 법이지요.

미래를 위한 투자, 아이 꿈 키우기

책상에 앉아서도 늘 무표정인 예찬이, 꿈이 없습니다. 커서 되고 싶은 것도 없고, 하고 싶은 일도 없습니다. 성격은 내성적이지만 의사표시를 곧잘 하며 학교에서 성적도 우수합니다. 부모는 예찬이가 판사나 의사가 되기를 바랍니다. 하지만 예찬이는 그런 이야기를 들을 때마다 피하고만 싶습니다. 자기가 좋아하는 자동차를 만들고 싶은 생각뿐이니까요. 그런 예찬이의 꿈을 알게 된 엄마아빠는 아예 말도 못 꺼내게 합니다. 오직 성적에만 관심을 둡니다. 6학년이 된 아이는 더 시무룩해지고 늘 기운이 빠져 있습니다. 장래 이야기를 할 때마다 예찬이는 이제 꿈을 꾸고 싶지도 않습니다.

3교시 영어교담 시간. 6학년인 지인이는 학교에 있기 싫다며 같은 반 은아를 데리고 학교 밖으로 나갑니다. 담임선생님은 지인이를 찾기 위해 동분서주하다 아이 엄마에게 전화합니다. 결국 점심시간에 학교로 돌

> 아온 지인이와 은아는 밥을 먹고 교실로 돌아갑니다. 담임선생님은 둘을 데리고 상담실로 향합니다. 아이들은 대화 도중 '죽고 싶다, 왜 사는지 모르겠다, 학교에 오기 싫다' 같은 말을 수없이 반복합니다. 선생님은 아이를 타이르고, 때론 야단도 칩니다. 그런 선생님에게 지인이는 이렇게 빈정댑니다. "무슨 상관이에요. 내 마음대로 할 거예요."

🚩 THINK TOGETHER

어떤 아이는 꿈을 꾸지만, 꿈이 없거나 꾸지 못하는 아이도 있습니다. 또 삶의 희망이 보이지 않아 절망하면서 사는 아이도 있습니다. 행복한 삶을 위해서 우리 아이는 꿈을 가져야 합니다. 희망이 있어야 합니다. 부모가 어떻게 해야 우리 아이가 꿈을 꿀 수 있을까요?

Sketch 01. 내 아이, 꿈은 어디에?

5학년 담임을 하고 있을 때 세영이 일기장에 적혀 있던 글입니다.

> 버스를 타고 엄마와 함께 서울에 갔는데 처음으로 서울대학교를 방문했다. 너무나 설레고, 그곳에서 공부하는 대학생들이 정말 멋져 보였다. 난 꼭 서울대학교에 들어갈 것이다. 지금부터 어떻게 하면 서

울대학교에 갈 수 있는지 알아보고 열심히 공부를 해야겠다.

세영이는 생활이나 학습 면에서 매우 우수했습니다. 아이의 목표 의식이나 꿈을 키우려고 부모가 그런 기회를 만든 것 같았습니다. "엄마께서 훌륭한 분 같다. 선생님도 너에게 작은 도움이 되고 싶어. 너라면 할 수 있을 거야. 기대할게!" 그렇게 격려했던 기억이 납니다.

목표란 어떤 목적을 이루려고 지향하는 대상으로, 스스로에게 가치 있는 일의 일부입니다. 가치관이 세상을 보고 판단하는 시각이나 기준이라면, 목표 의식은 가치를 향해 나아가려는 자기 인식입니다. 자기 가치관에서 볼 때 의미 있는 일을 설정하고 힘쓰는 의지가 바로 목표 의식입니다.

개인에 따라 삶의 목표나 행복의 기준은 물론 다릅니다. 부와 명예를 지향하는 사람도 있고, 더불어 사는 나눔의 실천을 행복으로 아는 사람도 있습니다. 아이의 꿈이나 삶의 목표에는 행복의 가치가 담겨야 합니다. 그리고 자신의 땀과 노력으로 꿈과 목표를 위해 실천하지 않는다면 공허한 메아리에 불과할 것입니다. 아이들의 꿈이 크도록 열정을 잃지 않게 하는 것이 부모 역할입니다.

★ **01. 동기를 부여하자**

열정이 없으면 어떤 일이든 성공하기가 쉽지 않습니다. 노력하면 지금보다 더 좋은 결과를 얻는다는 믿음과 동기를 부여해줍시다. 가치 있는 일을 아이 스스로 행한다는 목표를 세우고 어떻게 이를 실천할 것인지를 공유하세요. 또 꿈을 이루었을 때 주변과 나누거나 누릴 행복의 가치를 함께 나누세요. 강력한 동기 부여는 스스로 하려는 일을 높은 수준으로 성취하게 만듭니다. 스스로 좋아하거나 잘하는 일, 하고 싶은 일을 실천하도록 지지해주세요.

★ 02. 아이와 비전을 공유하자

아이가 자신의 상태나 목표를 감추고 혼자 고민하거나 꿈을 잃는 경우가 많습니다. 먼저 부모의 비전을 아이와 공유하세요. 어떻게 꿈을 이룰지에 대해 대화하는 것도 중요합니다. 비전을 함께 공유했을 때 아이의 꿈과 목표에 한 걸음 다가가는 계기가 될 것입니다.

★ 03. 아이의 '현재'를 보자

아이의 신체, 성격, 흥미, 장단점, 학업 능력 등, 현재의 여러 요소를 되돌아보는 계기를 만드세요. 아이의 객관적 모습을 통찰하지 않고 무조건 높은 목표만 잡는다면 계획은 실패로 끝날 것입니다.

★ 04. 더 멀리, 더 높이 보자

　꿈은 자신이 경험하고 보는 것만큼 꿀 수 있습니다. 많은 것을 경험하고 느끼며 넓고 높은 시야에서 볼 수 있는 기회를 주세요. 직업과 관련된 다양한 경험이 많으면 좋습니다. 어떤 목표나 꿈을 향한 아이들의 기대를 성장의 받침으로 사용하세요.

★ 05. 아이의 꿈에 '관심'을 갖자

　작고 소박한 꿈이라도 그 분야에 전문가가 된다면, 그것이 바로 훌륭한 성공입니다. 구체적 목표에 맞춰 어떤 노력이 필요한지 자세하게 분석하고 연구해야 합니다. 부모가 그 분야를 모르거나 관심이 없으면 아이의 목표에 공감할 수 없습니다. 아예 목표 의식을 심어 주지 못할 것입니다. 부모와 아이가 함께 연구하고 배우려는 노력을 한다면 신뢰가 쌓이고 목표를 실천해 나가는 데 많은 도움이 됩니다.

Sketch 02. 올바른 진로의 가치

"나는 매일 일하는 것이 그렇게 즐거울 수가 없다. 거기에는 항상 새로운 도전의 기회와 배울 것들이 기다리고 있다. 누구든지 자기 일을 나처럼 즐긴다면 결코 지치는 법이 없을 것이다." 빌 게이츠 Bill Gates

성공을 이룬 사람들의 가장 큰 특징이 바로 일을 '즐긴다'는 것입니다. 즉 즐겁게 일하고 행복의 가치를 느낀다는 것이 행복한 삶의 요체라 할 수 있습니다.

얼마 전 온라인 취업 포털 사이트 사람인이 직장인을 대상으로 한 설문 조사 결과, 10명 중 7명이, 다니는 직장에서 하는 일을 평생 하고 싶지는 않다고 대답했습니다. 그만큼 하기 싫은 일을 하고 있으니, 애당초 행복과는 거리가 멀지 않겠습니까. 그렇다면 어떻게 해야 내 아이가 나중에 갖게 될 직업에서 행복을 느낄 수 있을까요? 적절한 보수, 승진, 보람과 가치, 인간관계 등 여러 요소가 있겠지요. 이런 것들을 모두 만족시키는 직장은 매우 드뭅니다. 뿐만 아니라 외형적 조건의 충족이 바로 직업의 행복을 의미하는 것은 아닙니다. 아이가 학업이나 학벌에 집중하기보다 바른 직업관을 갖도록 배려해주세요.

아이가 보다 행복해지는 길은 일에 대한 긍정적 가치를 발견하는 겁니다. 자기 일을 좋아하고 소중하게 여기며 헌신하는 태도의 중요성을 알게 하세요. 직업 활동을 통해 무엇을 얻고 남길지 이야기하고 생각하는 기회를 만들어보는 것도 좋습니다.

Sketch 03. 내 인생의 롤 모델

김연아 선수는 미국인 피겨스케이팅 선수 미셸 콴을 보고 자신의 꿈을 키웠습니다. 박지성 선수는 차범근 선수와 같이 되고 싶었습니다. 반기문 UN 사무총장은 초등학교 6학년 때 당시 학교를 방문한 외무장관을 보고 외교관의 꿈을 키웠습니다. 즐겁게 공부하고 영어를 잘 해 고3 때 장학생으로 선발되어 미국의 케네디 대통령을 만났던 경험이 외교관의 꿈으로 이끄는 결정적 역할을 했다지요. 이처럼 성공한 사람들은 미래에 되고 싶은 모습을 확고히 가지는 법인데, 이를 '롤 모델'이라고 합니다.

롤 모델은 이미 성공한 사람의 모범을 따르게 만들고 자신도 그렇게 되고자 하는 힘을 제공합니다. 그 대상이 테레사 수녀, 빌 게이츠, 봉준호가 될 수도 있고 부모나 이웃 아저씨, 선생님이 될 수도 있습니다. 자신의 분야에서 성공한 삶을 살거나 도덕을 실천하는 사람이면 충분합니다.

아이들과 미래 모습과 꿈 이야기를 나누세요. 그리고 아이의 꿈과 가장 비슷한 롤 모델을 찾아 그 인물이 살아 온 과정과 성공 방식을 조사해보세요. 실제 인물을 만나거나 비슷한 인물을 만나는 기회가 있다면 더욱 좋습니다. 좋은 롤 모델과의 만남은 아이들의 인생 목표를 결정적으로 변화시킬 수 있습니다.

Sketch 04. '최고'를 꿈꾸도록

자신의 바람보다 현실에 부딪혀 적당히 직업을 선택하는 사람들이 너무도 많습니다. 아이도 마찬가지입니다. 누구나 같은 꿈을 좇기보다 아이 자신이 원하는 꿈을 찾도록 배려하고 존중하세요. 이와 함께 직업 탐색 기회를 다양하게 주는 것이 훨씬 더 행복한 미래로 나아가는 길입니다.

얼마 전 뉴스에서 변호사, 의사, 한의사, 공인회계사 등 전문 자격증을 가진 이른바 '사(士)자 직업'들의 전성시대가 저물고 있다는 내용이 보도되었습니다. 그 뉴스의 제목이 '월 200 못 버는 변호사? 저무는 전문직 전성시대'였습니다. 현재의 직업 선호 유형과는 달리, 앞으로는 사람들이 꺼려하는 3D 업종이나 녹색산업, 유비쿼터스, 복지 서비스 등이 인기를 끌지 않을까 생각합니다. 이제는 아이의 장점을 최대한 살려서, 누구나 원하는 직업보다 가치를 창출하는 직업관을 심어주세요. 더불어 해당 분야에서 '최고'가 되려는 노력이 뒤따라야 합니다. 이를테면 제빵사나 요리사라는 꿈을 꾸더라도 거기에 이르기까지 최고의 모습을 보이려는 노력이 훨씬 더 의미 있다는 얘기죠.

자라나는 아이들의 꿈은 앞으로 계속해서 변해갈 것입니다. 어떠한 꿈이든 해당 분야에서 최고에 오르려면 끊임없이 실력을 쌓고, 꾸준히 지식을 넓히기 위해 노력해야 한다는 점을 상기시켜주세요.

Parents 아이에게 가장 효과가 좋은 학습법은?

Park's advice 어떤 내용을 공부하느냐에 따라 다르고, 연령이나 지식, 지적 능력, 동기, 자신감 등 학습자에 따라 다르며, 어떤 형식의 시험을 준비하느냐에 따라 달라집니다. 무엇보다 아이 스스로 자신에게 맞는 효과적인 방법을 찾아내는 것이 중요합니다. 가장 효과적인 방법은 크게 두 가지입니다. 첫 번째 방법은 반복학습으로 내용을 다시 학습하여 장기기억으로 전환하는 것. 다른 하나는 배운 내용을 스스로 검사하고 시험하는 방법. 틀린 문제를 다시 해결해 부족한 부분을 확인하게 하세요. 앞으로의 평가에서 오류를 없애도록 지금의 실수를 분석하는 것이 좋습니다.

Parents 학교 폭력과 왕따, 이걸 어떡할까요?

Park's advice 학교 폭력의 하나인 왕따를 당하는 학생들은 신체적 능력이 부족하거나 공부를 못하는 유형, 친구를 무시하고 함부로 하는 유형, 자기 자랑을 하는 유형, 잘난 척하는 유형 등입니다. 바람직한 관계를 만들려면 아이가 항상 남을 배려하면서도 자신감 있는 태도로 생각과 의견을 표현하게 하세요. 솔직한 태도와 바른 말투는 기본입니다. 자신감이 자만으로 변해 다른 사람을 함부로 대하지 않도록 하세요. 상대를 존중하는 태도가 중요합니다. 다음으로 타인의 입장을 고려하여 남을 흉보지 않고, 잘못을 솔직하게 이야기하게 하세요. 일상생활에서 이것이 습관화되도록 그 중요성을 가르친다면 학교 적응도 잘할 수 있습니다. 그럼에도 학교 폭력이나 왕따가 발생하거나 의심된다면 빨리 담임선생님에게 알리고 조언을 구해 함께 해결해야 합니다.

Parents 학습 외에 반드시 필요한 것은?

Park's advice 미국의 경영 컨설턴트 존 팀펄리 John Timperley 는 이렇게 말했습니다. "내 꿈을 가장 빠르고 효과적으로 이루는 길은 내게 도움을 줄 수 있는 사람과의 연결을 기반으로 삼는 것이다. 이제는 무엇을 아느냐가 아니라, 누구를 아느냐가 더욱 중요한 시대다." 최근 삼성경제연구소에서 대기업의 CEO 527명에게 최고 경영자가 되기까지 결정적 역할을 한 지능이 무엇인가를 물었습니다. 그랬더니 응답자들은 '인간관계지능'을 최고로 꼽았습니다. 실제 지능이나 학교 성적이 인생 성공을 돕는 경우는 20% 정도에 불과합니다. 인간관계지능은 행복과 성공의 중요한 열쇠입니다. 그 핵심은 타인의 기분과 감정, 관점을 이해하는 데서 출발하지요. 다른 사람과의 어울림을 통해 동기, 분위기, 의도 등을 고려해 관점을 이해하고 상호작용할 수 있어야 합니다. 다른 사람과 관계를 유지하고 어울릴 때는 행동규범과 질서를 준수하며 의사소통 과정에서 잘 듣고, 상대방이 전하는 다양한 단서와 정보에 적절하고 민감하게 반응할 수 있는 능력을 가져야 합니다. 마지막으로 사람들 사이에서 지도력을 발휘하여 문제를 해결하고 영향력을 발휘할 수 있는 리더십을 키워야 합니다.

Parents 효과적으로 칭찬하고 꾸중하는 방법은?

Park's advice 부모나 교사에게 받는 칭찬은 아이 자신감을 높입니다. 스스로 바른 말과 행동을 하게 하는 긍정적 작용도 합니다. 칭찬할 때는 진심을 담아 즉각적으로 하는 것이 효과적입니다. 성취한 결과보다 과정이나 노력을 구체적인 말로 칭찬해주세요. 아이가 말을 듣지 않으면 부모는 조급해지기 마련이고, 그 때문에 아이의 의견이나 해명은 듣지도 않고 꾸중하게 됩니다. 이는 아이에게 상처를 주고 마음을 닫아버리게 하니 극도로 주의해야 합니다. 먼저 아이 이야기를 처음부터 천천히 듣고 판단하세요. 꾸중은 그 다음에 해도 늦지 않습니다. 반드시 꾸중이 필요하다면 단호하게 한 번으로 끝내는 것이 좋습니다. 가능한 한 아이의 부정적인 언행을 꾸짖기보다 긍정적이고 바람직한 말과 행동을 칭찬해준다면 스스로 바른 행동을 실천하고자 노력할 것입니다.

Parents 스마트폰은 언제 사주고 어떻게 활용할까?

Park's advice 아이의 스마트 기기 사용은 늦출 수 있는 만큼 최대한으로 늦추세요. 뇌 발달이 이루어지는 초등 시기까지는 구입하지 않는 편이 좋습니다. 안전 문제나 아이와의 연락 문제 등이 있다면 일반 폰을 구입해주세요. 스마트폰을 사 주었다면 활용하는 데 주의를 기울여야 합니다. 가족 모두가 집에 귀가해 스마트폰을 끄거나 공개하는 약속을 정해 과다 사용이나 중독 문제가 생기지 않도록 하세요. 사용 시간을 제한하려면 매일 30분보다 일주일에 한 번 90분씩이 훨씬 더 예방에 좋습니다. 아이들이 어릴 땐 스마트 기기를 아이 돌보는 수단으로 사용하지 마세요. 학교에서도 생활 규정을 활용하여 스마트폰 사용을 제한합니다. 되도록 학교에서는 반드시 전원을 끄고 하교 후 사용하도록 아이를 지도해주세요.

에필로그

내 아이를 위한 사랑의 교육, 앎이고 실천입니다.

　세상 모든 부모는 아이를 사랑합니다. 우리 부모가 살았던 시대는 자녀를 키우고 교육하는 지식이나 기술보다 그 '마음'이 더 중요했습니다. 아이 발달과 교육 지식 및 연구는 물론 그 지식과 기술을 공유할 기회가 많이 부족했으니까요. 하지만 지금 우리 주변에는 자녀 성장과 교육 지식 그리고 효과적이고 바람직한 성장을 돕는 정보가 넘쳐납니다. 지금 이 순간에도 부모와 아이는 쏟아지는 정보의 틈바구니와 교육의 홍수 속에서 살아갑니다. 따라서 관심과 시간, 노력만 투자한다면 부모와 아이는 언제 어디서든 배울 기회가 있습니다.

　조건 없는 자녀 사랑은 부모가 당연히 갖는 기본 가치입니다. 그러나 오늘의 부모에게는 단지 사랑뿐만 아니라 아이의 성장과 발달에 관한 지식을 갖고 활용할 수 있어야 합니다. 『나의 문화유산답사기』의 저자인 유홍준 교수의 '아는 만큼 보인다', '사랑하면 알게 된다'는 말처럼 사랑의 마음 위에 자녀 교육에 대한 앎을 구해야 하고, 알게 되면 교육의 길이 보입니다. 즉 내 아이의 성장과 발달을 돕기 위한 지식과 기술을 갖추어야 비로소 아이와 함께하는 교육의 길이 보이는 것이죠. 부모가 알고 전하는 만큼 아이가 성장한다는 믿음은 변하지 않는 진리가 되어 우리 곁에 늘 가까이 있어야 합니다.

학교에 몸담고 있는 교사로서, 한 아이의 아빠로서, 과연 올바른 교육의 길이 무엇인지 끝없이 묻고 고민합니다. 하지만 "그래, 바로 이것이다!"라고 할 수 있는 답은 여전히 없는 것 같군요. 비록 정답을 제시할 수는 없지만 그 안에 사랑을, 지치지 않는 배움을, 최선을 다하는 지혜를 담는다면 아이의 행복한 미래로 가는 길이 보이리라 믿습니다.

아이들이 행복한 삶을 살아가도록 이 세상의 모든 엄마아빠, 교사, 사회의 모든 구성원이 아이의 행복한 미래를 위해 끊임없는 배움을 추구했으면 합니다. 그리고 배움을 통한 지식을 기반으로 조금씩 실천해갔으면 합니다. 부모가 이끌어가는 10년이란 시간이 아이들의 삶 전체를 결정합니다. 아이의 미래,

초등학교에 들어가기 전후 10년 교육이 전부입니다. 내 아이가 보다 더 행복한 삶의 길, 엄마아빠의 손에 달려 있습니다.

　　교육이 없으면 희망이 없고, 알지 못하면 실천하지 못하고, 실천하지 못하면 변하지 못하고 성장할 수 없습니다. 교육은 희망이고 앎은 시작이며 실천은 변화이고 성장입니다.

부록

★

쉽게 가르치는 한글 지도법
'아빠표 한글 읽기 프로그램'

★

부모가 알아두면 좋은
'학교생활'

쉽게 가르치는 한글 지도법
아빠표 한글 읽기 프로그램

01. 아빠표 한글 읽기

여러분은 언제, 어떻게 한글을 읽기 시작했습니까? 기억하시나요? 지금의 부모라면 초등학교에 들어갈 무렵, 한글 읽기를 시작했을 겁니다. 하지만 지금은 초등학교 입학 전 유아기에 한글 읽기 지도는 대부분 끝납니다. 그만큼 읽기가 앞당겨지면서 지식 습득 과정이 빨라지고 있습니다.

훈민정음 창제 원리를 기록하고 있는 "훈민정음 해례본"에 따르면, "똑똑한 사람은 하루아침이면 훈민정음을 깨칠 수 있으며, 아무리 아둔한 사람이라도 열흘이면 충분히 깨칠 수 있다."고 기록되어 있습니다. 그만큼 한글은 쉽게 원리를 알고 읽을 수 있도록 과학적이고 배우기 편리한 글입니다. 또한 세계에서 가장 배우기 쉬운 문자이기도 합니다.

평소 아이 성장에 관심이 많았던 저는 한글 읽기 지도를 언제, 어떤 방법으로 할지 고민했습니다. 유아, 영재, 한글 교육과 관련된 다양한 책을 접한 결과 '아빠표 한글 읽기'를 만들

수 있었습니다.

　아빠표 한글은 누구나 가정에서 쉽게 만들어 아이들과 즐겁고 쉽게 한글 읽기를 할 수 있는 프로그램입니다. 아이의 놀이와 생활을 둘러싼 낱자와 그림을 활용해서 언제 어디서나 쉽게 아이와 즐기면서 공부할 수 있습니다. 또한 아이의 특성과 발달을 고려하더라도 대략 6주 정도면 누구나 무리 없이 한글을 가장 쉽게 익힐 수 있는 특징을 가지고 있습니다.

02. 한글 읽기를 위한 조건

한글 읽기는 다음과 같은 세 가지 조건이 있어야 가능합니다.

1. 아이와 애착 관계가 형성되어 듣기·말하기 발달이 되어 있는가?
2. 그림책 읽기에 흥미와 재미를 느끼는가?
3. 글을 읽을 수 있는 연령이 되었는가?

　먼저 부모와 아이 사이에 애착관계가 형성되어 어느 정도 음성언어가 발달되어 있어야 합니다. 또 아이에게 사랑하는 마음을 자주 표현하고 듣고 말하는 기회를 충분히 만들어야 합니다. 다음으로 그림동화책 읽어주는 기회를 충분히 제공해주어 그림책에 대한 거부반응이 없고, 그림책 읽기에 흥미와 재미를 느끼고 읽고 싶은 욕구가 있어야 합니다. 마지막으로 글을 읽을 수 있는 연령과도 관계가 있습니다. 외국의 경우 17개월에 읽기가 가능하다는 연구도 있지만, 일반적으로 5세 전후라면 누구나 한글 깨치기가 가능합니다. 하지만 한글 읽기 경험을 무조건 빨리 제공하기만 하는 것은 아이의 발달을 위해 그다지 바람직하지 않습니다.

	ㅏ (아)	ㅑ (야)	ㅓ (어)	ㅕ (여)	ㅗ (오)	ㅛ (요)	ㅜ (우)	ㅠ (유)	ㅡ (으)	ㅣ (이)
ㄱ (기역)	가	갸	거	겨	고	교	구	규	그	기
ㄴ (니은)	나	냐	너	녀	노	뇨	누	뉴	느	니
ㄷ (디귿)	다	댜	더	뎌	도	됴	두	듀	드	디
ㄹ (리을)	라	랴	러	려	로	료	루	류	르	리
ㅁ (미음)	마	먀	머	며	모	묘	무	뮤	므	미
ㅂ (비읍)	바	뱌	버	벼	보	뵤	부	뷰	브	비
ㅅ (시옷)	사	샤	서	셔	소	쇼	수	슈	스	시

ㅇ (이응)	아	야	어	여	오	요	우	유	으	이
ㅈ (지읒)	자	쟈	저	져	조	죠	주	쥬	즈	지
ㅊ (치읓)	차	챠	처	쳐	초	쵸	추	츄	츠	치
ㅋ (키읔)	카	캬	커	켜	코	쿄	쿠	큐	크	키
ㅌ (티읕)	타	탸	터	텨	토	툐	투	튜	트	티
ㅍ (피읖)	파	퍄	퍼	펴	포	표	푸	퓨	프	피
ㅎ (히읗)	하	햐	허	혀	호	효	후	휴	흐	히

▲ 한글 기본 음절표

03. 한글 읽기 방법과 장단점

● 모음 중심 읽기(ㅏ, ㅑ, ㅓ, ㅕ, ㅗ, ㅛ, ㅜ, ㅠ, ㅡ, ㅣ)

모음 중심 읽기는 앞서 제시한 기본 음절표에서 가로 방향으로 지도하는 방법입니다. '가~기'를 지도하여 '하~히'까지 위에서 아래로 지도하는 것입니다. 연령과 언어 발달 수준에 따라 다르겠지만 아이들은 이중 모음(ㅑ, ㅕ, ㅛ, ㅠ)을 소리 내는 것이 어렵습니다. 또한 이중 모음(ㅑ, ㅕ, ㅛ, ㅠ)이 들어간 낱말은 우리 생활에 많이 활용되지 않습니다. 바로 이러한 까닭에 모음 중심 읽기 지도를 적극 권장하지 않습니다.

● 자음 중심 읽기(ㄱ, ㄴ, ㄷ, ㄹ, ㅁ, ㅂ, ㅅ, ㅇ, ㅈ, ㅊ, ㅋ, ㅌ, ㅍ, ㅎ)

자음 중심 읽기란 기본 음절표에서 '가~하'를 지도하여 '기~히'까지 자음 중심으로 지도하는 것입니다. 이중 모음 지도는 나중으로 미루는 것이 좋습니다. 따라서 가~하, 거~허, 고~호, 구~후, 그~흐, 기~히, 야~햐, 겨~혀, 교~효, 규~휴 순으로 지도하는 것이 좋습니다.

● 통문자 학습

"통문자로 배운 단어를 알긴 아는데 동화책에 섞여 있으면 아직도 몰라요. 도와주세요."

위와 같은 부모의 고민을 가끔 접할 수 있습니다. 적절한 방법으로 잘 지도했는데도 왜 이런 문제가 생기는 것일까요? 통문자 학습으로는 한글을 읽는 데 오랜 시간이 걸립니다. 통문자로 한글을 배우는 아이들은 낱자 읽기를 매우 어려워하기 때문입니다. 비누의 '비'는 읽는데 나비의 '비'는 읽지 못하는 경우가 생기기 마련입니다.

실제로 이런 문제를 알게 된 부모는 통문자 학습을 한 아이에게 다시 낱자부터 한글을 가르치는 경우도 있습니다. 아이들은 자연 성장과 언어 발달을 하기 때문에 통문자 학습도 오래 실시하면 자연스럽게 한글을 익힙니다. 학습지나 방문 과외가 이 같은 방법을 잘 활용하는 까닭이 여기 있습니다.

1. 기본 자모(24자) = 자음(14자) + 모음(10자)

자음	글자	ㄱ	ㄴ	ㄷ	ㄹ	ㅁ	ㅂ	ㅅ	ㅇ	ㅈ	ㅊ	ㅋ	ㅌ	ㅍ	ㅎ
	이름	기역	니은	디귿	르을	미음	비읍	시옷	이응	지읒	치읓	키읔	티읕	피읖	히읗
모음	글자	ㅏ	ㅑ	ㅓ	ㅕ	ㅗ	ㅛ	ㅜ	ㅠ	ㅡ	ㅣ				
	이름	아	야	어	여	오	요	우	유	으	이				

2. 복합 자모(16자) = 자음(5자) + 모음(11자)

자음	글자	ㄲ	ㄸ	ㅃ	ㅆ	ㅉ						
	이름	쌍기역	쌍디귿	쌍비읍	쌍시옷	쌍지읒						
	구성	ㄱ+ㄱ	ㄷ+ㄷ	ㅂ+ㅂ	ㅅ+ㅅ	ㅈ+ㅈ						
모음	글자	ㅐ	ㅒ	ㅔ	ㅖ	ㅘ	ㅙ	ㅚ	ㅝ	ㅞ	ㅟ	ㅢ
	이름	애	얘	에	예	와	왜	외	워	웨	위	의
	구성	ㅏ+ㅣ	ㅑ+ㅣ	ㅓ+ㅣ	ㅕ+ㅣ	ㅗ+ㅏ	ㅗ+ㅏ+ㅣ	ㅗ+ㅣ	ㅜ+ㅓ	ㅜ+ㅓ+ㅣ	ㅜ+ㅣ	ㅡ+ㅣ

3. 받침 글자

홑받침	ㄱ	ㄴ	ㄷ	ㄹ	ㅁ	ㅂ	ㅅ	ㅇ	ㅈ	ㅊ	ㅋ	ㅌ	ㅍ	ㅎ	ㄲ	ㅆ
겹받침	ㄳ	ㄵ	ㄶ	ㄺ	ㄻ	ㄼ	ㄽ	ㄾ	ㄿ	ㅀ	ㅄ					

▲ 한글 자음과 모음 구성표

04. 자음 중심 읽기의 실제

★ 1. 한글 낱자와 그림 카드 만들기

그림 카드는 '한글 그림책 가나다'라는 책을 활용하고, 글자 카드는 직접 출력하여 알맞게 자르고 코팅하여 사용합니다. 글자 카드는 그림 카드의 크기에 맞추어 글씨체와 크기를 적절히 조정해 출력 후 코팅합니다. 이때 그림 카드와 글자 카드의 종류나 크기는 아이의 월령과 연령을 고려해서 만들면 됩니다. 한 번 만들면 다른 가족이나 친척, 지인까지 활용할 수 있지요. 모서리 부분은 아이들의 안전을 위해 둥글게 잘라주세요.

▲ 그림 카드와 글자 카드

★ 2. 집중 지도 또는 분산 지도

아이 발달과 수준을 고려하여 한글 읽기 시간을 배려하는 것이 좋습니다. 대개 회당 20분씩, 일주일에 3~4회 정도 한글 읽기를 하면 좋습니다. 지나친 집중이나 분산이 아니라면 2개월 이내에 한글 읽기를 끝마칠 수 있을 것입니다.

★ 3. 처음에는 한 번에 5개 정도, 자음 중심 읽기로!

첫째 날은 가~마(5개), 둘째 날에는 바~차(5개), 셋째 날에는 카~하(4개) 읽기와 가부터 하까지 전체 복습, 이런 순으로 지도하세요. 이 진도라면 세 번째 지도 날에는 가에서 하까지 진행할 수 있습니다. 처음에는 더디게 나가지만 나중에는 원리를 깨우치면서 그 속도가 눈에 띄게 빨라집니다. 아이의 발달과 능력이 우수하다면 7개의 자음 또는 14개의 자음을 한 번에 지도하는 것도 좋습니다. 아이 수준과 발달을 고려하여 지도 방법을 적절히 선택하세요.

★ 4. 단모음 먼저, 그 다음 이중모음!

단모음을 먼저 지도하고 이중모음을 이후에 지도하면 좋습니다. ㅑ, ㅕ, ㅛ, ㅠ가 들어간 낱자는 (가, 갸), (나, 냐)처럼 함께 가르치세요. 이런 방법을 쓰면 자음 중심 지도를 한 번 더 확인할 수 있습니다. 실제 갸, 냐 등의 모음은 생활에서 많이 활용되지 않아 읽는 방법을 지나치게 알려주지 않아도 무방합니다.

이렇게 지도하면 기본 음절표에 있는 글자는 모두 읽게 됩니다. 대략 4주 정도면 충분히 읽을 수 있지요.

★ 5. 홑받침 글자와 이중 자음(ㄲ, ㄸ, ㅃ, ㅉ) 글자 지도

홑받침이 있는 글자(각, 간, 갇, 갈 등)를 지도할 때 자음 읽는 법(기역, 니은, 디귿 등)을 지도하세요. 예를 들어 "가의 밑에 ㄱ(기역)이 들어가면 각이라 읽는 거야."라고 알려주면 됩니다. 다음으로 이중 자음이 들어간 낱자(꾸, 뚜, 빠, 짜 등)는 소리가 세게 난다는 것을 지도하면 됩니다.

★ 6. 복합모음 낱자(ㅐ, ㅒ, ㅔ, ㅖ 등), 복합모음의 받침 낱자(앵, 엥, 원, 웬 등), 겹받침 글자(닭, 굵, 앉 등) 순으로

복합모음을 지도할 때 ㅏ와 ㅣ가 만나 ㅐ가 되는 것처럼 두 개의 모음이 만나 다른 모음이 되는 것을 안내합니다. 겹받침이 있는 글자(예: 닭)는 연음이 된다는 것을 간단히 알려주세요. 단, 언어 규칙이나 읽는 방법을 지나치게 강조하면 한글 읽기에 방해가 됩니다. 실제로 어른들도 복잡한 언어 규칙을 정확하게 알고 활용하는 데 한계가 있잖아요? 언어 규칙과 활용은 고학년 시기에 접해도 충분합니다. 아빠표 한글 읽기에서도 교은이에게 처음 지도할 때 간단히 얘기해주었습니다. 다시 설명하거나 지도하지는 않았음에도 상당한 읽기 능력이 생겼습니다. 이처럼 특별한 교수법이나 지도 자료 없이 효과적인 한글 읽기 자료만으로 지도한다면 누구나 한글 읽기 능력이 발달됩니다. 이 부분을 지도하기 어렵다면 시중에 있는 학습지를 적절히 활용하는 것이 좋습니다.

　학습이나 공부가 아닌 놀이로 한글 읽기에서 접근하면 아이가 어떻게 받아들일까요? 궁금하실 겁니다. 부모가 먼저 권해보세요. "이리 와, 한글 놀이 하자!" 프로그램을 따라 하는 아이에게 칭찬과 격려를 하면 교육 효과도 매우 높습니다.
　한글 읽기에 기본 음절표를 활용해보셨습니까? 시중 서점이나 마트에서 파는 대형 기본 음절표를 거실에 붙여 사용하세요. 굳이 사지 않아도 직접 제작하거나 인터넷에서 올라와 있는 기본 음절표를 인쇄하고 코팅하여 한글 익히기에 활용해도 좋습니다.
　여기서 기본 음절표를 이용해 쉽고 빠르게 한글을 익히는 한 가지 방법을 소개합니다. 바로 '노래'를 활용하는 것이죠. 「뽀로로 숫자 노래」의 가사를 개사해서 기본 음절표를 익히면 쉽게 한글을 읽히는 데 도움이 됩니다. 아래와 같이 개사해서 부르면 자음 중심 한글 읽기를 쉽게 익힐 수 있답니다. 이때 한글 기본 음절표를 구입해서 아이의 생활공간에 붙여놓고 지시봉으로 짚어가며 가르치면 효과적입니다.

▲ 노래를 이용한 한글 익히기
ⓒ ICONIX/OCON/EBS/SKbroadband

05. '아빠표 한글 읽기' 실천 프로그램

1단계 : 그림 카드의 그림 묻고 답하기

아이와 함께 마주 앉아 카드에 있는 그림이 무엇인지 묻고 답합니다.
"자, 교은아, 이 그림은 무엇일까?"
아이들은 그림 카드를 보면서 쉽게 답할 수 있습니다.
이와 같은 방법으로 그림 카드 5장(고래, 피아노, 도토리, 로봇, 모자)을 늘어놓습니다. 이때 그림 카드는 당연히 아이 중심으로 놓습니다.

2단계 : 글자 카드 보며 그림 카드 찾기

이제 놓인 그림 카드를 둔 채로 글자 카드를 보여 주며 같은 글자가 있는 그림 카드를 찾도록 합니다.

"'도토리' 할 때의 '도'는 어디에 있을까요?"

부모의 질문에 아이가 찾는 연습을 합니다. 글자 카드를 보고 그림 카드의 작은 글씨를 확인하면 쉽게 찾을 수 있습니다.

3단계 : 그림 카드 보며 글자 카드 찾기

이번에는 반대로 그림 카드를 보며 글자 카드를 찾는 연습을 합니다. 이때 2단계와는 달리 바닥에 글자 카드를 놓아주세요.

"'피아노' 할 때의 '노'자는 어디에 있을까요?"

그림 카드에 작은 글씨를 본 아이는 해당 글씨를 글자 카드에서 쉽게 찾습니다. 순서에 상관없이 나머지 글자도 다 찾도록 연습합시다. 여기서 아이가 쉽고 재미있게 느낀다면 더 자발적으로 참여합니다.

4단계 : 글자 카드 읽는 법 알려 주기

이제는 글자 카드만 활용하여 읽는 법을 알려줍니다.
"교은아, 이 글자는 '로'라고 읽어."
이때 처음부터 글자를 읽어보라고 할 필요는 없습니다. 바로 글자부터 읽게 하면 아이는 읽기가 어렵다고 생각해 거부 반응을 보일 수 있으니까요.

5단계 : 글자 카드 찾기

5단계에서는 그림 카드를 모두 감추고 글자 카드만 그대로 늘어놓습니다.
"자, 찾아봐, '모'는 어디 있을까?"
자음 순서에 상관없이 글자를 묻고 찾는 연습을 합니다. 아이가 조금 어려워할 때는 그 글자에 대한 그림 카드를 힌트로 보여주면 연상 효과로 글자 카드를 찾습니다. 나머지 글자도 이와 같은 방법으로 지휘봉으로 짚어 보기, 일어서서 기차놀이하며 발로 밟아보기, 퀴즈 대회 등 다양한 방법으로 활용하면 됩니다.

6단계 : 글자 카드 읽기

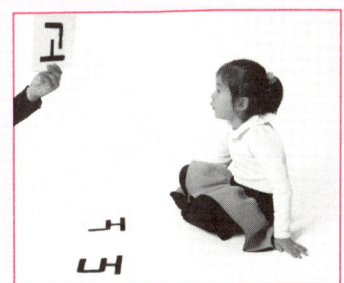

아이가 글자 카드(고, 노, 도, 로, 모)를 모두 찾을 수 있다면, 이제 글자 카드를 하나씩 보여주며 스스로 읽게 합니다. "교은아, 이 글자는 무엇이지?, 뭐라고 읽을까?"
부모가 물으면 아이가 답을 하는 연습을 시켜주세요. 이때 스스로 읽지 못하면 그림 카드를 힌트로 제시해주면 됩니다.

7단계 : 여러 가지 단어 읽기

글자 카드를 활용하여 단어를 만들어 읽는 연습을 시켜주세요. 그동안 익힌 내용을 반복하고 글자 조합으로 새 단어가 됨을 아이 스스로 학습합니다. 이 때 부모나 아이가 단어를 조합해 다양한 방법으로 한글 읽기 연습을 하면 효과적입니다. 한글 원리를 익힐 때 한글 기본 음절표를 활용한 글자 찾기나 단어 찾기 등도 도움이 됩니다.

8단계 : 단어 중심 그림책 읽기

한글 기본 읽기가 끝났어도 처음부터 장문의 글을 읽도록 하는 것은 좋지 않습니다. 한 페이지에 한두 단어 정도가 들어 있는 그림책이나 간단한 낱말 그림책이 도움 됩니다. 간단한 그림책을 이용해 교대로 아는 글자를 한 쪽씩 읽어보세요. 책 읽어주기를 하는 동안 아이는 자기가 아는 단어를 자랑하듯 말하게 됩니다. 이처럼 단문이 들어간 그림책 읽기를 즐겁게 했다면 장문 읽기는 아주 자연스럽게 발달합니다.

단계	구체적 실천 프로그램	준비물
1	그림 카드의 그림 묻고 답하기	그림 카드
2	글자 카드 보여주며 그림 카드 찾기	그림 카드 글자 카드
3	그림 카드 보며 글자 카드 찾기	그림 카드 글자 카드
4	글자 카드 읽는 법 알려주기	글자 카드
5	글자 카드 찾기	글자 카드
6	글자 카드 읽기	글자 카드
7	여러 가지 단어 읽기	
8	단어 중심 그림책 읽기	

▲ 한글 읽기 프로그램 단계

06. 한글 읽기 지도 시, 주의할 점

아이에게 학습은 즐겁게 이야기하며 함께하는 기회가 되어야 합니다. 학습이지만 놀이처럼 재밌고 즐거운 경험이어야 하는 것이지요. 읽기가 지루하고 지적 받는 경험뿐이라면 아이는 한글 읽기를 불편해하고 익히는 데 많은 시간을 들여야 하기도 합니다.

읽기를 하는 동안 자주 아이와 스킨십을 나누며 칭찬해주세요. 이러한 한글 읽기는 책 읽어주기 경험으로 자연스럽게 아이에게 적용할 수 있습니다. 또한 자발적 글 읽기나 독서 경험으로 이어지도록 이끌어주세요.

부모가 알아두면 좋은 학교생활

01. 학교 및 학급의 교육 내용을 어떻게 알죠?

대부분 학교는 연간 교육 계획을 다양한 방법으로 알립니다. 예를 들어 학부모 안내 자료 같은 인쇄물을 가정으로 배부합니다. 여기에는 연간 교육과정 운영 및 주요 학사 일정, 중요 행사 등의 내용이 포함됩니다. 일부 학교에서는 연중 학교 행사를 기록한 학사력을 만들어 가정에서 손쉽게 이를 확인하도록 합니다. 특별한 인쇄물이 없다면 학교 홈페이지에 이 내용이 등록됩니다. 학교 홈페이지에는 가정 통신문이나 월중 행사 계획을 알리고 세부적 학교 활동을 알리고 있으니 자주 홈페이지를 방문하세요. 월중 행사 계획에는 학교 및 학년 행사 내용이 구체적으로 자세히 기록되어 있습니다. 아이들이 학교에서 가져오는 안내장에도 관련된 다양한 활동과 준비물 등이 나와 있으니 꼭 확인해주세요.

02. 학교와 학년의 일일 교육 활동 시간 운영은?

모든 학교에서 일일 교육 활동 시간 계획으로 매일 교육 활동이 진행됩니다. 학교마다 다양한 아침 활동 및 협의 시간을 운영합니다. 학교의 학생 수, 급식실 유무와 조건 등 중간 시간과 점심시간이 학년에 따라 대부분 조정됩니다. 따라서 아이의 학년 일일 교육 활동 시간을 자세히 알고 있으면 부모 역할에 도움이 될 것입니다.

내용	시작	끝	시간(분)	비고
아침 활동	08:30	8:50	20	
아침 협의회	08:50	9:00	10	
1교시	09:00	9:40	40	1~2학년은 4교시
2교시	09:50	10:30	40	3~4학년은 5교시
중간 시간	10:30	10:50	20	5~6학년은 6교시
3교시	10:50	11:30	40	위 시간을
4교시	11:40	12:20	40	기본으로
점심시간	12:20	13:20	60	요일별, 학년별
5교시	13:20	14:00	40	하교 시간이
6교시	14:10	14:50	40	변동됩니다.

▲ 학교 일일 교육 활동 시간 운영 예

03. 개정 교육과정, 무엇이 바뀌었을까?

● 개정 교육과정 이해

　　개정 교육과정은 2013년 초등 1~2학년에 적용되며, 새 교과서로 교과 학습이 이루어집니다. 2014년에 3~4학년, 2015년에 전 학년으로 확대 적용되며 개정 교육과정의 핵심은 융합 교육, 실생활 연계, 체험 활동을 강조하는 것입니다. 이는 시대의 흐름을 반영한 것으로, 부모는 어려워하거나 부담을 갖지 않아도 됩니다. 교육 내용 구성이 전혀 달라지거나 어려워진 게 아니니까요.

　　개정의 가장 큰 특징은 2013년부터 초등 1~2학년 공부에 통합 교과라는 새 교과서가 사용된다는 점입니다. 개별 과목이던 바른 생활, 슬기로운 생활, 즐거운 생활이 통합되어 월별로 봄, 여름, 가을, 겨울, 학교와 나, 가족, 이웃, 우리나라의 8가지 주제 중심으로 이루어집니다. 주제 중심 및 통합 지도로 바뀌었을 뿐 교육 내용과 평가법이 달라지지는 않았습니다. 듣기·말하기·읽기·쓰기가 국어로 통합되고 보조 교과서인 국어 활동이 국어에서 공부한 것을 생활(일상, 학교, 사회)에서 내면화하고 실천하는 데 초점을 둡니다. 국어 활동 중 '생활 속에서'는 차시를 배정해 학교 수업 시간에 지도하고 나머지는 자기주도 활동으로 꾸며집니다. 수학은 20% 정도 감소한 교과 내용에 스토리텔링 기법이 도입되었으며 독서와의 통합 교육 중요성이 커지고 있습니다. 이제는 수학 문제를 푸는 데도 문제를 바르게 읽고 맥락과 의도를 파악하는 능력이 필수이므로 기본 읽기, 쓰기 능력과 사고력, 배경지식이 필요합니다. 수학 익힘책은 학교가 아니라 아이들의 발달 단계에 맞게 가정 학습을 하도록 구성하였습니다.

● 교육 목표와 편제, 시간 배당

초등학교 교육은 학습과 일상생활에 필요한 기초 능력 배양과 기본 생활 습관 형성에 중점을 둡니다. 즉 기초 능력과 기본 생활 습관이 중요합니다. 초등학교 교육과정은 교과와 창의적 체험 활동으로 편성됩니다. 교과는 국어, 사회·도덕, 수학, 과학·실과, 체육, 예술(음악·미술), 영어로 구성됩니다. 다만, 초등학교 1, 2학년 교과는 국어, 수학, 바른생활, 슬기로운 생활, 즐거운 생활로 합니다. 창의적 체험 활동은 자율 활동, 동아리 활동, 봉사 활동, 진로 활동으로 구성되어 있습니다.

구분		1~2학년	3~4학년	5~6학년
교과	국어	국어 448 수학 256 바른생활 128 슬기로운생활 192 즐거운생활 384	408	408
	사회/도덕		272	272
	수학		272	272
	과학/실과		204	340
	체육		204	204
	예술(음악/미술)		272	272
	영어		136	204
창의적 체험 활동		272	204	204
학년군별 총 수업 시간 수		1,680	1,972	2,176

▲ 초등학교 교육과정 시간 배당

개정 교육과정의 가장 큰 특징은 발달 단계가 비슷한 학년을 하나로 설정하여 교과목 편성운영에 자율성을 부여합니다. 예를 들어, 초등학교 1~2학년 시기에 국어 과목을 학년에 관계없이 448시간만 지도하면 된다는 의미입니다. 부모 또한 학교 교육에 참여하여 어떻게 편제하는 것이 우리 아이들을 위해 좋은지 고민해야 합니다.

- 교과 도서는 어떻게 바뀌었을까?

교과용 도서의 가장 큰 변화는 국어와 수학에서 찾아볼 수 있습니다. 이러한 교과용 도서는 2013년 1~2학년군, 2014년 3~4학년군, 2015년 5~6학년군으로 점차 적용됩니다. 국어과는 주 교과서인 〈국어〉와 보조 교과서인 〈국어 활동〉으로 학기당 4권(국어 2권, 국어 활동 2권)이 제공됩니다. 국어는 국어 관련 지식, 기능, 태도 등의 이해 학습과 적용 학습을 목표로 구성됩니다. 〈국어 활동〉은 국어에서 공부한 것을 생활(일상, 학교, 사회)에서 실천하는 데 초점을 둡니다. 수학과는 학기당 2권(수학, 수학 익힘책)이 제공됩니다. 수학 학습 내용을 20% 정도 줄이고 스토리텔링 기법과 수학 기반의 융합적 접근이 강화된 점이 특징입니다. 수학과 익힘책에 '주의할 점', '힌트' 및 '정답과 풀이'가 추가돼 자기주도학습을 강화하였습니다.

04. 새 학기 적응에 많이 나타나는 틱 현상

'틱'은 특별한 이유 없이 자신도 모르게 얼굴이나 목, 어깨 등 신체 일부분을 반복적으로 움직이거나 이상한 소리를 내는 현상입니다. 특히 새 학기 적응 과정에서 흔히 나타납니다. 틱 현상은 정서 긴장감과 중압감을 유발하는 환경적 스트레스가 원입니다. 특히 2~15세에 발생하며 초등

학교 입학생과 저학년에서도 많이 발생합니다. 입학이나 개학으로 낯선 선생님과 친구, 환경에 적응하는 스트레스가 틱 현상을 불러옵니다. 따라서 부모, 선생님, 친구와의 바람직한 관계 형성 및 환경이 틱 현상을 해소합니다. 부모는 아이의 행동을 자세히 알고 선생님과 상담하여 친구관계에서 놀리거나 비웃는 일이 없도록 지도하세요.

무엇보다 틱 현상을 지적하거나 질타하면 오히려 그 빈도와 강도가 심해집니다. 틱 현상의 올바른 이해로 아이에게 편안한 마음을 유도해 틱을 잊게 하는 것이 좋습니다. 더불어 심리 안정도 중요합니다. 아이가 속한 구성원에게 틱을 알리고 도움을 청하는 것도 잊지 마세요.

05. 건강 검진은 언제 어떻게?

초등학교에서 실시하는 건강 검진 대상은 1학년과 4학년 학생입니다. 학교 지정 병원에서 반드시 기일 내 건강 검진을 받아야 합니다. 학부모나 이에 상응하는 보호자는 학생 본인임을 확인할 증명서(학교 안내장 등)를 지참하고 병원에 가면 됩니다. 병원에서는 근골격과 척추, 눈, 귀, 콧병, 목병, 피부병, 구강, 기관 능력, 혈압, 키, 몸무게, 비만도, 소변 및 색각 검사가 실시됩니다. 검사 완료 후 검진 완료일에서 15일 이내에 결과 통보서를 학생이나 학부모 그리고 학교장에게 각각 통보합니다. 검사는 학교에서 안내하는 기간에 무료로 실시합니다.

06. 학교 공식 평가는 어떻게 실시될까?

학교의 모든 평가는 학생의 교육 목표 도달도를 측정하고 지도 자료로 활용하고자 실시됩니다. 각 교과 영역별 도달 정도를 수업 시간에 평가하는 수행 평가와 학기별 중간과 기말 학업 성취도 평가로 나뉩니다. 수행 평가는 학생의 인지, 정의적, 신체적 영역 등의 종합 평가로 교과별 서술형, 실기형, 면접이나 관찰, 자기평가나 연구 보고서 등 다양한 방법을 활용합니다. 학교는 수행 평가 기준을 자체로 마련하여 담임교사가 결과를 학생 생활기록부의 교과 학습 발달 상황에 기록합니다. 학업 성취도 평가는 대개 국어, 사회, 수학, 과학, 영어 등의 교과를 중심으로 실시합니다. 그 결과를 대개 가정으로 보내 피드백 합니다. 현재 일부 교육청에서는 교육 과정 중심의 교사별 상시평가제를 도입하고 있습니다. 교사별 상시평가제는 학급별로 평가 내용, 시기, 횟수, 방법 등을 자율 시행합니다. 결과 통지 방법 또한 학생의 성장에 도움을 주는 평가입니다.

07. 출석으로 인정하는 결석은 어떤 경우?

천재지변, 법정 감염병 등의 사유로 출석하지 못한 경우는 출석이 인정됩니다. 법정 감염병은 완치 후 진료확인서나 진단서 등의 확인 서류를 학교에 제출하면 됩니다. 경조사의 경우는 출석 인정 여부가 법으로 정해져 있습니다. 부모의 형제·자매나 그 배우자 사망 그리고 이모나 고모, 삼촌 결혼식 등은 출석 인정이 되지 않습니다.

구분	대상	일수
결혼	형제·자매	1
사망	부모 및 조부모	5
	부모의 조부모 및 외조부모 형제·자매 및 그의 배우자	2
	부모의 형제·자매	1

▲ 경조사로 인한 출석 인정 일수

08. 가족 동반 체험학습은 어떻게?

학부모가 희망하거나 학생 지도가 불가피할 경우 해당 절차를 거치면 체험학습을 실시할 수 있습니다. 연간 7일 이내에 한하여 출석 인정이 됩니다. 미리 담임교사에게 체험학습 신청서를 제출하고 학교장의 승인 후에 학부모에게 통지합니다. 체험학습 후에는 보고서를 담임교사에게 제출하면 됩니다.

09. 청소년 단체, 어떤 활동을 하나?

청소년 단체는 컵스카우트, 걸스카우트, 아람단, 한국우주정보소년단 등의 단체가 있으며 3학년부터 활동합니다. 학년 초에 해당 단체와 관련된 안내장을 받을 수 있습니다. 활동은 단체 성격에 따라 차이가 있으나 다양한 체험 위주로 진행됩니다. 따라서 아이의 관심과 흥미를 반영하여 참여 여부를 선택할 수 있습니다.

10. 학부모 단체, 참여해야 하나?

학부모회는 각 교육청별로 설치 운영 조례가 제정되며 학부모가 학교 교육 활동에 참여하도록 지원하는 기구입니다. 따라서 학부모회는 다양한 의견을 학교에 제시하고 반영시킬 수 있습니다. 학교에서는 부모 활동을 강화하고자 학년별, 학급별 학부모회를 구성합니다. 이 같은 기능별 학부모회는 학교 여건과 필요에 따라 운영됩니다. 기능별 학부모회에는 녹색어머니회, 명예 교사, 도서 도우미, 방과 후 활동 도우미, 예술 활동 어머니회, 학부모 봉사 동아리 등이 있습니다.

학부모회에 반드시 참여할 필요는 없습니다. 시간과 여건이 허락한다면 학부모회에 참여하여 학교와 교육 이해를 높이고 아이들에게 봉사 기회를 가져보세요. 무엇보다 학부모 단체의 활동으로부터 다른 부모들과 교류로 유용한 정보와 도움을 받는 점이 가장 큰 장점입니다.

아이의 미래 초등교육이 전부다
15년차 현직 교사의 아동교육 로드맵

초판 1쇄 발행 2014년 1월 7일
초판 2쇄 발행 2014년 2월 20일

저 자   박용재

펴낸이   권기대
펴낸곳   도서출판 베가북스

책임편집   한수정
디자인   김은희
마케팅   배혜진 추미경 송문주

출판등록 제313-2004-000221호

주소 (158-859) 서울시 양천구 중앙로 48길 63 다모아 202호
주문 및 문의전화 02)322-7241 팩스 02)322-7242

ISBN 978-89-92309-72-1

홈페이지 www.vegabooks.co.kr
블로그 http://blog.naver.com/vegabooks.do
트위터 @VegaBooksCo 이메일 vegabooks@naver.com

* 잘못된 책은 본사나 구입하신 서점에서 바꿔드립니다.
* 책값은 뒤표지에 있습니다.
* 좋은 책을 만드는 것은 바로 독자 여러분입니다.
  베가북스는 독자들의 의견에 항상 귀를 기울입니다.